読みなおす日本史

# 天皇の政治史

## 睦仁・嘉仁・裕仁の時代

安田 浩

吉川弘文館

# 凡例

1　本文はもとより引用についても可能なかぎり新字体・常用字体を用いた。

2　史料引用の際は読み下し文あるいは現代語訳にするようつとめた。

3　年号の表示は西暦年を用いることを原則とし、元号を併用した場合もある。

4　典拠を示す場合、本文中では筆者名と発表年を（　）内に掲げ、巻末の引用参照文献一覧に、著者名の五〇音順に書誌データを掲げた。なお、多く使用した史料は、巻末の引用史料略記表のとおり略記した。

# 読者へ

明治維新から第二次大戦の敗戦まで、近代の天皇は、神の血統をひく絶対の権威とされていた。それだけでなく、国家の統治権を総攬し（すべて握り）、政治的決定を自ら行う（親裁・親政）存在ともされていた。つまり戦前には、国家の重要な意思決定はすべて天皇自身が行ったものとされていたのだ。ところが戦後になると、天皇の政治責任問題の議論を回避するために、近代の天皇の政治行動もすべて、大臣など政治担当者らの輔弼《ほひつ》（天子の政治を助けること）にしたがったものとされる。天皇の政治的行為は、儀礼的なものとみなされることになってしまう。

こうした二つのたてまえが成立したため、現実の政治過程のなかで天皇個人が実際にはたした役割が、具体的な事件・場面に即して明らかにされることは、きわめて不充分なままとなっている。本書は、この国家としての意思決定の過程のなかで、現実の天皇がはたした具体的役割を、それぞれの事件に即して明らかにしようとしている。

現実に天皇がはたした役割を明らかにしようとすると、明治・大正・昭和という三代の天皇の個性や時代の相違に加えて、同一の天皇でも時期ごとの相違を考えざるをえない。明治天皇は、幕府の廃止を宣言した維新の時期には、まだ満一五歳の少年にすぎなかった。しかし一八九〇年の議会開設の時には、三八歳の壮年になっていた。天皇の役割や行動が同じだったとは考えられない。昭和天皇の場合でも、病気の大正天皇にかわり摂政となった時には満二〇歳になったばかりだったが、一九四一年対英米開戦を決定した時には四〇歳であり、すでに一五年の在位経験があった。同一の天皇であっても、時代や事件によって、そのはたした役割は当然、異なっていただろう。

本書は、天皇が深くかかわりをもった政治的事件をとりあげ、三代の天皇がそれぞれ、具体的にどのような役割をはたしたのか、あるいははたさなかったのかを、天皇の側近や政権首脳の日記や書簡などの史料を通じて、場面に即して明らかにしている。いわば、近代日本の政界の最上層部の世界、なかなか内部のうかがい難い密室の世界を、天皇の政治決定への関与という角度からのぞきみてみたものだ。こうした密室の世界での経過は、歴史総体からすればごく小さな、小宇宙の話にすぎない。しかしこうした密室的世界での意思決定の在り方が、日本の近代国家の政策選択を決め、その集積が近代日本の政治の体質、政治文化とよばれるものをつくりあげてきたのである。

日本の政治の無策・無倫理・無責任が語られて久しい。抜本的な政治の改革が叫ばれながら、ますます政治の混迷は深まり、国民の政治離れはさらに深くなってきた。だが現在が、政治がなくてもよい社会になっていない以上、どうしたら政治の抜本的改革が可能になるかは、考えつづけなければならないテーマのはずだ。そして抜本的な改革の方向を考えるには、現在の日本の政治の体質がどのように形成されてきたのか、その歴史的経過を踏まえることが必要になる。近代日本の天皇制政治の実態を知ることも、私たちの未来を考えるうえでの不可欠の条件の一つなのである。

# 目次

10

『天皇の政治史』を再読して

茶谷誠一……二八九

# はじめに

## 問題関心と分析視角

「近代政治史のなかの天皇」というテーマについて、系統的に検討しまとめておく必要があるとともに考えたのは、昭和天皇の死去前後、その戦争責任とかかわる形で多くの近代天皇論に関する論稿が出されてからであった。これらの論稿の多くは、天皇の戦争責任を認めるか、認めないかを明示的または暗黙の分岐点として、きわめて対照的な二つの天皇像を提示している。

一つは近代の天皇を、その政治的行為はすべて輔弼《ほひつ》にしたがって実施されていたとみなす見解で、天皇は実質的な政治的決定権も、政治責任ももたず、とりわけ明治憲法の制定後は立憲君主だったから、そうした存在とする。一九三〇年代になると政界ではひんぱんに〝ロボット〟という言葉が登場する。部下の職務者が起案してきたとおりに行動し、承認印を押すだけの首相や大臣を意味して使われた。近代の天皇が輔弼されるままに政治決定を裁可していたというなら、それは「立憲君主」という名の〝ロボット君主〟であった、ということになる。しかしこれは、国民に対してのみならず政治支配層の個々人に対しても強い権威として存在していた天皇の姿を考えると、歴史の実態にあわない。

他方、明治憲法で「統治権を総攬」し、「神聖」不可侵の存在と規定されているように、近代天皇は主権者・親政者である絶対君主である、その個人的意思は絶対的権威をもっていたのであり、昭和天皇が終戦の決定ができたように開戦の決定もそれを避ける決定もできたはずで、天皇は政治責任を問われるべき能動的な君主、というのが、もう一つの提示された近代天皇像である。だがこれも、大正天皇の存在一つをとりあげても、近代天皇像一般として成立させるには無理がある。

どちらの議論も私には一面的な見解と思われ、こうした両方の見解に対する違和感が、本書Ⅲ章のもとになる論文（安田浩　一九九〇）を執筆させることになった。私の見解は、近代の天皇制とは、複雑に構成された輔弼機構の多元性と対抗、形式における国家の意思の最終決裁者としての天皇の存在によって特徴づけられている政治体制で、日本近代史の諸段階・諸局面において、その機能の仕方は相当に異なる、この政治体制の実体を解明するには、諸段階ごとの国家意思決定の仕組みを明らかにして、その国家意思決定過程のなかでの天皇の位置や天皇個人の役割を明確にする作業を積み上げるしかない、その際、国家諸装置編成の基軸となっている機関とその編成方法を明らかにしていくことが、分析視角とされねばならない、というものである。

これは考えてみれば、ごく当たり前のことにすぎない。しかし私には、近代天皇論についての多くの近年の議論が、分析方法の問題について無自覚的で、自分の論旨に都合のよい事例、過程については分析するが、都合の悪い事例、過程に対しては無視ないし無理な解釈ですませてしまい、そうした事例の存在をも含めて合理的説明を与えるような、より一般的な論理構築への志向が弱まっていることが問題に思われる。また近代天皇論として問題を論じるには、実際に論及はせずとも考察の視野は明治から昭和まで三代の天皇について及んでいることが要請される。ところが日本近代史研究の現況は、明治維新史、民権研究、憲法体制研究、大正デモクラシー研究、十五年戦争史などなど、時期別にも専門分化されて研究が進行しているのであり、天皇についてもその専門化された領域・時期区分のなかでのみ論じられることが多い。三代の天皇を包括してふれた業績は鈴木正幸（一九九三）など数少ないのであるが、狭い専門領域からはみだすことなしに全体的検討はなしえない。本書では、私も背伸びをして、明治から昭和まで三代の天皇を、それぞれの時期の国家意思決定過程のなかに位置づけるという作業に取り組んでみた。

## 「輔弼」の概念をめぐって

こうした問題関心からすると、近代天皇論をめぐる近年の検討のなかで、私にもっとも刺激的に思えた論稿は家永三郎・永井和（一九九二）であった。これは両氏の往復書簡での論争を公開したもので、論争の中心点は「輔弼」概念の理解にある。家永は「輔弼」という用語が明治憲法中では、第五五条の国務大臣の規定の部分でのみ使用されていることに着目し、天皇の国務大権は国務大臣の「輔弼」によってのみ行使されるべきであったと解釈する。このことで、統帥大権については天皇を輔弼するのは軍令機関であることを認めていた美濃部達吉ら当時の通説的憲法解釈も批判するのである。上命下服の義務によって貫かれる陸海軍では、参謀総長などといえども大元帥としての天皇に対しては上命下服の関係に立つのであって、「輔弼事項に関し全責任を負う」国務大臣とは存在意味が異なる、軍令機関は「補佐機関」ではあっても「輔弼機関」ではないと解釈するのである。この憲法解釈から、統帥権独立を認めて運用していた現実の近代天皇については、「統帥権に関するかぎり天皇は独裁専制君主であり、立憲君主として行動する余地はなかった」とする評価が導き出される（家永三郎　一九七七）。こうした家永の明治憲法解釈は、昭和天皇の戦争責任問題に適用されては、「参謀総長・軍令部総長のような『其ノ責ニ任』ずることのない補佐機関の上奏に対する允裁の責任はすべて軍の最高司令官すなわち大元帥である天皇自ら負わねばならない」と論じられたことから（家永三郎　一九八五）、昭和天皇に戦争責任ありとする論者にうけいれられ、天皇の個人責任の論じ方としてしばしば援用されるようになっている。

家永のこの天皇の戦争責任論は本来、昭和天皇による開戦責任についての弁明への批判として行われたものであった。昭和天皇は、終戦を決定できたのになぜ開戦を阻止しなかったのかという批判に対し、「憲法上明記してある国務各大臣の責任の範囲内には、天皇はその意思によって勝手に容喙《ようかい》し干渉し、これを制肘《せいちゅう》することは許されない。だから内治にしろ外交にしろ、憲法上の責任者が慎重に審議をつくして、ある方策をたて、これを規定に遵《したが》って提出して裁可を請われた場合には、私はそれが意に満ちても、意に満たなくても、よろしいと裁可する以外に執るべき道はない」（藤田尚徳『侍従長の回想』における天皇談話）、すなわち立憲君主として輔弼にしたがった結果だ、と敗戦後は一貫して弁明しつづけてきた。家永はこれに対し、天皇が国務大臣の輔弼のみにもとづいて行動してきたのではないと批判するだけでなく、「軍が暴走したり横車を押したりするときに、これを抑止することは、大元帥として軍に対し絶対服従を命じ得る天皇の権限において可能であるとともに責務でもあった」（家永三郎　一九八五）とすることで、昭和天皇の政治的・道義的責任を鮮明にしたのである。しかしそのことは、家永の明治憲法解釈、「輔弼」概念が、明治憲法体制の実態に即したものであることを保証するものではない。永井の批判はこの点に向けられている。

永井は、家永の「輔弼」概念があまりにせまい、法規範的概念として使われていることを批判し、「天子の政治をたすけること」という一般的な「輔弼」の語の用法にのっとることを主張し、「その官制に『輔弼』という語が使われていようがいまいが、内閣も統帥機関も枢密院も内大臣も宮内大臣も、すべて天皇の公私にわたる『輔弼機関』である」、「『輔弼責任』とは要するに君主に対する責任ということであって、本来は『国民にたいする責任』を意味するものではない」という（家永三郎・永井和　一九九二）。美濃部達吉ら明治憲法下での憲法学者の憲法解釈の多数が、統帥機関による軍務輔弼を認めていたこと、内大臣官制で内大臣の職務が「常侍輔弼」と規定されていたことなどからみて、これら諸機関の間での権限関係の範囲・相違の問題はあっても、「輔弼」概念については永井の見解が妥当である。国務大権についても国務大臣輔弼に一元化されることは実態的にはなかったのであり、多元的輔弼機構の存在こそが近代天皇制の基本的特徴の一つであった。

## 天皇＝受動的君主論をめぐって

永井がこの論稿で展開しているもう一つの重要な論点は、天皇＝受動的君主論である。「一般に天皇は政務についいては自ら発議することなく、臣下にそれをゆだね、臣下は政務遂行上必要なことがあれば、自発的にそれを発議、立案し」「それが、間違いのないものだというところまで調整された後（安全化された後）、天皇がそれを親裁し、かくて国家意思が決定」する、「その決定が失敗であれば、天皇は臣下に責任をとらせ、自らは負」わず「他の輔弼の臣を選んで責任者を交代」させるという「輔弼親裁構造」がとられており、「自らは政務について発議することなく、臣下にゆだねつつも、ただ国家意思の決定に際しては必ず親裁するというシステム」の「受動的君主」として天皇は存在した、というのである。この議論は、先にみた昭和天皇の弁明を、「『輔弼親裁構造』の下での『受動的君主』であったことをもって『立憲君主』と強弁」したものと、そのスリカエの論理を明らかにした批判である。

しかしながら近代天皇制をこの受動的君主性のみで説明することはできない。永井は、「受動的君主性」を「憲法よりももっと深層的で、構造的なもの」、明文化された「法」ではないが「天皇とその周辺を拘束する規範」として存在したものとし、個別の天皇の行為においては、能動的君主としての行動がありえたことを認めているから、そうした事例を示すだけでは、永井への批判にはならないであろう。永井が無視ないし軽視したのは、近代天皇制の成立の仕方からくる天皇の意思の重要性、自らの意思で決定を行う親政君主たるたてまえの強さの問題である。まず前提となる幕末政治において「勅」、それも「令制で定められた詔《みことのり》に対する勅ではなく、『天皇（孝明）の意志からでた』公的命令という意味のもの」が、「はなはだ頻繁に発せられ」、「勅や宸翰《しんかん》が幕令を圧倒した」点に「幕末政治の大きな特色が見出される」。さらに「いわゆる『王政復古の大号令』であるが、これも文書様式からいうとやはり御沙汰書形式」で、政体書まては公文書はこの形式であった（大久保利謙　一九六〇）。このように、天皇の個人意思の表示がすなわち国家意思とされることで、近代天皇制権力は誕生してくるのであり、政体書以降も、重要な国家意思は「詔勅」として示された。明治憲法の制定以降も、それが欽定憲法として天皇によって親裁されたものであり、天皇が統治権を総攬するとの規定により、天皇の親裁によって最終国家意思が決定される手続きがとられている以上、親裁＝天皇の個人意思＝国家意思という形式は変わることはなかった。天皇親裁は能動的君主として天皇の存在をたてまえとしていたし、したがって能動的君主として天皇が現れることを否定するものではなかった。近代天皇制は、能動的君主としての天皇像を構造的要素の一つとして組み込んでいたし、またとくに多元的輔弼者・機構の存在は、その輔弼者・機構の間で対立が生じ、それが当事者間で調整できなければ最終決裁者としての天皇を登場させる必然性をはらんでいたのである。

近代天皇制においても、永井のいう受動的君主――臣下の発議・立案をまって、それを裁可する君主――という在り方が、天皇の一般的・日常的存在形態であった、と私も考える。ただそうなった直接的要因は、後述のように近代天皇が個人で掌握する本格的な内廷政治機構を形成しえず、広い意味での政府機関に依存する以外、その個人統治の方法がなかったことをまずあげるべきであろう。さらに近代天皇が、能動的君主として直接的・個人的親政権力を行使することに抑制的であった基底的要因としては、天皇が「皇祖皇宗の遺訓」（明治憲法公布の際の「告文」）によって拘束された「伝統的君主」としての性格をもっていたことにあると思う。宮中側近などにより、祖宗の遺訓によって、その行動様式を教育されチェックされて天皇個人は存在したのである。

## 国家意思決定メカニズムと天皇

要するに私の見解は、近代の天皇とは基本的には輔弼にもとづいて行動する受動的君主であるのだが、限定的には自らの意思で親政的権力を行使する能動的君主としても現れる存在で、その親政的権力行使は重要な政治的影響を与えることがあった、とするものである。そしてその重要性は、それぞれの時期の実態的な国家意思決定メカニズムがどのようなものであり、そこでの現実の天皇の位置によって決まってくると考えている。この国家意思決定メカニズムという考え方、および明治憲法制定以降の時期についてではあるが、そのメカニズムの段階的変動については、安田浩（一九八七）でおおよその見取図を提示しておいた。基本的に見解は変わっていないので、おおまかな見通しをまず知りたいといわれる読者は、そちらを参照していただきたい。

次に近代天皇制下での国家意思決定は、輔弼にもとづく受動的君主としての親裁でも、能動的君主としての親政の結果としての親裁でも、同じ〝親裁〟として現れてくる。それがいったいどちらであったのかを明確にするには、〝親裁〟にいたる政局の対立関係のなかに、天皇の言動および天皇の行動に対する言動を具体的に位置づけ、その政治的・法的・社会的文脈を読みとる作業をしなければならない。国家意思決定メカニズムの分析だけによって〝親裁〟がどちらのものであるかが、自動的に決まるわけではないのである。こうした分析が必要だったため、本書では史料の引用の形式をとった部分がやむなく多くなってしまった。さらに天皇の言動などの意味を読みとるには、微視的な政局対立の構図の理解が必要なのであるが、その点の説明は紙幅の関係で必要最小限に抑えざるをえなかった。天皇の言動の背景になっている政局対立の構図をより詳しく知りたいと思われる読者は、升味準之輔（一九六五）や井上光貞他（一九八七）など、詳しい政局史叙述の当該事件の部分だけでも読んでいただければ、本書での説明の意味はより明確になると思う。

# Ⅰ章　近代天皇の創出

## 1　王政復古クーデタと「幼冲の天子」

### 復古クーデタの論理

一八六七（慶応三）年の一〇月一四日（太陽暦を採用する以前の明治五年までの月日は太陰暦で表示する）、第一五代将軍徳川慶喜が大政奉還を申し出、それがいれられた時点では、公議政体派の政権構想と武力倒幕派の政権構想が、絡みあいつつ相対抗していた。この段階での公議政体論は、たんなる人材登用や公議世論の尊重にとどまるものではなく、幕府制を廃止し諸侯会議を国家意思の最高決定機関たらしめようとする権力形態の構想であった。そこでは政治決定の主体はあくまで諸侯にあり、天皇は諸侯の「衆議公論」を承認する存在、禁裏の奥深くに世人の眼にふれることなく生活し、政治決定に権威のみを付与する「九重に垂拱《すいきょう》する伝統的君主」ということになる（原口清　一九六三）。

これに対し薩長武力倒幕派は、公議世論の尊重や諸侯会議を否定しえたわけではないが、新政権が新政権たるためには徳川慶喜勢力の政権からの排除が不可欠と考えていた。政治的・軍事的に少数派である彼らが、こうした新政権を樹立するには、宮廷クーデタ以外にその手段はなかった。この年九月の薩長出兵同盟、一〇月の薩長芸三藩出兵同盟の盟約にみられる倒幕戦略を、井上勲は宮中政変と西国諸藩連合の結成との結合と分析している。宮中政変は、たとえ形式的にであろうと天皇の承認のもとに遂行されるから、宮廷外の政治社会への影響としてもそれ相応の正当性が付与される。宮中政変によって天皇を確保した倒幕派は、天皇を擁して京を去り、西国諸藩を結集して徳川軍に対抗する、というのがその構想であった。だがこの宮中政変を実行する場合、政変の「正当性の源泉は、天皇の伝統的な権威というよりも、君主としての決断」に求めざるをえない。なぜなら「政変は、朝廷の伝統と慣行の否定をともなう。その否定を伝統的な権威によって正当化することは不可能」に近いからである。したがって、政変に正当性を付与する源泉は「天皇の決断」に求められ「そして決断を下すことのできる天皇は、人格をそなえた政治的君主」でなければならない（井上勲　一九九一）。自ら決断を下す政治的君主、そしてその決断は絶対的権威として全臣民に「恭順」される存在、それが武力倒幕派にとってのあるべき天皇像であった。

一二月九日の午前八時頃、前日からつづいていた朝廷の会議がようやく終了した。長州藩の復権、三条実美や岩倉具視など処罰されていたすべての廷臣の赦免復権を決定して、摂政・議奏・武家伝奏などの朝廷の主要役職者や在京諸藩代表者らが御所から退出していった。中山忠能ら三人の公卿、越前藩松平慶永・尾張藩徳川慶勝・安芸藩浅野茂勲の三名の諸侯はそのまま残った。午前一〇時すぎ、赦免されたばかりの岩倉が「王政復古の大号令」その他の文案のはいった文箱をもって参内した。この日、王政復古を断行することは、天皇睦仁《むつひと》（以下、明治天皇と記す）の外祖父である中山忠能によって事前に「密奏」され、天皇の「聖断」をえている、とされていた。御所の周囲は、薩摩藩兵を主力に、安芸・尾張・越前・土佐の藩兵を加えた軍勢によって警備され、外界から遮断される。

王政復古の実施を密かに事前通知されていた有栖川宮熾仁《たるひと》ら三人の親王、土佐藩の山内豊信、薩摩藩主島津茂久らも参内、天皇が学問所に出御して、王政復古が宣言された。摂政・関白ならびに幕府の廃止、総裁・議定・参与からなる三職の新設が布告されたのである。さらに、それまで摂政であった二條斉敬《なりゆき》ら二一名の公卿に参内停止の処分が布告され、総裁に有栖川宮、議定には二人の親王や中山忠能、参内五諸侯らが、参与には岩倉や公卿が任じられたほか、五藩から藩士三人ずつの推挙が命ぜられた。

みられるように王政復古の断行とは、朝廷の正式の会議の手続きを踏むことのない、典型的な宮廷クーデタであった。クーデタの計画は、大久保利通と岩倉が中心となって推進し、中山忠能ら一握りの公卿を参加させ、最終段階になって公議政体派の土佐・越前・尾張藩をまき込んで実施されたものであった。長州藩の復権がまだなされていず、京都には軍事的にも政治的にもその勢力が存在しない条件では、とりわけこれら雄藩の協力は不可欠であった。他方、公議政体派は諸侯会議召集のめどをつけることができず行きづまりをきたしており、薩摩藩・長州藩の決意の前に「王政復古」の実施には同意せざるをえなくなったのである。ただ、公議政体派からすれば、王政復古の下で徳川慶喜を含めた諸侯会議の召集を構想することは、なお可能であった。

公議政体派との連合で、クーデタを実施しなければならなかったことが、倒幕派にとってのこのクーデタの一つの大きな限界であったとすれば、さらに大きなもう一つの限界は、この時点での明治天皇の実態にあった。「王政復古の大号令」は、「これにより叡慮《えいりょ》を決せられ、王政復古、国威挽回の御基を立てさせられ候間、自今、摂関、幕府等を廃絶し」と、天皇による決定、決断であることを強調し、その正当性をうたっていた。だが現実の明治天皇は、この時満一五歳になってまだ間もない少年であり、元服式さえすませていなかった。孝明天皇の急死により、明治天皇は一月に践祚《せんそ》していた。しかし「践祚元服あらせらるゝまでの間、関白二条斉敬をして摂政たらしむべき御内意」をまず示し、践祚の際には「天皇、先づ斉敬の関白を改めて摂政と為す旨を宣し、万機を摂行せしめ」ていたのである（『明治天皇紀』——以下、『紀』と略記——第一　四五六、四六一頁）。関白は「関《アツカリモウス》二白万機《ヲ》一ノ詔」、つまり万事委任の詔《みことのり》をうけて「朝廷の政務を総判」する職であるが、「摂政は幼帝の御名に於て万機を裁断するの職にして、其責任の重きことは関白の上に在り。幼帝元服の礼を行ふときは、即ち摂政を罷めて復た関白を置くを以て例とす」とされた職務である（「維新前禁裏御内職務概覧」『幕末の宮廷』解説引用より再引）。

この天皇が、幕府のみならず摂政・関白といった朝廷の伝統的官職を廃止し、また五摂家・門流という公家の家格支配体系の根幹も自らの意思で廃止したというのである。こうした「伝統」破壊を「王政復古の大号令」は、摂関制以前の、しかし誰にとってもその姿は不明確な「神武創業」への「復古」によって弁明をはかっていた。だが王政復古クーデタの正当性を天皇の決断に求めることは、「幼帝」たる天皇の実像を知っている人間に対して充分な説得力をもつものではありえなかった。

## 「幼冲の天子」論

一二月九日の夜、天皇「出御」の下で、三職および五藩重臣による会議が開かれた。小御所会議である。倒幕派主導でクーデタを実施し、徳川慶喜を排除して政権を確立しようとすることに強い不満をもつ山内豊信は、慶喜を召集し会議に参加させるよう主張した。慶喜の忠誠は疑わしいので不可であるとの反論を聞いた山内豊信は、再度慶喜の召集を主張するとともにクーデタを激しく非難した。「今日の挙、頗《すこぶ》る陰険」にわたる。諸藩人が武装して禁裏を守衛しているのはどういうことか。王政施行にあたっては、公平無私の措置が必要である。ところが「二三の公卿は何等の意見を懐き此の如き陰険に渉るの挙をなすや頗る暁解すべからず、恐らくは幼冲《ようちゅう》の天子を擁して権柄《けんぺい》を窃取《せっしゅ》せんと欲するの意に非らざるか」。今日の事態は、「幼冲の天子」を擁して権力を奪取せんとする二、三の公卿の陰謀だと非難したのである。これに対しては岩倉具視が、ただちにいたけだかに反論を加えた。ここは天皇出席の御前会議である。天皇は「不世出の英材」であり、「今日の挙は悉《ことごと》く宸断《しんだん》」、天皇の決断によるもので、「幼冲の天子を擁し権柄を窃取せんとの言」をなすのは、天皇への大無礼である（『岩倉公実記』中巻　一五八―一五九頁）。

天皇は「一天万乗の至尊」とされる「権威」であったから、岩倉の「不敬」を楯にとったこの強弁の前に、山内豊信はその「失言」を謝さねばならなくなった。だが、王政復古クーデタの正当性の根拠は、新政権のなかから疑念が公言されるほど薄弱だったのである。会議は、けっきょく尾張・越前両侯の周旋により、徳川慶喜に自発的に「辞官納地」を申し入れさせることを結論とした。幕府との「決戦」「討伐」を意図していた倒幕派の思惑とは、大きくかけ離れたものとなったのである。さらにこの辞官納地交渉の展開は、公議政体派を有利にしていった。一二月二三・二四日の朝議では、徳川家の「納地」は、「領地返上」の意味ではなく「政務用途の分」として提供させるものと決定したのである（原口清　一九六三　六七頁）。これでは徳川家処分としての意味はなくなる。一八六八年の一月三日付岩倉具視宛の意見書で、大久保利通は、一二月九日、一二三・二四日のこの二つの決定を二大失策としている。まず九日は、「尽《ことごと》く御内評通断然叡慮を以て徳川氏御処置」や会津藩、桑名藩の処置を通達するという方法をとれず、「衆評聞《きこ》食《しめ》され候御事と相成」、「衆評に渉らす確断に出」る策をとれなかったのが第一の失敗、一二三・二四日は「確定の叡慮通御紙面を以て仰出られ候処眼目之御文字願により第四五等の策に御改相成候儀」が第二の失策である（『大久保利通文書』二　一五五―一五六頁）。ここには、倒幕派が王政復古クーデタの後でも、鳥羽・伏見の戦闘までは、自らの「確断」を「叡慮」、すなわち天皇の決断として、政権内部にすら押しつけえないでいた状況が示されている。

こうした状況が、徳川慶喜をして、一二月一九日には王政復古の大号令の廃止を請う「上疏文」を提出させようとし、さらには一月三日、「討薩表」を携えて兵を上京させることになる。「討薩表」は一二月九日以来の事態を、薩摩藩の「奸臣共陰謀」より起きたことがらとし、その罪状を次のように指摘する。（一）非常の改革を口実とし「幼帝を侮り奉り諸般御所置私論を主張」。（二）「主上御幼冲之折柄先帝御依托」の摂政を廃止し、またその参内を停止させた。（三）「私意」で「宮堂上方」をほしいままに免じた。（四）「警衛」と唱し他藩の者まで扇動し、兵力をもって宮門に迫った。（五）「浮浪」の徒とともに江戸市中などで強盗焼打ちをはたらいた。「上疏文」であげられている非難も、（五）の事項がないだけでほぼ同一であるが、こちらでは「先朝譴責《けんせき》之公卿数名を抜擢し陪臣之輩猥《みだり》に玉座近く徘徊」し、その他の「御趣意」もかねての「御沙汰之趣」とはまったく相反する、たとえ「聖断より出させられ候義に候共忠諫《ちゅうかん》奉つるへき筈況《いわん》や当今御幼冲之君に在せられ候折柄」と述べている（『岩倉公実記』中巻　一八七―一八八、二三七―一二三八頁）。ここでは、形式的に天皇の「聖断」をえたことがらであろうと、その実態は「幼冲の天子」を擁した一握りの「奸臣」のしわざにすぎず、こうした「聖断」は「忠諫」され正されるべきものとされているのである。「幼冲」の天皇の「聖断」は、「聖断」であることのみで正当性や権威をもつものとしては、取り扱われてはいなかった。

こうした見解は、鳥羽・伏見の戦闘で徳川軍が敗北し慶喜征討令が発布されても、かんたんにはなくならない。上野戦争に帰結する江戸・関東の旧幕臣抗戦派の主張もこうした見解にもとづくし、奥羽越列藩同盟の主張もそうであった。一八六八（明治元）年六月、奥羽北越同盟軍政総督府の名で配布された「討薩檄文」は、薩摩は反幕のためには「専ら尊王攘夷」を唱え、権力を握るや一転して「外国に諂媚《てんび》」し「英仏の公使」を参朝せしめたと新政権の対外政策を批判し、また鳥羽・伏見の戦闘も公論をつくすことなく「倉卒の際俄《にわか》に錦旗を動して遂に幕府を朝敵に陥れ」たもので、「王命を矯《た》めて私怨を報する」奸謀とする。そしてこうした諸件からみれば「薩賊」のなすところは「幼帝を劫制《きょうせい》」して「邪を済し」「天下を欺く」ものだ、というのである（同前　五一三―五一四頁）。

戊辰戦争の大義名分をめぐる争いとは、こうした新政権の正当性の根幹にかかわる問題であったから、ひとたび、倒幕派が擁することのできた天皇の権威の絶対性を全国に貫徹することは非妥協的条件にならざるをえない。維新政府の朝敵諸藩に対する基本方針は、「開城・武器弾薬の没収などによる完全な武装解除、領土の一時的没収や藩主以下の城外謹慎などにより、徹底的な謝罪恭順を強制し、朝敵藩を神聖な天皇の権威のまえに拝跪させること」であり、この点では困難な情勢に直面しても「政府は非妥協的態度をつらぬいた」（原口清　一九六三　二〇五、二二五頁）。奥羽越諸藩は、当初から「王師」に抗する心意はなかったが、事情に通じないところから「叡慮」のほども知らず誤って「王師」に抗するにいたった、それゆえ謹慎して「絶対恭順」の実をあげるとの降服謝罪状を提出させられる。天皇の権威の絶対性と、政府が薩長の政府ではなく天皇の政府であることを確認させられて、戊辰戦争は終結するのである。この結果、天皇の権威の絶対性と、それを操作対象と考えるマキャヴェリズムの同時併存という内戦の勝者の視点からする心意、他方、あるべき王政についての幻想と、薩長＝「君側の奸」への非難という敗者の視点からする心意が、近代日本の天皇をめぐる思想的位相として濃厚に持続することになる。

## 行動する政治的君主へ

だが、今は戊辰戦争が始まるばかりである。維新政権にとっては、薩長に操られた「幼冲の天子」像を早急に克服すること、新政権の決定・方針を天皇が自らの意思で承認し支持していることを全国に周知させることは不可欠で緊急の課題であった。少なくとも「幼冲の天子」とこれ以上いいたてられる条件は除いておかねばならない。

一月一五日に天皇の元服式が実施された。元服は一五歳の正月五日までに行われるのが通例であったが、前年の正月は孝明天皇の死去、践祚のなかであわただしい状況であった。この年の七月一九日に「来年正月上中旬」に元服と決め、一一月二四日に正月一五日の日程が治定されていた。一五日、天皇は「童服」をぬぎ、髪を切り、冠をつけた。さらに歯をおはぐろで染めた。皇族・公卿の習慣である。この月の六日に古制にあらずという理由で、おはぐろと眉をそることの廃止許可がすでに出ていたが、天皇はなおこの慣習のなかにいた。元服式のこの日、大赦令が出された。「今般朝政御一新之御場合」「御元服之御大礼」が行われたので、これまで有罪の者といえども「朝敵を除之外一切大赦」というのが詔の主旨であった（『紀』第一　五〇九、五五〇、五八〇、五九三―五九五頁）。ここでのキーワードは、朝政一新・元服大礼・朝敵を除、であろう。大礼というなら、この年八月二七日、即位礼が行われる。だがこの時には大赦令は出されない。ところが九月八日、年号を明治と改め、一世一元の制を定めた際には大赦令が出される。元服式は、少なくともこの時点の政府にとって「大礼」だったのである。

成人した天皇が、政府の方針を「親裁」しているだけでは充分でない。天皇は政府の方針を支持・承認するだけでなく、それを行動で示す君主でなければならない。「九重に垂拱する伝統的君主」、伝統的朝廷であってはならないのである。一月下旬、大久保利通は大阪遷都を主張する建白書を提出したが、それは天皇の在り方を大改革することを主眼としていた。建白書は、鳥羽・伏見の「一時の勝利」に満足することなく「数百年来一塊したる因循の腐臭を一新」しなければならないという。この旧弊の最たるものとしてあげられるのは、「是迄之通主上と申し奉るものは玉簾《ぎょく》の内」にあり、わずかに「限りたる公卿方の外拝し奉ることの出来ぬ」という天皇の在り方であった。「分外に尊大高貴なるもの、様に思食《おぼしめ》させられ終に上下隔絶」して今日の弊習になっているというのである。そして「帝王従者一二を卒して国中を歩き万民を撫育」するような君主であることを求めた。政府の先頭に立つ君主をあるべき天皇像として要求したといってよい。こうした大改革のために遷都し、これを「一新の機会」にすべきだというのである（『大久保利通文書』二　一九一―一九五頁）。

だがこの遷都論は、公卿らの猛反発にあった。議定の中山忠能らが大いに反対し、薩長の陰謀で私権を張ろうとするものだと論ずる者まで出てくる。だが天皇の在り方は変革されねばならない。岩倉具視は、遷都を天皇親征に切りかえる。神武創業にもとづき「御活断」をもって万事処置される時期なのだから、「親征」を挙行、「聖上御躬《み》親《みずか》ら万卒に先ち御苦労」あらせられ、大阪にのぞむべきだとする（『岩倉公実記』中巻　二九五―二九八頁）。二月三日、天皇は二條城におかれていた太政官代に行幸した。明治天皇の初めての行幸であり、今後、毎月数回は太政官代に「親臨」することになるから、みだりに供奉を請願せぬようにとの命令が事前に出されていた。三職の会議にのぞんだ天皇は、まだ簾中にあったが、親政の令を発布した。「叡断を以て御親征」おおせいでられたというのである（『紀』第一　六二一―六二二頁）。

行動で政府決定の先頭に立っていることを示す君主への第一歩は始まった。だがなお反対は強かった。松平慶永は、親征ならば東征大総督に委任しておけばよいとする意見を述べていた。徳川慶喜の謝罪状が提出されると、東征中止・止戦によって事態を終結させようとする越前・尾張・紀伊藩の動きと重なって、親征中止の主張も強まった。二月二四日には、蜂須賀茂韶が親征中止の建言書を提出する。それは軍事は大総督に一切委任し、天皇は「九重に御垂拱在《おわ》せられ候共、御威徳は四海に相輝」き、「聖断を労せられ御鼓舞遊されず候共然る可く」、今度の「御盛挙」も「下民」にいたっては「御軽挙」のように申し唱えているので、「泰然御安座」こそ「先務」と述べて、王政復古の大号令から打ちだされた親政君主とはまったく対立する、伝統的君主像を主張していた（『復古記』第一冊　七九六頁、第二冊　五一二頁）。

だがこれらの諸侯も、他方では天皇の「叡断」を求めざるをえない。二月七日、松平慶永をはじめとする六藩諸侯が、外国公使の朝見を求める建白書を提出した。「上下協同一和」して世界の形勢を知り、外国との交際の方向を確定する必要がある、鎖国は島原の乱以来のことで、一切外国人を退けようというわけではなかった、今日「一刀両断之朝裁」で井の中の蛙の俗論をすて、「皇上の御叡断」で「万国普通之公法」によって外国公使の参朝を命ぜられ、またその趣旨を全国に布告して方向を知らしめられたい、というのがその趣旨である。一月一五日に新政権は、外国公使に国書を出し、今後は天皇が内外の政事を親裁するると通告するとともに、対外和親の方針を表明した。だがその数日前に岡山藩兵が、神戸で外国人との衝突、殺傷事件を引き起こし、その処理が大問題になっていた（『紀』第一　五九一、五九五—五九六、六二四—六二七頁）。万国公法にのっとることで新政権の対外的承認をえようとすれば、攘夷論を抑えこまねばならず、攘夷論を抑えこむには、天皇の「叡断」とその権威を必要としたのである。後宮や攘夷派公卿の反対を抑え、外国公使の朝見は二月三〇日に実施されたが、その当日、イギリス公使襲撃事件が発生する。攘夷論の排除は容易な課題ではなかった。

大阪親征は中止運動もあり、出発の期日は未定のままとなっていた。二月二六日、政府は親征期日を布告、翌々日の二八日、在京の藩主などを召集して、天皇の「詔諭」が出された。「詔諭」は、今日「親裁を以万機を断決」とし、「断然親征之儀を決せり」と宣言、さらに「外国交際も之有り」、「身を以艱苦《かんく》に当り国威を海外に及し祖宗先帝の霊に対《こた》へんと欲す」としていた（同前　六三三—六三四頁）。政府の先頭に立ち政治的決定を行う親裁君主の姿が明確に宣言されたのである。三月一四日、天皇が公卿・諸侯以下官員をひきいて天神地祇の前に国是五カ条を誓う、御五カ条誓文の儀式が行われた。同時に発布された

「宸翰」は、「朕幼弱」をもって皇位を継ぎ、と書き出しはするが、「朕自身骨を労し心志を苦め艱難の先に立」ち、「親ら四方を経営」することを宣言し、「朕一たび足を挙れば非常に驚き種々の疑惑を生じ万口紛紜《ふんうん》として朕が志をなさゞらしむる時は是朕をして君たる道を失はしむる」ものと、親政君主としての在り方を妨げる言動を厳しく咎めていた（同前　六四七―六五五頁）。この翌日、三月二一日に大阪親征出発が布告され、実行に移される。政府の先頭に立つ君主という姿が、広く社会に示された。

江戸城開城の後、ひとまず天皇は大阪から帰京する。その直後の閏《うるう》四月二一日、政体書の発布とともに天皇は「後宮より表御殿」に移り、毎日御前八時に学問所に出御して「政務を総攬」、余暇には「文武の道を講じ」て、午後四時に入御との日課が決められ、この日課は翌日、太政官によって布告された。日常的にも政務を親裁する君主としての姿の徹底、周知がはかられたのである。

九月二〇日に、今度は東京行幸に出発した。この行幸は、すでに八月四日に実施が布告されていたが、公卿を中心に反対が強く、九月一三日になってようやく二〇日出発が決定されたものであった。二〇日当日、天皇が大津まで進んだところへ、公卿で刑法官知事の大原重徳が馬に乗ってかけつけ、東幸中止の意見をなお主張する事件が生じる。伊勢外宮の大祭執行中に大鳥居が転倒し、これをみた神官らは東幸に反対との神意の現れとして京都に急報、そして東幸に反対であった大原重徳がかけつけたのである（同前　八三八―八三九頁）。岩倉によって大原の意見は退けられたが、公卿など伝統に固執する勢力の反対がいかに強かったかを示す端的なエピソードである。だが政府指導部は、将軍にかわる新しい君主＝天皇の姿を東国にも明確に示し、日本全国の支配者としての天皇の権威と姿を知らしめるため、あくまでも東幸を実施したのである。

## 明治天皇の実像と肉声

この戊辰戦争期、満一五歳で元服したばかりの明治天皇の実際の姿はどのようなものだったのだろうか。外国人の客観的な観察をみておこう。新たに日本に赴任したイギリス公使ハリー・パークスと天皇の会見に同席した通訳、アーネスト・サトウの回想である（アーネスト・サトウ『一外交官の見た明治維新』一九八―一九九頁）。パークスとの会見は、天皇が大阪親征中の閏四月一日、東本願寺大阪別院で、大広間に設けられた玉座の間で行われた。

一番奥まったところにある高座の上、黒い漆塗りの柱でささえられた天蓋の下に、簾をいっぱいに巻き上げて、天皇がすわっておられた。（中略）天皇が起立されると、その目のあたりからお顔の上方まで隠れて見えなくなったが、しかし動かれるたびに私にはお顔がよく見えた。多分化粧しておられたのだろうが、色が白かった。口の格好はよくなく、医者のいう突顎であったが、大体からみて顔の輪郭はととのっていた。眉毛はそられて、その一インチ上の方に描き眉がしてあった。衣裳は、うしろへたれた長い黒色のゆるやかな肩衣に、マントのような白い長袍、それに紫色のゆるやかな長袴であった。

参与横井小楠のこの年五月の手紙では、「御容貌は長が御かほ、御色はあさ黒く在せられ、御声はおふきく、御せもすらりと在せられ候」（『横井小楠関係史料』二　五三五頁）というから、パークスとの会見の時、天皇が化粧していたのはまず確かで、黠眉《てんび》していたこともまちがいなかろう。天皇は公卿風俗のなかにあった。挙措はどうだっただろうか。

ハリー卿が進み出て、イギリス女王の書翰を天皇に捧げた。天皇は恥ずかしがって、おずおずしているように見えた。そこで山階宮の手をわずらわさなければならなかったのだが、この宮の役目は実は天皇からその書翰を受取るにあったのである。また、陛下は自分の述べる言葉が思い出せず、左手の人から一言聞いて、どうやら最初の一節を発音することができた。すると伊藤は、前もって用意しておいた全部の言葉を翻訳したものを読みあげた。

はるか後年の時期になっても明治天皇は、「外国の皇族が来朝するとかいふ場合ですと多少上等の御機嫌ではなかった」（日野西資博『明治天皇の御日常』一二八頁）といわれており、外国人との応接は不得意、あまり好まなかったようである。このパークスとの会見は、外国人外交官の引見としては三度目の機会であったが、なお外交使節との応接に不慣れな姿を浮かび上がらせている。

親政君主としての自覚という点ではどうだっただろうか。閏四月二一日に毎日学問所に出御と決めて以降の天皇の様子について、岩倉は「聖上去月廿四日より日々御学問所出御終日御勤学御乗馬竝《ならび》に内番衆日々御前に召され御会読御席書在せられ少も御間暇之無く御勉励実以恐悦之御儀ありやうは案外之御開けに相成私共に於ても驚入り奉り候程之御儀に御座候」と書いている。定められた日課を天皇がきちんとこなし、急速に物事についての理解力も高まっていったのであろう。さらに、岩倉は、江戸城開城後も安定しない関東・東北の軍事情勢について「御前御評議に相成候処聖上にも殊之外叡慮悩せられ真に御独断にて兼而大坂に於て三條岩倉中聞《もうしつけ》候次第も之有り候事故此形勢に而は御親征遊せらる可く旨御沙汰」と書いている（三條実美宛岩倉具視五月一三日付書翰『岩倉公実記』中巻　四五一―四五二頁）。この親征の「御沙汰」は「真に御独断」のもので、大久保利通は親征はいまだその機ではないとの意見を述べており、議定松平慶永をはじめ京都の政府首脳部が、あまりたびたびの親征は天威を軽んずるもとになる、今はその場合でないと止めたことでさたやみとなった（『紀』第一　七一一―七一二頁）。とはいえ明治天皇が、大阪親征の頃から、自らを軍事的にも政府の行動の先頭に立つ君主との明確な自覚をもつようになったことを示す事例と考えてよい。天皇は親政君主としての自意識をもつようになっていたのである。

この時期の明治天皇の君主としての自意識の在り方を考える場合、みすごすことができないのは、明治元年末の海路還幸問題である。明治元年の末になって、ほぼ軍事的鎮圧に成功した政府内では京都還幸が問題になった。年内に還幸すべきか、明年に延ばすかをめぐって結論は二転三転するが、けっきょく年内還幸となる。ところが還幸の方法をめぐっても、海路をとるか陸路をとるかが大きな問題になるが、それには明治天皇の意向がかかわっていた。議定中山忠能は次のような内々の「御沙汰」を聞いている。極寒の時期で諸人が難儀であるから、帰路を乗船してというのはいちおうもっともである。しかし、

朕一身は夫に而も宜候へとも内侍所幷剣璽《けんじ》之御事は実に吾国の神宝天子といへとも御預申居候訳に而麁略《そりやく》少も御危き様の事之無き様日夜に苦心致居候事に而大海渡御は何とも恐入候に付右渡船は止に致度候何卒初の如く陸路帰京に致度候但諸人難儀之事に候は丶是非無く候間来春二月相待可帰京候

（『中山忠能日記』四　明治元年一一月一三日条）

神器への危険を配慮して陸路還幸の方法をとりたいというのである。そして、どうしてもというなら「賢所神慮御伺」で決めたいとしていた。一一月二七日に三條実美は中山忠能に書翰を送り、乗船ぐらいのことで「神慮御伺は御軽々敷儀」で「唯々宸断次第」で決定すべきであり、また海路不可という「神慮」の場合、年内還幸は「御延引」となり先帝三年祭は親祭としてできなくなり「御孝道」のうえでどうかと考えられると、説得をはかった。さらに翌二八日には、天皇を浜殿に行幸させ、軍艦への試乗を行わせている。この時も中山忠能が剣璽が海上にうつるのを恐れ反対したが、「天皇聖断」により「本日の御乗艦に際しては特に剣璽を浜殿に留め」試乗するという方法がとられた（『紀』第一 九〇七—九〇九頁）。しかしけっきょく、還幸は陸路と決定する。後年になっても「陛下は軍艦に乗るのをたいそう御いやがりになりました」、一九〇八年の舞子から神戸への観艦式のときには、波が高く乗船できないことになると「却つて御喜びの御様子」であったというから、天皇は乗船航海をあまり好まなかったと思われる（前掲『明治天皇の御日常』一九〇—一九一頁）。しかしそれ以上に、「神器」への危険を強く意識していたことは、この経過に明らかである。「神器」を継承することで祖宗の神系をうけつぐ君主、「神慮」をおもんぱかりそれにしたがおうとする神権的君主というのも、明治天皇の君主としての強い自意識だったのである。

## 2　天皇親政の実質

### 親政の制度化と国家意思決定機関

王政復古で天皇親政がたてまえとなるが、三職の総裁の職務は、「万機を総《す》へ一切の事務を裁決す」と定められており、摂関制と実質は変わっていない。一八六八年閏四月二一日の政体書の官制で、総裁が廃止され、行政官に輔相が置かれる。輔相には、三條、岩倉が任命され、その職務は天皇が学問所に出て政務総攬、万機親裁するのと形式を整合させて天皇の「輔佐」とした。議定・参与は「議政官」の上局に置かれ、その職権は同一の規定となり、この結果、親王以下公卿・諸侯から任命される議定と、公卿以下庶人までの間から任命される参与が、同権限となった（『太政官沿革志』三　七―一一頁）。政体書で官等を九つに分け、参与は第二等官に位置づけられたこと、これとほぼ同時期に第三等官以上には位階が与えられ、無位の参与藩士は四位に叙任されたこととあわせると（稲田正次　一九六〇　三一―三二頁）、藩士層の政権のなかでの進出が著しいといえよう。遠山茂樹は、この改革で参与として「後年有司専制といわれるものの中心的構成者が、朝臣という身分で結ばれあった」と評価している（遠山茂樹　一九五九　一〇頁）。

ただし、現実の国家意思決定の在り方はこの改革で大きく変わったとは考えがたい。政策決定の実際については、「上より出候儀は輔相より議定・参与に御渡し、下より出候事は弁事受取議定・参与に相渡し、議定・参与にて議定いたし輔相にて御断決。主上に御伺相済候上弁事に御渡夫々執行に相成候」（米田虎之助宛横井小楠書翰『横井小楠関係史料』二　五二六頁）といわれる。議定・参与は「機務」の決定を職務としていたから、三職が決定機関であり、それは雄藩連合で、公卿・諸侯・諸藩士指導者の混合という構成をとっていた。

版籍奉還の後、一八六九年七月八日に職員令が制定され、二官六省制がとられる。太政官には、左大臣、右大臣を置くが、太政大臣は置かれない。その理由は「古職員令は所謂欠官《いわゆるけつかん》とし設けられていた太政大臣は天皇の地位を侵す嫌いがあるとしてこれを置かないことにした」とされる（稲田正次　一九六〇　六七頁）。やはり天皇親政のたてまえとの関係であろう。右大臣には三條が任命され、左大臣は欠員、大納言に岩倉と徳大寺実則、参議には佐賀の副島種臣、長州の前原一誠が任命された。

この人事の事情は、「今日は（三）條岩（倉）両公輔相にて御同権の訳に候得共、愈御不都合との議あり、岩公は頻《しき》りに御謙遜にて、退譲の御考なり、且薩の都合もあり、此度官制改にて、條公御全権と相成、岩公は納言にて、初めて御権力一途に相成候との見込の由、参与も木戸・大久保・板垣・後藤抔《など》は退き、副島・前原両人となしたり、前原も何分不平ありたるか、碌々出勤せず、副島壹人にて参議の席を塞き候事になりたり、此の如く官制は改まり、條公初め夫々役配は出来たれ共、実権は動かすべからず、返《ママ》って陰に権力を施用の恐れあり」（佐佐木高行『保古飛呂比』――以下、SDと略記――四　一二〇頁）といわれる。岩倉は、明治二年一月一七日に輔相を辞職しているが、議定首席として事実上の輔相二人制だった。これを右大臣という最高責任者を明確にすること、参議も少数にしぼりこむことで権力集中をはかったと考えられる。しかし実力者を含まない体制では安定せず、七月下旬に、薩摩の大久保と、長州からは木戸孝允が就任を拒否したため広沢真臣が参議に任命され、前原はやがて辞職した。

この後八月一〇日に、大臣・大納言・参議の三職が四カ条の盟約を結ぶが、その内容は次のようなものであった（『紀』第二　一七二―一七三頁）。第一に、これまで廟議以前に漏洩し物議を引き起こすことがあったが、今後は「各自相誓ひ機密之件は勿論」たとえ宸断をへて発表すべきことでも「未発前には同列の外家人は勿論父子の間と雖《いえども》決して漏洩致間敷事」。第二に、「大事件は三職熟議」し、必要により省卿輔や待詔院・集議院にも諮問する。第三に、三職で一度決定した後には、「異論四方に起り天下の人皆之を是非」しようとも、「同心戮力其責に任する」。第四に、三職は月に三、四回、五、六回も各自の家に往来し、「集会し情を通し親を結」ぶ。

この三日前、太政官規則で三職列座、天皇出御の御前会議の制が定められ、そこには、省卿といえども許可をえて入ることと規定されていたこと（『太政官沿革志』一　二六頁）、三職盟約の時から、一一月まではひんぱんに御前会議が行われ、三職会議は基本的に御前会議として行われたと考えられること（『紀』第二　一七三、一八三、二〇七、二三三頁）、これらをあわせると、天皇親臨の下での三職会議を国家意思の最高決定機関として明確にし、以前の三職からすれば格段に人員の限定された三職の、公私、情意両方にわたる一体的な結合をつくりだすことで、権力の集中をはかろうとしていたと考えられる。職員令は、形式を律令にならい、神祇官を太政官の上に置くなど、外見的には復古的な色彩をとっていたが、一握りの公卿と藩士の同志的結合とそのなかの天皇という構成で権力中枢をつくりだそうとするものであった。ところが、この試みは成功しない。まず御前会議の方式は、一一月二三日の太政官規則の改正によって「出御中三職の政庁に於て商議せし事項を奏せしむ」という方式にもどる（『太政官沿革志』一　二七―二八頁）。ひんぱんに行われる三職会議に天皇がすべて出席していることはできなかったのだろう。この後も『明治天皇紀』には「御前会議」との記述がみえるから、三職会議に出席することもあったと考えられるが、天皇臨席の最高国家意思決定機関というわけにはいかなかった。

さらに、三職会議が各省を充分に統制することもできなかった。この点は民蔵分離問題として尖鋭な形で現れる。一八六九年八月に民部大蔵両省が合併したため、民部大輔兼大蔵大輔の大隈重信がきわめて広範な権限をふるい、それを木戸孝允が後援するという状況が生まれた。参議の大久保らはこれを問題とし、民部大蔵両省を分離すべきと主張する。事態について参議の佐佐木高行は、「大蔵省分割論八ケ釜敷《やかましく》、今日の景況、大蔵省の権力強盛、大政府も圧せられ候勢」とし、「実は大政府にて大臣・納言に御力之有り候はゞ、大隈派を圧し候事出来候へ共、迚《とて》も夫《そ》れ丈けの御権力はなし、尤も大隈一人は少しも恐る可きに非らざれども、長州人には木戸初め大隈の肩を持つ景況なり、是は畢竟《ひっきょう》薩を忌み悪むよりの事なり」と指摘している（SD四　三七三頁）。租税減免をめぐる大蔵省と地方官の対立に薩＝大久保派と長＝木戸派の対立がからみ、大臣・納言がそれを統御できないことが問題であった。この七月、民蔵両省の分離は実現するが、二か月後、大隈も参議に任命され、勢力の均衡がはかられている。

## 太政官正院の設置

このような状況であったから、権力の集中と統合をはかろうとする官制改正は、議院の設立を含め、一八七〇年一〇月頃からさまざまな案が検討される（稲田正次　一九六〇　八七―九七頁）。一八七一年、薩長土の三藩献兵をへて、六月、政府人事の大更迭が行われ、参議は西郷隆盛・木戸孝允のみとなる。七月、廃藩置県の発令とともに、肥前の大隈重信、土佐の板垣退助が参議に任命された。二九日、太政官職制ならびに事務章程が制定され、太政官に正院、左院および右院を置くことになる。正院には三職を置き、その職権は、次のように規定された。

太政大臣　一員　天皇を輔翼し庶政を総判し祭祀外交宣戦講話立約の権海陸軍の事を統知《ママ》す
納言　職掌大臣に亞《つ》ぐ大臣欠席のときは代理するを得
参議　大政に参与し官事を議判し大臣納言を輔佐し庶政を賛成するを掌《つかさど》る

このうちの納言は、翌八月の官制改定で左右大臣となり、その職掌はとくに規定されなかったが、後、一八七三年五月改正の規定からみて納言と同一と考えられる（『太政官沿革志』三　一四―一六頁）。正院事務章程は「正院は天皇臨御して万機を総判し大臣納言之を輔弼し参議之に参与して庶政を奨督する所なり」とし、「立法施政司法の事務」は左右院より上達せしめ「本院之を裁制す」などの職権事項を規定していた（同前二　一三二―一三五頁）。諸省長官が行政実際の利害を審議するとされた右院、諸立法のことを議するとされた左院に対し、正院が最高国家意思決定機関であることは明確にされていた。

ここでとくに注目されるのは、職員令では意識的に避けられた太政大臣が設置されたことである。この時期の国家意思決定の問題点の一つが、決定主体が不明確で決定が先送りされる点にあることは、政府首脳部では意識されていた。佐佐木高行は、「畢竟は、大臣・納言の微力に帰する也、それも條岩両公大臣・納言とあれども、実は左右大臣にて両公之見込違ふときは、何時迄も遷延、優々《ママ》不断に陥るなり、早く聖上の宸断に出るやうの事希望するにつき、君側の人物極急務に御擢ありたき也」と述べている（ＳＤ五　一一九頁　明治四年六月一〇日）。この見解のように、名実ともに天皇を最終決定者にすべきという考え方が存在したのに、太政大臣を置いたというのは、天皇の個人的意思によって実質をもつ最終決定を行うのは、なお困難であると判断したものと思われる。

　この官制の制定にあたっては、西郷・木戸両参議を議長とする制度取調会議が開催されたが、七月五日、取調諸員連署の伺が提出された（『太政官沿革志』二　一七〇―一七二頁）。それは、この制度の取調は「御大政之基軸に係り候間、自然君権にも論及候半而《ママ》者條理一貫仕兼候訳にて重大之義」であるので、「議事開局之始右大臣殿大納言殿御出席之上、御委任相成候権之界限、分明御決御座候様仕度」というものであった。この官制が君権にふれるものとなることは明確に意識されていた。七月二九日の諸省卿開拓長官への達には、「卿は天皇庶政を課分し百揆を統叙せしむる為に其委任を受る宰臣にして、総て部事の煕まらさるを以て己れ其に任し、縦令失錯あるも己れ其譴を受け聖明の累と為す可からさる事、但卿を欠くときは輔其責に任すへき事」と行政の「課分」「委任」とその責任を規定している（同前　一五二―一五三頁）。また、一八七二年五月からの天皇西日本巡幸にあたって太政大臣三條実美に対し、「朕西巡の間親く政を視る事を得す　凡百の事爾実美其れ朕か意を体して之を処分せよ」との政務委任の勅が出されている（『紀』第二　六八九頁）。これらからみて、「天皇臨御して万機を総判」をうたいつつ、親政のたてまえは緩めて、組織的・委任的な政治運営がはかられたと考えられる。

　この官制改正の前後の人事更迭のなかで、大久保は大蔵卿へ転じており、また岩倉は外務卿に転じ、官制改正とともに三條が太政大臣となっていた。この配置であるが、岩倉は佐佐木高行に対し、「是れ迄何分二途になる故、事運ばざるなり、依つて、此度は是非共條公一人を主宰とし、足下の見込の通り、西郷・木戸を輔翼として、我々も諸卿の中に在て、万機は條公に決し、御捺印さへ出る時は、誰も異論を唱ふる事はならぬと申す事にありたしとの見込にて、條公へ篤と相談いたし候処、條公も鉄面皮ながら任じ中との答にて、甚だ面白き事なりと思ふ」と語っている（SD五　一二三頁　明治四年六月一三日）。三條を大臣、西郷・木戸を参議という少数の迅速な決定が可能な責任体制という、岩倉のこれまでの主張の実現のために自分は一歩退いた、と考えられる。大久保も大蔵卿となり――後に民部省の合併を主張・実現させて――実務的な政策推進の中心に座り、最高機関からは退く選択をしたと思われる。ところが前述のように廃藩置県とともに、大隈・板垣が参議に就任する。さらに、岩倉も、一〇月八日に右大臣に就任するが、それは遣欧全権大使の任命と同時であった。長期の外国出張と同時の右大臣就任は、この時期の岩倉が、政務に消極化していたことをうかがわせる。右大臣就任は「岩卿は外務卿か又は中務卿かに任じ、大政府一途に出る様に致し度しとの事なりしが、條公には、兼て岩卿の申さるゝ処は、矢張大納言にて外国の事務を専らとれ《ママ》、内国の事は條公専らに任すとの筈なり、夫を今岩卿が外務卿となりては、迚も奉職出来ぬとの事にて、徳大寺・嵯峨両大納言周旋にかゝりける」に、大久保がとにかく西郷・木戸の参議任命が先決と主張してそうなった（SD五　一二七―一二八頁　明治四年六月二三日）という。この状況からみて、三條の主張に岩倉が妥協した結果と思われる。こうして、本来的には太政大臣中心の少数責任体制の成立のはずが、不明確なものになったのである。

### 太政官職制の改正

この太政官職制章程は、一八七三年五月二日に「潤飾」＝事実上の改正が行われる。その内容は次のようなものであった（『太政官沿革志』二　一七五―一九六頁）。太政大臣の職権は「天皇陛下を輔弼し万機を統理する事を掌る　諸上書を奏聞し制可の裁印を鈐す」と規定され、一八七一年には祭祀から軍まで具体的に「統知す」と規定された権限がなくなり、奏聞・裁可の手続きへの関与のみが規定される。左右大臣の職権は、「太政大臣に亞く」とされていて変更はない。参議は「内閣の議官にして諸機務議判の事を掌る」と規定され、内閣の議官であることが明確にされた。事務章程では、「凡そ立法の事務は本院の特権にして総て内閣議官の議判により其得失緩急を審按し」と規定、さらに「凡そ允裁を乞ふ奏書は、内閣議官議判の上内史其部類を分ち之を本帖及副本に写し、本帖には議官之に連印し内史之に記名し之を太政大臣に出す、太政大臣之に鈐印して御批允裁を受け之を外史に付して奉行せしむ」と規定されていた。正院が最高決定機関であることは変わらないのであるが、一八七一年の官制では、その主宰者たる太政大臣が決定主体として構成されていたのに対し、この職制章程では決定主体は「内閣議官の議判」、参議の合議である。

さらにこの職制章程は、正院の「専掌する事務」として、諸制度諸法律及諸規則の起草議決、歳入、歳出、貨幣製造、内外国債、兵制改革、裁判所権限、條約、など二一項目を掲げ、最後に「内閣は天皇陛下参議に特任して諸立法の事及行政事務の当否を議判せしめ凡百施政の機軸たる所なり」と規定していた。ここで正院の「専掌する事務」として掲げられた項目のうち、歳入の「既定の諸租税を増減変更する事新に諸租税を興す事」、歳出の「諸官省各局各地方官公費の額を定むる事」、貨幣製造、金券発行、内外国債などは、従来大蔵省の権限とされていたものであった。また、五月二日に各省および開拓使あてに「達」が出され、この正院職制章程に抵触矛盾する各省事務章程の廃止が通知された。この「達」に対する司法省伺には、「各省長官御委任の掲示は御廃止相成候哉又は其侭《そのまま》に心得申す可き哉」という項目があったが、それへの批文は「廃止之事」であった（同前　一九七―二〇一頁）。諸省長官への行政事務の委任は、基本的考え方としては廃止されたのである。

この改正の政治的背景は、大蔵省と諸省の、さらに正院をまきこんでの政府内抗争にあった。渡欧中の大久保大蔵卿にかわって大蔵省の運営にあたった井上馨大蔵大輔が、江藤新平司法卿、大木喬任文部卿の要求する新規予算を削減し、江藤ら司法省幹部が辞表を提出するまでに対立は激化した。大蔵省の権限強大を問題視した正院は、一八七三年四月一九日に、新たに左院議長後藤象二郎（土佐）、大木喬任（肥前）、江藤新平（肥前）、の三名を参議に任命した。そしてこの正院事務章程が出される。その翌日に井上馨は辞表を提出した。政治抗争としてみるなら井上―大蔵省の敗北であるが、政権の統合の方法から考えると最高国家意思決定機関としての正院の位置のさらなる明確化、かつ正院の運営主体として参議の重視、「内閣議官の議判」による決定とその決定遂行者としての太政大臣の位置づけ、つまり太政大臣権限の名目化がその結果であった。

## 明治天皇の変貌(i)――軍事君主化

こうして、天皇親政のたてまえの下で政治機構はあわただしく改革を重ねていたが、天皇個人の在り方や自意識はどのように変化していったのであろうか。伝統的君主から親政君主への変化が大阪親征によってつくられはじめること、天皇の親政君主としての自意識も「親征」とのかかわりで明確に示されたことは前にみたが、軍事的君主としての自覚と行動は、ますます強まっていく。天皇と軍隊との直接的接触の最初は、慶応三年一二月の四藩兵調練天覧であるが、これは薩長軍のデモンストレーションに他ならなかった。大阪親征の際に「海軍親閲」、大坂城行幸、諸藩兵操練の「天覧」があるが、これらはいずれもいわば見学である（『紀』第一　五七四、六六二、六六八頁）。その後も二回ほど操練の「天覧」があるが、「閲兵」の最初といいうるのは、一八七〇年一月の軍神祭および練兵の「天覧」であろう。この時はなお祭式が主体であったが、翌一八七一年には「軍神祭を停止し、其の祭式の一部分たりし陸軍練兵のみ」を挙行し、これを「講武始」と称した。一八七二年には、それまで皇居本丸跡で行われていたものが、日比谷陸軍操練所および海軍兵学寮で「陸軍始」「海軍始」として大規模な軍事儀式として行われるようになる（『紀』第二　二五四、三八九、六二五、六二六頁）。

一八七〇年一月の軍神祭につづいて、四月一七日、駒場野行幸、合併連隊の操練の「親閲」が行われる。これに参加したのは歩兵九個連隊、砲兵五個砲隊、騎兵若干などで総数は約一万八〇〇〇人にのぼった。部隊は「金巾子・直衣・紅袴を著《つ》け、龍馬に跨《またが》り、錦蓋を翳《かざ》し」た天皇を中央において大手門から駒場野まで行軍、調練、閲兵して、再び帰還行軍した。天皇が直接に統率して閲兵する形をとったのは、これが初めてであった。士民は沿道の左右で行軍をみ、外国人も指定の場所で見学を許されていた。天皇が士民の前に直接に姿を現したのも、これが初めてであり、なお巾子・直衣・袴のスタイルであったが、軍隊を親率する君主としてその姿を示したのである（『紀』第二　二九三―二九五頁）。

九月八日には越中島に行幸して、薩・長・土・肥四藩の帰藩兵士の操練の親閲が行われる（『紀』第二　三三二―三三五頁）。ところがこの日は天候が悪く、操練開始とともに烈風・豪雨となり、海水が調練場を洗う状態となってしまった。操練を中止し、急遽還幸となったが、通行中、土佐藩邸の長屋が倒壊し供奉者のなかから死傷者まで出る。河川も増水し、新大橋を急いで渡ろうとする時には、天皇の乗る板輿《いたごし》についていたのは輿丁《よてい》のほか、参議の大久保と広沢のみという状況で、ようやく帰還した。心配した岩倉は、中山忠能・宮内卿万里小路博房を通じ、親閲の今後の取り扱いについて天皇の意向を聞く。するとそれは、

今度俄に四藩徴兵之操練御覧之儀仰出られ候御趣意は、孛佛《フフツ》戦争之折柄殊更海外形勢御懸念在せられ、国内軍備之儀至重至大と思召れ候より仰出られ候儀に付、今日之天象還幸在せられ候者一時已を得ず之儀、是非共天覧之思召は御貫徹遊され度、明九日快晴に候は丶旧本丸跡に於て天覧遊せられ度、若雨天又は泥濘に而操練難く候は丶、明夕より御潔斎十一日神宮御遙拝十二日朝御神事解に付、十二日以後雨天順延之御積にて天覧遊せらる可く旨、仰出られ候

というものであった（『岩倉公実記』中巻　八三七頁）。普仏戦争でのプロシアの勝利をひいて軍隊の重視、この親閲の実施をいいだしたのは大久保であり、それをとりあげたのは岩倉であったが、天皇は行幸中の事故の発生にもかかわらず親閲の継続再開を主張する。岩倉は帰藩兵の乗船発航が一一日に予定されていることもあげて親閲の中止を提言したが、「是非前條之通御沙汰在せられ候」ということで一二日越中島へ再幸と決定した。天皇は「親閲」によって軍隊重視の姿勢を示すことの重要性を強く意識していたのである。

なお、この一二日の越中島再幸は、けっきょく右大臣三條が代行することになった。その理由は、「聖体不豫」、天皇の体調不良ということにされているが、事故を聞いた松平慶永のような見解・批判に配慮した結果ではなかったかと推測される。松平は、「先月二十九日晩より御神事今月九日晩より御潔斎」で

「八日之行幸は御神事中にて恐れ乍ら御敬神之道に於如何在せられ候者哉」と批判、道路には「服者（近親が死んで忌服中の人）其外往来等之儀も計り難」いのだから、今後神事中の行幸は行わないよう、「当今兎角行幸之節に右様大風雨之有り、折柄御神事中にも候得者、人の口には戸か立られ申さずと申す気味にて、なんてもなき事の彼是評論仕、遂には恐れ乍ら御聖徳にも拘り申す可く歟」との書翰を岩倉に送った（同前　八三八—八三九頁）。天皇の祭祀君主の性格からする行幸批判は、なおつづいていたのである。

しかし一八七一年、廃藩置県後の宮廷改革をへて、天皇の在り方はさらに一段と変わる。臨時に諸省に行幸を行うことになるが、その最初は九月三日の兵部省行幸であった。そして、天皇自ら「兵馬の大権」をとるため「軍隊指揮の練習」をするとし、一二月一〇日には、「御練兵御用掛」が任命された。初めは当番侍従を兵士に擬して指揮練習をしたが、後には親兵一小隊を召集して行った。『明治天皇紀』は、「常に侍臣に宣《のたま》く、将来は必ず大隊を指揮すべし、朕自ら大元帥たらざるべからずと、数月ならずして能く小隊を指揮したまふ」と伝える（『紀』第二　五三六、六〇五、六三六頁）。一八七三年の日課表によれば、毎月一・六の公休日を除き、毎日操練練習があり、三・五・八・一〇の日は大隊操練、二・四・七・九の日は小隊操練と定め、雨天の場合は将卒に擬した木の駒で図上練習をした。明治天皇の熱中ぶりがうかがえよう。こうした状況のなかで、有名な習志野演習のエピソードが生まれるのである。一八七三年四月、「下総国千葉郡大和田村」（後にこの演習にちなみ習志野と改称）で、二日間にわたる野営演習が行われた。天皇も「天幕」を張って野営したが、夜に入って風雨が強くなり、天幕は倒れそうになる。心配した西郷隆盛近衛都督が様子をみにゆくと、天皇は「泰然」として「只雨の漏るに困難す」と述べた、というエピソードである。天皇の操練への熱中は、一八七四年の秋頃までつづき、一八七五年七月に、当分の「廃止」が決められて操練はなくなるようである（同前　一六一―一七、五七―五八、四七六頁）。天皇は、直接に軍隊を指揮する軍事君主たろうとしたのであった。

## 明治天皇の変貌(ii)――開化君主化

天皇の在り方を大きく変える宮廷改革は、廃藩置県直後から本格化した。公家と公家出身の女官が旧慣によって支配する宮廷の変革はどうしても必要であった。すでに宮内大丞に任命されていた吉井友実（薩摩士族）を中心に、宮内省の改革案が練られる。一八七一年七月二四日、宮内省官制の改定を発表し、公家出身の侍従を罷免して士族出身者に大きく入れ替えた。八月一日には、女官を総罷免し、新たに選任された女官には、「皇后の命を奉じて勤仕」することが命じられる。翌七二年四月、ふたたび典侍以下三六名の罷免が行われて内廷の改革は一段落した（同前　五〇四―五〇九、六七〇頁）。

廃藩置県・宮廷改革をへて、天皇には「開化君主」としての性格が強く現れてくる。文明開化の先頭に立ち、それを実践する君主である。一八七一年八月に、大臣・参議に服制更革の内勅が出された。今の衣冠の制は、「中古唐制に模倣」したもので「軟弱」に流れた、「神武創業　神功征韓の如き決て今日の風姿にあらす」、「天子親ら之か元帥」となるにふさわしい服制にあらためよ、というのである。そして兵部省に「締盟国帝王の軍服等の制」の調査が命じられた。時期は不明だが操練の冬服は、「上衣・袴共濃紺絨」で「上衣の前には黒包釦」がつけられ洋風化された。一八七二年四月には、横浜から外国人洋服裁縫師をよんで、内密に天皇の洋服の寸法をはからせる。五月一五日、暇乞のために参内した京都在住の公家橋本実麗は、学問所で天皇に対面したが、「天皇の洋服を著御して椅子に凭《もた》らせらる、を拝し」、官人は靴を脱せず、侍従などが椅子に座って事務をとり、絨毯がしきつめられているのをみて「其の変革の甚しきに驚」いている。この時点ですでに天皇は洋服を着ていたのである。そして、二三日、西日本巡幸に出発する天皇は「燕尾形ホック掛の正服」を着て「騎馬」で出門した。この巡幸の様子については「天皇は騎馬、供奉の諸官は燕尾服を著し、洋刀を帯して徒歩するを例とす、沿道奉迎の庶民、服御の旧制に異なると鹵《ろ》簿《ぼ》の簡易なるとに驚かざるはなく」と記されている（同前　五三二、六三六、六六六、六八三、六九一、六九三頁）。洋装の天皇の姿がひろく示されたのである。文明開化の先頭に立つ君主は、その服装によってまず示されたが、それは天皇の内面では「天子親ら之か元帥」となることと一体であった。文明開化と軍事化は、たんに政府政策としてのみでなく、天皇の内面でも結合していた。

天皇の洋風化は、内廷の生活様式にも影響する。『明治天皇紀』の記述では、天皇が西洋料理を食べた最初は、一八七一年八月の浜離宮行幸の際、大臣・参議らとの「陪食」であるが、一一月には牛乳の飲用が始まり、一二月には皇后にも勧められる。また、この月「肉食の禁」をとき、「牛羊の肉は平常」、豚・鹿・猪・兎の肉は「時々少量」が天皇の食事に出されるようになった。一八七三年七月には、御学問所代での昼食に西洋料理を出させるとともに、皇后の昼食にも西洋料理二品が出されるようになる。またこの年の九月中旬以降に、皇后および女官に「西洋料理を食するの法」を天皇が教えさせる（『紀』第二　五二八、六〇四、六〇七頁、第三　九七頁）。こうした洋風化の象徴的行為が、一八七三年三月の天皇の断髪であった。「午前平日の如く女官をして頭髪を結ばしめ、淡く粉白を施さしめて御学問所代に出御あらせられしに、入御の際には散髪と変りたまへるを拝して、女官等皆驚歎す」と記述されている（『紀』第三　四七頁）。

こうした天皇の「開化君主」化、「神道国教化政策の後退、文明開化政策の進展にかかわらず、天皇の宗教君主の性格はかえって強まりました」との指摘がある（遠山茂樹　一九九一　一一四頁）。神祇省の廃止により、一八七二年四月から、もと神祇省鎮座の八神と天神地祇は宮中に遷され、いわば宮中は、天地開闢《かいびゃく》以来の神々の総本山となり、ここで天皇が司祭君主として親祭する形になったからである。ただここで留意すべき点は、遠山も指摘するように、国民にも国の祝祭日として祝うように強制され整備されてゆく宮中祭祀の多くが、一八七一年ないしその翌年に、新儀の「天皇親祭」として始まったことである。一八七一年一一月に大嘗祭が行われたが、その祭儀の趣旨についても政府は、「今や皇業古に復し、百事維《こ》れ新なり、大嘗の大礼を行ふに、豈に旧慣のみを墨守し有名無実の風習を襲用せんや」と述べ、大礼の儀式は「偏《ひとえ》に実際に就くを旨として之れを制定す」といっている（『紀』第二　五八六頁）。宮中祭祀を中核とし、末端の村々の神社までを系列化してつくられる神社神道は、庶民の国民化のための「新儀」の政治宗教であり、その司祭君主として天皇が位置づけられたから、宗教君主としての性格は強まったのである。近代の天皇の宗教君主としての性格も、たんなる伝統の継続ではありえず、政治がこれを規定していた。

## 明治六年の政変の開始

天皇親政は基本的に名目的なものであり、実質的政策決定は、太政官正院を最高国家意思決定機関として、しかも一八七一年には太政大臣を主要な主体に、一八七三年の規定では参議の合議を主要な主体として行われるものと構想されていた点は、前述した。しかし、親政がたてまえとしてではあれ規定されていることで、天皇の個人的意思が国家的意思決定に影響することはなかっただろうか。この点を、まず一八七三年の政府大分裂、明治六年の政変、征韓論政変の過程にみてみよう。

五月の下旬に、朝鮮在勤外交官より外務省へ、朝鮮官吏による日本侮辱の行為があったとの報告書が送られた。その内容にもとづき閣議が開かれ、居留民保護のための軍隊派遣などが提議された。これに対し西郷が、まず全権大使の派遣、その使節へ暴挙が加えられれば軍事力行使と主張、かつその使節には自分が任命されるよう希望したが、この閣議では決定にいたらなかった。この時、岩倉使節団参加の参議の木戸、大蔵卿大久保はすでに帰国していたが、木戸は病気で閣議に出ず、また大久保は参議でないため出席できないのみならず、大蔵卿の職務にも復帰していない。三條は岩倉に帰国を要請するが、西郷が早急の決定を要望、その結果、八月一七日に閣議は朝鮮への使節派遣を決定した。八月一九日から二三日まで三條は箱根に行き、同地に滞在していた明治天皇に会い、朝鮮国遣使の件を報告、「聖断を仰ぐ」が「西郷を使節として朝鮮国に差遣する事は、宜しく岩倉の帰朝を待ちて相熟議し、更に奏聞すべし」との答えをえた（『紀』第三　一一九頁）。この「上奏」「勅答」は、天皇・三條ともに休暇中に行われた「非公式」のものであるが、それは後に「内決」として取り扱われる。

岩倉や伊藤博文工部大輔などは、九月一三日に帰国する。三條は岩倉と協議し、大久保を参議に任命し、木戸と協力させて事態の打開をはかること、さらに朝鮮遣使は延期で処理することをはかる。一〇月一二日に大久保が、翌一三日に副島種臣が参議に任命された。一四日、閣議が開かれ病気の木戸を除く全員が出席、会議では岩倉が樺太問題解決の優先論を述べ、西郷がこれに反駁、板垣・副島・後藤・江藤が西郷に賛成し、大久保が内治優先・遣使不可を主張した。この日は結論が出ず、翌一五日午前一〇時から再開となる。この日の会議について大久保は次のように記している。「小子に於ては断然前議を以主張いたし外参議中に於ては西郷氏の意に御任せ之有る可く殊に副島子板垣子断然決定の趣」であった。その結果この上は、三條・岩倉の「御両人にて御治定之有る可く」とのことでいったん引き取ったが、やがて参議が召集され、「実に西郷進退に関係候ては御大事に付止むを得す西郷見込通に任せ候処に決定いたし候との御談」で、大久保は「昨夜申上通此上両公御見込相立候処にて御治定之有る可く申上置候に付御異存は申上げず候得共見込に於ては断然相変らざる旨申上候然し余の参議一同異存なく」ということで閣議は終了した（『大久保利通日記』二　二〇三頁）。これによれば、反対論は大久保一人が主張、他の参議は西郷の意見に任せるとの意見で副島・板垣が決定を強く主張。決定は三條・岩倉の両大臣に委ねられ、西郷辞任という事態になっては困るので西郷の意見どおり、というのが結論であった。

大久保としては、主には三條、副次的には岩倉にも背負投げをくわされた形になったわけで、一七日に辞表を三條に提出、木戸も同日に辞表を提出した。大久保・木戸の対応をみた岩倉もこの日、辞意を示す書翰を三條に送り、病気と称して閣議に欠席する。動揺した三條は、閣議決定の上奏をみあわせ、二度にわたり岩倉邸におもむき（二度目は大木喬任が同行）岩倉と議論を重ねるが、一八日の早朝には「精神錯乱」におちいる（『岩倉公実記』下巻　六八一―七一一頁）。ここで「一の秘策」が登場する。病気に倒れた三條に代わり、岩倉を太政大臣代理とし、遣使決定延期意見を上奏させて、一五日の閣議決定を逆転させようという構想である。

『伊藤博文伝』は、これをいいだしたのは伊藤としており、また、すでに一六日、伊藤と大隈重信が岩倉を訪ね、善後処置として「太政大臣よりその裁決せる所を以て勅裁を請はゞ、右大臣も亦宜しく君国の為め適切なりと信ぜらるゝ自説を具奏し、聖断を仰ぐを至当」と意見を述べ、大隈も同調したと書いている（同　上巻　七五六、七七〇頁）。『大久保利通日記』の一〇月一八日の記事に、伊藤と大隈が来訪し、伊藤からは「條公御大病に付ては今日にて岩公に御憤発」を進め「止むを得す断然振起す可し」との言をえたので、大久保も「是非憤発」せよとの「忠告」をうけたが、大久保は「勘考之次第之有り同意いたさす先々見合候旨相答置候」と書かれている点からみて、『伊藤博文伝』の叙述が正しい可能性は高い。しかし大久保も翌一九日には、この「秘策」に動きだす。伊藤博文とともにこの時期、奔走していた薩摩の黒田清隆に対し、「此上の処他に挽回の策なしといへとも只一の秘策あり依て之を談す同人之を可とす則同人考を以吉井子に示談之有り候様申入置候」としたのである（『大久保利通日記』二　二〇四―二〇五頁）。つまり薩摩出身の宮内少輔吉井友実を通じての宮廷工作を始めた。

ところでこの「秘策」の内容であるが、『大久保利通文書』の解説などにより、大久保は「黒田・吉井の両人をして当時宮内卿たりし徳大寺実則を勧説せしめ岩倉公に大命を下されんことを画策せるなり」と一般には理解されてきた（同五　七九頁）。ところが『明治天皇紀』によると、「昨十九日午前九時参議等正院に会して議する所あり、即日宮内卿徳大寺実則を以て、是の際具視をして太政大臣の事を摂行せしめんことを奏請す、実則乃ち奏聞を遂げ、其の旨を参議江藤新平・同大木喬任・同後藤象二郎・同副島種臣に連名宛にて復答す」との経過がある（『紀』第三　一四四―一四五頁）。岩倉が太政大臣代理に就任することは、一九日中には確定的な問題となっていったと考えられ、「秘策」の重点が、太政大臣代理就任問題から、閣議決定への反対意見の上奏と、この異例の上奏の天皇による承認とりつけへと動いていったことは疑いなかろう。

## それぞれの天皇親政観

二〇日には、天皇が三條邸を見舞に訪れ、つづいて岩倉邸に行き、岩倉を太政大臣代理に任命、そのことの布告も同日中に出された。二二日、西郷、板垣、副島、江藤などが岩倉邸を訪れ、遣使決定の上奏を岩倉にせまった。この時の岩倉との議論は、『岩倉公実記』が伝えるところでしかなく、その正確性において問題を残すが、それぞれの天皇親政観を極限状態でむき出しに語ったものとして興味深いので、詳しくみておこう（同　下巻　七四―七五頁）。

まず西郷が、「遣使の議太政大臣既に之を決し」「十八日を以て上奏宸裁を仰かん」としていた、これ以上の決定施行の遷延は許されないので「敢て請ふ閣下明日を以て発令の順序を決定せんことを」、もし岩倉も病気で上奏できないというなら、「参議をして之を摂行せしむへし」と述べる。これに対し岩倉は、「此の如き大事は参議をして大臣に代り以て摂行せしむ可からす」、かつ自分の意見が三條の意見と異なっていたことは「卿」らの知るとおりであり、「予の意見も亦具奏せさるを得す」、「彼此の両説を奏陳し以て宸断を仰かんと欲す」と答えた。これに対し江藤新平が次のように述べる。「摂任者の務は原任者の意を遵行するに在り」、原任者の意をまげて「摂任者の説を併せて之を奏聞するの理」がどうしてあるか、かつ天皇は「聡明と雖春秋漸《ようや》く二旬有余」――明治天皇はこの時かぞえで二二歳――である、したがって「国務は大小と無く内閣の議定を以て奏聞し宸裁を仰くに非すや」、であるのにこのような大事に両説を出し「可否を宸衷に決せられんことを奏請するは抑責を聖上に帰」すもので「大臣の為す可き事に非す」。これに対する岩倉の返答は、自分は「三條氏其人」に代わってではなく、太政大臣代理に任ぜられて事を行う以上、「予か意見を併せて之を具奏」するのは当然のこと、まして「今ま大臣参議各皆其意見を異にす宸断を仰かされは則ち之を決定すること能はす尋常の事例を以て之を論す可からさるなり」。

西郷のいう参議による大臣の職務代行論は、一八七三年の太政官職制章程によれば可能なことであった。すべての奏書は「内閣議官議判」をへてと参議の位置が高められていた上に、この年八月一八日、三條太政大臣の夏期休暇にあたって参議に対し「太政大臣賜暇中議政行政の事務代理仰付られ候事」との達が出されたことがあったからである（『太政官沿革志』三　二四頁）。しかし、「奏聞」は「大臣」の職権と規定されていたから、岩倉があくまでも自分が「奏聞」するとがんばればその主張は通らない。ただ参議が「内閣の議官」として大臣と同格であり、「内閣議官議判」のない上奏を岩倉がするのに対し、対抗上奏をすると主張することは不可能ではなかった。大久保・岩倉がその可能性を考えて対処していたことは、一〇月二二日の両者の書翰、岩倉の「疑らくは赤坂出頭も計り難く万中の一と存候別紙徳卿返事御一覧置給はる可く候」、大久保の「赤坂之方も徳卿御紙面之趣に候得は必気遣之有るましく（中略）去り乍ら明朝迄之内に拝謁を願御迫り申上候輩も之有る可く相察候」に明らかである（『大久保利通文書』五　八六―九〇頁)。『明治天皇紀』は「具視は、隆盛等が直奏する所あらんを慮り、昨二十二日書を宮内卿徳大寺実則に致し、仮令隆盛等参内して奏上する所ありとも、決して其の言に動かされたまはざるべく、侍従長東久世通禧と協力して輔佐したてまつるべき旨を内諭す」と記している(『紀』第三　一五〇頁)。逆に西郷がこうした行動に出なかったこと、岩倉との会談の最後に「閣下の意既に決す某等奈何ともする無し」と述べ、また「右大臣克く蹈張《ふんばつ》た」ともらしたというのも、従来のように最後の捨科白と解するのではなく、大臣意思の参議に対する優越を承認していたものと理解すべきであろう。西郷は、正院の機能を天皇による実質をもつ決裁を回避し、大臣の権限が参議に優越するものとして、一八七一年の職制章程に近い形で理解していたのであり、この時点での――天皇若年という条件を含めての――天皇親政の在り方と考えていたと思われる。

これに対し江藤の見解は、彼が中心になって作成したと推測される一八七三年の太政官職制章程に即したものである。若年の天皇には実質的決裁をさせていない、国務は大小にかかわりなく内閣が議定しているというのであるから、「宸裁」は形式と言外にではあれ明言したに近い。そして太政大臣の「治定」どおりに内閣決定を上奏せよ、というのであるから、太政大臣代理、右大臣の権限の優越を認めていないのであって、それなりに筋は通る。江藤にとって惜しまれるべきは、内閣議決の形式的手続きが完了していなかったこと、また「内閣議官の議判」とはなにか、その多数意見を意味することが明確にされていなかったことであろう。合議制は、全員一致の結論であれば問題はないから、逆に結論をえるには全員一致の形式を要請する。一部の人間における、内心は反対でも承認という手続きを不可欠の要素としてともなうのである。ところが全員一致の結論ではないことが明白な場合、多数意見＝「衆論」にしたがうか、あるいは岩倉がここで主張するように誰か単独者の決裁による以外に結論は出せない。岩倉はこの場合、この単独者の決裁論理にしたがって、内閣の単独者である太政大臣代理の意見の上奏、形式上の最終単独者である天皇の決定という手続きの正当性を主張しているのである。この政変で辞職する江藤や板垣らが、翌一八七四年一月、「民撰議院設立建白」を提出し、政府の在り方を「有司専制」と批判したことは、よく知られている。だがこの政変の経過は、厳密にいうなら、「参議の衆論」に対する「太政大臣代理の専制」であって、こうした対立が生じてくるより広い社会的・政治的条件を捨象していえば、天皇親政の下での合議制的政治機構の矛盾の爆発であった。

### 操作された「親政」

しかし岩倉のいう親政の論理にしたがっても、その言い分には弱点があった。一五日の閣議決定の経過、一度は三條と岩倉で「治定」し、大久保も「治定」の上は「異存は申さず」と引き下がった経過である。二三日、岩倉は天皇に、閣議の顛末を口頭で上奏し、かつ意見書を上奏、さらに別に閣議顛末の上奏の大要を文書にして提出した。意見書は、内治優先、遣使無期延期とその理由という岩倉の結論を上奏したものので大きな問題はない。作為がうかがわれるのは、閣議の顛末である。とくに、一四日の閣議では、三條・岩倉の遣使延期論に「衆参議皆同意す然るに西郷参議独り速に使を遣ることを主張す大久保参議大隈参議大木参議を除くの外は議論稍《ようや》く動き其事決せす十五日又其事を議す大久保大隈大木三名前議を執て動かす衆参議は西郷の論に同意するを以て太政大臣も竟《つい》に其議を可とす」（『岩倉公実記』下巻　八三―八四頁）

とする点である。この記述では、三條・岩倉・大久保・大隈・大木と西郷・板垣・後藤・江藤・副島に閣議が二大分裂し、ついに三條が西郷の意見を承認したことになるが、大久保の日記の記述とは整合せず、三條・岩倉の「治定」にもふれていない。大隈・大木は遣使決定の際には積極的には態度を表明せず、一五日の決定後に大久保・木戸の辞表が出され、遣使決定問題が今後の政府首脳部の構成を決定する要因となったのをみて遣使反対の態度を明確にしたのではなかろうか。また「十七日夜太政大臣は具視の第に来り情由委曲に告け大に前議を悔ゆるの語ありき十八日払暁同氏病の将に発せんとするに際し使を具視の第に送り（中略）再び事を執る能はさるを告く」（同前）もこの顛末の要点、閣議決定ではなく岩倉の意見書上奏を正当化する理由であるが、この点に関し木戸孝允は次のように書いている。「過る十七日夕條公御激論之御次第に至り再ひ大木なと御直諌申上大木一同に尊邸へ御出に相成御悔悟之御都合に至候辺は分明に相成居申さず而《て》は」不充分である、「実は御辞表之事も前以粗承知仕候間愚案條公迄申上試候事に御座候間孝允に於ては別に御子細は之有る間敷歟と存し奉り候へ共恐れ乍ら大臣公之思食忍ばせられ候而少々御添削遊せられ候はゝ孝允に於て聊愚存御座無く候尤前申上候十七日夕刻云々は大肝要之事に付折角條公より御悔悟之辺御直筆に而大臣公迄進め置かれ候方公私然る可く御事と今日も内密御忠告仕候次第に御座候」（岩倉具視宛一〇月二四日付木戸孝允書翰、『木戸孝允文書』五　六二一―六二二頁）。

事実経過の後からの整理が、とくに三條の辞表提出をめぐって行われた可能性が高い。木戸は、その日記の一〇月二四日の条に、三條家執事の「森寺常徳を招き去十七日夕條公之顛末を御自筆にて岩卿へ御投しあらんことを談せり是は後日の為と離間を防くの為なり」と書いており（『木戸孝允日記』二　四三七頁）、少なくとも彼がこうした画策を行ったことは確実である。

こうした問題を含んだ、かなりの歪曲をもつ事実経過報告の上奏を岩倉は行ったのであるが、これに対し明治天皇は、重大事であるので熟慮し明日「勅答」すると答えた。そして翌二四日、「汝具視か奏状之を嘉納す」との「宸翰の勅書」を与え、岩倉の意見を採用した（『紀』第三 一四九―一五〇頁）。この経過は、形式からすれば天皇の個人意思による裁断である。岩倉にいわせれば、天皇直接の親政の発動＝「聖断」ということになろう。天皇に全権力を帰した体制では、政府首脳部が分裂すれば、天皇個人が裁断する形式は避けられない。明治六年の政変はこのことを明確に示した。しかし形式面からいっても、この裁断は自分が任命したばかりの太政大臣代理の意見を採用するか否か、という問題で、上奏意見拒否は困難であった。実質からいうと、天皇に与えられた情報は、基本的に一方の側からのみのものであった。その点で、「天皇親政」は、なお操作されるものとの性格が強かった。だがそれは太政官正院制が予定していたものだったのである。しかし、政府指導部の大分裂のこうした処理方法は、天皇親政とはなにかとの疑問をあらためて生じさせるものであった。

二三日に西郷が、二四日に板垣・江藤・後藤・副島が辞表を提出し、参議を辞職していった。三條が危惧していたように軍隊に大動揺が起きる。とくに近衛将兵の動揺は激しく、近衛将校で辞表を出す動きが生じる。対策はふたたび天皇親政の発動であった。二五日、天皇は近衛局長官陸軍少将篠原国幹以下、佐官一〇人、大尉一人を小御所代に召集し、西郷は参議は辞職したが大将はそのまま、「国家柱石と依頼」することは変わらないのだから、皆職務に勉励するよう「親諭」した。しかし、篠原は病気と称して出てこない。二七日から二九日までで辞表を提出した者は、篠原以下四六人にのぼった。二九日、天皇はふたたび小御所代に出、近衛将校を召集して「勅書」を出して親諭する。召集された将校は百四十余人であったが、長官篠原国幹はまた出てこない。そのため天皇の「出御」の時刻は予定より一時間も遅れる。尉官で病気と称して出てこない者も多く、辞表提出将校は承認をうけず次々と西郷の後をおって帰郷する（同前　一五一、一五三―一五四頁）。天皇親政の権威とはこの程度のものであったと評価すべきか、それとも天皇の「親諭」があったのでこの程度の動揺でおさまったのだと評価されるべきなのだろうか。とにかく後の、天皇の命令を絶対とする軍隊、天皇の絶対的権威はまだ成立していなかった。それでも天皇は、一一月二二日、近衛・東京鎮台・教導団あわせて七大隊の大規模な操練親閲にのぞんだ。「士気鼓舞の聖旨」によるとされ、天皇は「騎馬にて之れに臨み、親ら其の隊伍を整へさせ」た（同前　一六五頁）。

## 明治八年の政変への経過

一八七五年の一〇月、左大臣の島津久光と参議の板垣退助が辞職する事件が起き、この問題の処理において、天皇の裁断が行われる事態が生じた。この時の「親政」の在り方を検討する前に、この事件に至る経過とその政治的意義を説明しておこう。

幕末薩摩藩の事実上の藩主＝「国父」であった島津久光は、明治六年の政変直後の一八七三年一二月に内閣顧問に任命され、さらに佐賀の乱の発生後、鹿児島士族の動揺防止のため鹿児島に派遣され、その後、一八七四年四月、帰京直後に左大臣（それまで空席、岩倉右大臣の上席）に任命された。その任命の目的は、内閣顧問任命後、その実権のないことに怒り、帰県すると久光が騒いだ際、伊達宗城（旧宇和島藩主）が

「久光固辞帰県仕候とも其は御頓着御座無き事なれは無論に御座候得共同人帰県仕候様相至候は丶九州辺はさておき都下之心にも大関係有る可く御座候」と述べて対処を要望したように（岩倉具視宛伊達宗城書翰明治七年一月二五日『岩倉具視関係文書』五　四七九頁）、不平士族の慰撫策であった。

ところが久光は、すでに一八七二年の天皇西日本巡幸の時に意見書一四カ条を提出して、政府の開化政策に明確な反対意見を表明していた。左大臣任命直後の五月二三日、久光は三條と岩倉に対し、「礼服復旧、租税復旧、雑税新規の分免ず、違式詿違《いしきかいい》（条例）の中苛酷なるは除く、兵士復旧、陸軍を減じて海軍を盛大にす、不急の土木を止む、皇居は此涯造営あるへし尤西京の体に依る」の八カ条をあげ、これに大久保が異議あるときは参議から罷免すること、さもなくば自分が辞職するとせまった。さらに参議兼大蔵卿の大隈重信の罷免、参議兼工部卿の伊藤博文の降格、副島種臣の参議兼外務卿任命、斎藤利行（土佐）、前原一誠（長州）の参議任命などの人事を提案する（『岩倉公実記』下巻　一五八―一六〇頁）。

一八七一年の服制更革の内勅から始まる洋服の制服化、地租改正、徴兵制といった文明開化政策をとりあげ、欧化政策反対を説くのがその基本的性格であるが、それに財政膨張と増税を批判する緊縮政策論が結合し、大隈・大久保が非難の標的となっているのである。この意見を聞いた大久保・大隈が一時期辞表を提出するという混乱が引き起こされるが、もっと問題であったのは、こうした意見がたんに久光個人のものではなかった点にある。佐賀の乱鎮圧後、久光に帰京をうながした伊達宗城・大原重徳・松平慶永の連名の書翰は、久光帰京後の「協心合力」を誓うものであった。一八七四年八月二四日には、中山忠能・松平慶永・嵯峨実愛（公卿・元議定・大納言）・大原重徳・伊達宗城・池田慶徳（旧因幡藩主）ら一四名の旧公卿・大名が連名で、久光の建言をいれ左大臣としての職務をつくさせるよう、三條・岩倉へ申しいれる書翰を送った（『島津久光公実記』三　二五一―二五三、二八四―二八八頁）。彼らは廃藩置県の改革で、政府の中心から退けられた公卿・諸侯である。

久光がこれらの復旧建議で最もこだわったのは服制、国家の礼服に洋服を用いることを廃し旧制に戻すことであったが、それは次のような現状批判によるものであった。廃藩の後帰藩した「薩の兵士」は「戦《せん》捷《しょう》の余威に募り」暴行掠奪を行い、「恣《ほしいまま》に髪を断ち洋服を著け公然徘徊し或は門地を無用の贅物として之を廃するの議を主張」した。「終に此形勢を朝廷に及ほし衣冠を廃し礼節を壊《やぶ》り政教法令宮殿器服悉《ことごと》く洋風を模擬」するに至った。「是皆諸藩士の其旧主を軽侮する者と臣か旧臣五六輩の主張する所」である。今左大臣の職にあるも「在官の旧臣等過半奸臣に同意し洋風に浸淫し冗費放逸侈大詐術を以て文明開化自主自由と称揚し臣か言を以て因循固陋《ころう》」とする。「旧主を軽蔑愚視するの諸藩士等何そ皇上に真忠を尽さんや」（島津久光の上表　明治七年一〇月　同前　二八八―二九五頁）。久光にとっては、真に天皇に忠誠な秩序＝「真忠」は、諸藩士が「門地」によって秩序づけられ、藩主への忠誠を通じて天皇に忠誠をつくす階統的秩序、朝藩体制だったのである。この階統的秩序のシンボルが旧制礼服だったのであり、それは「旧藩主・公卿のへゲモニーを恢復するかの根本問題をシンボライズする」（遠山茂樹　一九五〇）ことになったのである。久光はその主張においても、論理においても、基盤においても、政府部内のいわば「上流の士族反動」を代表していた。

三條や岩倉がこの久光の慰撫にふりまわされた一八七四年は、明治政府にとって多難の一年であった。

征韓論政変の後、政府は諸省の長官を参議に任命し、諸卿参議兼任体制をとって政権をたてなおし、内務省を設置して内政重視の路線を推進しようとした。ところが一八七四年の一月、岩倉が赤坂喰違で襲撃された喰違の変に始まって、佐賀の乱、台湾出兵——これに反対して木戸孝允は参議を辞任し、政権基盤はさらに弱体化した——、台湾問題で開戦の可能性もはらんだ日清交渉と、危機の連続する一年であった。日清交渉の妥結によってようやく息をついた政府は、政権基盤の拡大をはかる。一八七五年一月、大久保は大阪で木戸と会談し、元老院設立、大審院設置、地方官会議開催、内閣と諸省の分離の四カ条の方針を承認、木戸の政権への復帰が約束される。さらに木戸は立憲制導入で提携した板垣退助の入閣も希望する。こうして三月に、木戸孝允、板垣退助が参議に就任し、四月には「漸次立憲政体の詔勅」が出された。

これにより太政官職制章程は大きく改定される。太政大臣・左右大臣・参議の三職の職権は、「天皇陛下を輔弼し立法行政の可否を献替することを掌る」、「諸機務を議判することを掌る太政大臣事故あるときは其代理たるを得」、「諸機務に参与することを掌る」とそれぞれ規定された、左右大臣は「兼任元老院大審院長官」となっていた。正院は「天皇陛下万機を総裁し太政大臣之を輔弼し左右大臣参議之に議判参与して庶政を統理する所なり」とされ、また「立法行政の事務を区別し立法に関する者は之を元老院の会議に付すへし」とされた（『太政官沿革志』二　二三一—二三六頁）。立法・行政・司法の三権を機関によって分立させ、立法機関として官選議員からなる元老院を設立することで、立法は元老院に付議されることになったのである。この改革は、三條と木戸・板垣・伊藤・大久保の四参議の手によって進められたものであり、岩倉はこの改革に反対で、辞表を提出して、病気を理由に引きこもる。元老院議官の人選についても対立があり、「元老院議官人撰は、専ら木戸・板垣両人且伊藤なりと云へり、左右大臣は不承知にて、検印を御断相成、太政大臣殿其他大久保・木戸・板垣等の検印と、土方内史より内々承るなり」（ＳＤ六二四九頁）という状況であるから、大臣間の対立が深まっていたのである。

さらに発足した元老院は五月、元老院職制章程の増補改定を議決・上奏した。それは、元老院の否決した法律案は成立せずただ再議に付することができるのみとの明文を設け、元老院の法律議定権を確立し、行政官の違法行為についての推問権と建白受理権の規定を整備するなど、元老院の地位の著しい強化をねらったものであった。これを推進した中心は後藤象二郎など元老院議官に任命された板垣＝民権派勢力であった。この改定案をめぐっては政治改革を推進してきた木戸と板垣の間に対立が生じる。木戸はこの改定を、天皇の大権を制限するものと批判し、板垣はこれなしには立法の源を広めるとの「詔勅」は無益になると反発した。この対立は六月に、章程の改正はせず、ただ章程の解釈としては元老院の議決をへずに法律の制定をせずとの「勅旨」をえることで、ひとまず妥協する。しかしその後、三條・木戸・伊藤は元老院にかかる議案を、「議定」にかかわるものと「検視」にかかわるものに類別し、その別は内閣で定める、行政官の違法行為の推問権の規定の削除など、元老院の権限を大幅に縮小する元老院章程改正案を作成し、九月には板垣との対立が激化した（稲田正次一九六〇　二四七―二七二頁）。

この間に、三條と久光の関係が一段と悪化した。久光は、三條・岩倉に対し、一八七二年以来の建議への同意を要求し出仕していなかったが、四月一五日、天皇は久光を呼び、服制の件は採用しがたいが他の件についてはなお熟慮すると述べ、速やかに出仕することを命じた。しかし久光は服制こそ主眼と主張し、その後も出仕しない。五月には、「元老院は議政の要路たるを以て島津左大臣へ議長兼任の思召に付病を扶け朝参之有り候様叡慮」であり、建白でもっともと思われた点は元老院の議に付して上奏施行とも伝言、さらに服制についてもなお熟考すとの天皇の意が伝えられるが、なお出仕問題は解決せず、久光は六月一九日に療養のための帰県休暇を申し出る。こうした事態への対処のために三條は、久光に元老院議長任命の内勅を出すよう要望し、「島津左大臣へ従前内旨之通速に議長兼任御請之有る可く思召候事但同院章程及人選等の義に付見込の筋も之有り候はは出仕之上申立らる可き事」との内旨が与えられ、久光もこれを「奉承」する。ところが、久光が議長兼任となることに元老院議官の反対が強く、七月三一日に今度は「左大臣を以て元老院の長官を兼任するは不体裁なるに依り当分通《ママ》り左大臣のみにて出仕有へき事」が久光に「勅諭」された（『紀』第三　四二九—四三〇、四四二—四四四、四八一—四八三頁）。正院職制で左大臣が元老院議長となると規定されているのに、こうなったのだからそれだけでも無茶苦茶な話であるが、元老院議長就任によって「出仕」をさそい、「内勅」まで与えながら、それを「勅諭」で撤回したのだから、久光らが三條に対し憤激したのも無理はなかった。

中山忠能・嵯峨実愛・伊達宗城・池田慶徳らは「時勢日に切迫」すとし「直奏」を望んで八月二四日、参内した。三條・久光も立ち会ったもとでの中山らの建言は、貿易不均衡是正のための西洋品の節減と、「太政大臣万機を鞅掌《おうしよう》して事務多端なるがため、或は事を怱卒《そうそつ》に決し或は裁決緩慢に流るゝの弊あり、宜しく左右大臣をして諸省を分轄せしめ、太政大臣をして其の大綱を総攬せしめたまはゞ、其の弊を除去し」うるというものであった（同前　四八八—四八九頁）。三條太政大臣不信任までは、あと一歩である。

## 内閣諸省分離問題での破裂

こうした対立は内閣諸省分離問題で爆発した。参議による諸省長官の兼任を廃止することは四月に内定したが、各省の事務章程の改定なしには行政事務の混乱をまねくということで実施延期となる。しかし板垣はその早急な実施を主張しつづける。この分離問題は、行政組織の改編にとどまらず、財政事務の整理および各省長官の人事問題に関連していた。人事問題は「木戸にとっては内務卿と大蔵卿を更迭してそのどちらかに井上馨を入れることを意味」し、板垣＝民権派は「各省長官を木戸派から、大輔クラスは民権派から任命するという計画で」「大隈は工部卿へ降格」を想定していた（坂野潤治　一九八一　一二五五頁）。ところが大久保は大蔵省の事務改革の必要も、大隈、大木の更迭の必要もないという見解である。三條は、開化論での板垣・木戸の対立はやむをえないとしても、木戸・大久保の対立は避けたいとの見地から、井上内務卿、大隈大蔵卿で妥協をはかることを提案していた（伊藤博文宛三條実美書翰　明治八年九月三日付『伊藤博文関係文書』五　一一〇―一一一頁）。こうした対立に嫌気のさした木戸は辞職をいいはじめる。そして九月二八日、岩倉は伊藤博文に次のように伝えた。

今や木戸、大久保、板垣等の間に兎角和協を欠くの状ある際、政府の進取方針に不平を懐ける守旧派中には、三條を斥けて島津を太政大臣に擁立せんとの計画を廻らす者あり、加ふるに板垣一派の急進論者は、政府の緩慢なる施設を悪むの余り、主義に於て氷炭相容れざる島津擁立派と気脈を通じて政府の変革を図らんと策謀しつゝありとの情報あり、洵《まこと》に憂慮に堪へず（『伊藤博文伝』上巻　九六一頁）

伊藤は即日、この情報を木戸に伝え、木戸は翌日、伊藤に「島（津）一條彌岩（倉）説之如く相違之無き事に候得は大久（保）之見込に随ひ元より微力之限相尽し申す可く候尤板（垣）との行かゝりは其中に道付申さすは相成らずと存じ奉り候」との書翰を送った（『木戸孝允文書』六　二四四頁（　）内は著者補充）。木戸はひとまず辞職を思いとどまるとともに、大久保との連携、板垣との分離で事態を打開する決意を固めはじめたとみてよい。『大久保利通日記』には九月二九日に「岩公御入来　左府公云々のことを御談之有り」と記されており（同　二　四三三頁）、島津・板垣情報は大久保にも伝えられたと思われる。

九月二八日は、もう一つの重大情報がもたらされた日であった。九月二〇日に日本軍艦が朝鮮の江華島砲台と戦闘を行ったとの情報、江華島事件の報告が政府に到達、二九日に閣議は、まず軍艦一隻の釜山派遣を決定した。朝鮮との外交交渉の重大問題化、国内的には征韓論の再燃が予測される事態となったのである。一〇月三日、天皇は大臣・参議を召集し、「朝鮮国の事、汝等協同謀議して必ず其の功を遂くべし」と「勅諭」した。大臣・参議の協同一致を要請したのである。その席上、板垣は重大事態であるからこそ即時、参議・諸卿の分離を実施すべきであると主張した。後に出された三條の内奏書にも「陛下内閣へ親臨の時今般朝鮮事件に付勅諭の末退助御前に於て臣に切言するに速かに内閣分離を行はんことを以てせしに臣固り其議を可とせさるに非れは之を諾せり」とあるから、天皇の面前で板垣が内閣分離を主張し、三條がそれを承認したことは間違いない（『紀』第三　五〇四―五〇五、五一四、五一七頁）。ところが一〇月六日の『大久保利通日記』はこう記述している。

伊藤子相訪参議諸省長官分離の事に付條公より猶熟談致す可き旨御沙汰の由故小子断然御止然る可く旨申述云々之趣も申含高輪邸に至る（同　二　四三七頁）

一般には、この時の内閣分離中止は、思いかえした三条が発議したものとして書かれている。しかし三条から依頼された伊藤は「猶熟談」のために来ているのであり、「断然御止」＝中止を主張したのは大久保であった。木戸もこの日、伊藤にあて、今日の形勢で分離した場合、やがて大混乱を引き起こし三条が困難な立場に置かれるのは眼にみえていると、分離中止論に立った上で、大久保の意向を聞きたいとの書翰を送った。これに対する伊藤の返書は、大久保の意向は「閣下の御深慮と同様にて、此際無事を得候とも、不日尚又困難相起候事は必定にて、どうせ一度は遁れ難き事に付、朝鮮一條を以断然分離拒絶相成候方然る可くとの主意」と伝え、さらに「今日までの行懸りを以必ず承服は仕間布に付、屹度《きっと》面倒には相違之無く、充分御輔翼之無くては甚危事と存じ奉り候」ゆえ、木戸も閣議に出席されたいと要請した（『伊藤博文伝』上巻　九六五―九六七頁）。三条の擁護・内閣分離の中止で、大久保・木戸・伊藤は板垣と対決する決意を固めたのである。

一〇月八日、三条は内閣分離の一時中止をまず岩倉・久光にはかった。岩倉は同意、久光は以前には分離を催促していたが、この日は「異議なし当に其利便に従ふべし」とひとまずその意見を表明した。この三大臣に対し板垣は、分離即行、行わなければ辞職と迫る。久光は「今一旦之を分離し更に韓事を以召集する可ならん」、すなわち内閣分離を実行し、江華島事件処理のために参議・諸省卿を召集した会議をもつことを提言した。ここで他の参議も召集して会議がもたれる。他の参議は「答ふる処一ならすと雖とも大抵皆不分離を以便」としたので、三大臣で上奏、「宸裁を乞ふ」こととした（「岩倉具視手記」『岩倉具視関係文書』六　四〇七―四〇八頁）。一二日、三大臣の上奏の際、板垣も意見上奏を請いともに上奏、さらに内閣分離即行を主張し、三條の変説を非難する「上書」を提出した。三大臣も上奏したが「久光は退助の否定説に同意す」と述べ、天皇は「熟慮して答ふ」とする（『紀』第三　五一一頁）。

**天皇による裁断**

この時の「正院職制」によれば、「立法行政の可否を献替」するのは太政大臣の職権となっていたから、三大臣で上奏するのも、板垣の上奏があるのも手続上おかしいことである。しかし実態からすれば、板垣・久光の分離即行論と、三條らの分離中止論の両論が上奏され、「親裁」を待つことになったのである。「親裁」が出たのは一九日、一週間後であった。この間に天皇へどのような働きかけがあったのかは、よくわからない。一二日午後、三條が参内、板垣の上書が三條に示され、後に三條がこれへの弁駁《べんばく》の上書──内奏書を提出したことしか『明治天皇紀』は記述していない。内奏書は、江華島事件により内閣分離の一時中止が妥当なこと、分離決定は「内閣中の内議にして未発」で、内閣の多数も一時中止賛成であることを強調したものであった。岩倉は一四日、徳大寺宮内卿より板垣の上書を示され（前掲「岩倉具視手記」）、あるいは、板垣・三條双方の上書を示され、「内閣分離の可否を決するは一に聖断に在り然れとも臣か愚慮に於ては姑《しばら》く旧慣に仍《よ》るを以て便となす」と徳大寺を通じて上奏したという（『岩倉公実記』下巻二七七、二八四頁）。とにかく、分離即行、中止の双方から意見書が出され、「親裁」の結論が出されるまでに一週間の時間がかかったというのは、これまでにない事態であり、政治的重要事件の決定が天皇の個人的意思に委ねられた最初の事件とみてよい。そして、太政大臣と左大臣の意見が対立する状況で、一〇月三日までは病気を理由に正院に出仕していなかった──中立的と考えられた──岩倉の意見が最も重視されることになったのではなかろうか。岩倉は「三公同心協力」――三大臣の一致協力を名分として、九月二五日から一〇月六日まで久光と折衝協議をはかっており（「島津左大臣へ協議の始末概略」『岩倉具視関係文書』六　三七五―三八〇頁）、久光陣営からも敵としてはみられていなかった。

一九日、大臣・参議を召集して、内閣分離一時中止の親裁が出された。その直後、久光は封書を天皇に提出、それは三條の失体をあげ「今や政府責任の大臣なく只参議に依頼し参議は党援相結ひ紛紜錯雑」と批判し、三條の太政大臣罷免を主張するものであった。左大臣が太政大臣を弾劾するという異常事態の処理が必要になったのである。大久保が岩倉からの伝聞として記していることによると、二〇日、天皇は徳大寺宮内卿をよび、久光の建言には「太政大臣免職の事之有り候得共罪状も之無く仍て有栖川宮を以紀明いたすへくとの御沙汰」を伝えた。これに対し徳大寺は、「宮に御托のことは甚然るへからす固より御身柄にも之有り故右府に御計り然る可く」と述べ、その結果、岩倉に諮問が来ることになったという（『大久保利通日記』二　四四三頁、明治八年一〇月二二日）。これは重要な選択であった。有栖川宮熾仁は、二二日に天皇への建言書を提出しようとしたが、その内容は久光の建言を参照して「非常の英断」を下すことを提議するもので（『島津久光公実記』三　三二三―三二六頁）、明らかに久光側に立っていたからである。

岩倉は二二日に参内した。天皇との問答は次のようなものであった。岩倉が「此事実に不容易未曾有之事と存じ奉り候唯宸断に従ふ而已《のみ》なり」と述べたのに対し天皇は、三條は維新前から功労も少なくない、「左府の建白を採用いたす訳には至らす尤も左府は大に時世替り候是に任せは今日の参議は一同奉職いたすまじく存する」と答えた。これに対し岩倉は「大に安心仕候」と同意し、天皇の意思のままの親裁を久光に下すこと、ただ久光が三條の行動について申し立てても「勘考」するとのみ述べてその進退については採用しないこと、久光が自分の進退について述べても辞職を認めないことを助言した。二二日、天皇が久光をよび建言不採用をいいわたすと、久光は辞職を申し出たが、天皇は岩倉の助言どおりそれも認めずと返答した（『大久保利通日記』二　四四二―四四四頁）。

岩倉は、この時は特定の結論を提示していない。それはたてまえからすれば、大臣・参議の任免は一つに天皇の意思にもとづくとすることにあろう。他方、天皇が、久光は時世遅れとなっており、久光に任すといえば参議は皆辞職するだろうとの、妥当な判断を下していることも注目される。天皇が政府内部の勢力関係についての妥当な判断能力をもつと考えられるようになっていたことも、岩倉のこうした行動の条件だったと思われる。明治八年の政変では、天皇の直接的親裁が機能させられたのである。

この時の岩倉の発言でもう一つ注目されるのは、久光の辞職も承認しないよう助言した点である。岩倉が久光も職にとどまるような形で、本当に事態を処理しうると考えていたかは疑わしい。しかし天皇も、そして岩倉自身も中立とみられるような立場に身を置こうとしていたことは、一九日の三條弾劾書提出の夜に久光腹心の海江田信義が岩倉を訪ねたこと、久光辞任承認後の三〇日、同じく久光腹心の奈良原繁が、三條罷免・有栖川宮の太政大臣任命の建言書を岩倉あてに提出したことなどから、逆にうかがわれる（『岩倉具視関係文書』六　四一〇、四二七頁）。しかし久光も弾劾された三條も黒白を明確にするよう要求する。

二五日の閣議は、参議一同、久光・板垣の辞表を承認するよう内決し、二七日、辞表は承認された。その二七日、三條邸での大臣・参議一同の会議は、江華島事件につき朝鮮政府への詰問の方針を決定、強硬外交によって政府の主導権を維持する方針を固めた。現実に実効性をもつ処理方針は、依然として一体性を回復した内閣の合議で決定されたのである。明治八年の政変は、内閣分裂の場合には天皇の直接的親裁が機能すること、それゆえ、また天皇親政のたてまえからも、政変の場合に宮廷陰謀劇の色彩、少なくともそうした政変理解がともなわざるをえないこと、実効的な政治的決定は、現実には内閣の合議として現れることを示していた。

## 3　明治天皇の「自立」

### 西南戦争期の政務拒否

一八七七年一月、天皇は京都および奈良へ行幸した。孝明天皇十年式年祭への出席が主要な目的である。二八日に京都に到着。翌二九日、鹿児島私学校生徒が陸軍省砲兵属廠の弾薬を掠奪、海軍省造船所火薬庫にも侵入した。西南戦争の発端である。孝明天皇十年式年祭を終えた天皇は、二月五日に京都・神戸間鉄道開業式典に出席、七日、神武天皇陵参拝に出発、一六日に京都に帰った。天皇に供奉していた木戸孝允が、鹿児島の弾薬掠奪事件の報をえたのが五日。一三日には鹿児島の状況を視察してきた内務少輔林友幸が堺県庁で天皇に召見され、「臨機の取計らひ致す可く趣海陸両軍へ達す可し」との御沙汰をうける（『木戸孝允日記』三　四九八、五一〇頁）。一九日、西郷軍の熊本進入の報をうけて征討令が発せられ、有栖川宮が征討総督に任命されて、平定まで東京還幸の中止が決められた。この時期あたりから明治天皇の様子がおかしくなる。

そもそも「京都に行幸以来、宮殿御間取の都合により日夜常御殿に在らせられ、拝謁者御引見の時を措きては御学問所に出御あらせられず」という状況だったのであるが、「大和国より還幸の後も亦同じくして、唯毎朝西南事変に就き太政大臣三條実美より其の概要を聴きたまふのみ、而して常御殿にありては女官左右に奉事し、大臣・参議と雖も、九等出仕を経ずば天顔に咫尺《しせき》するを得ず」という状況になってしまう（『紀』第四　一三〇―一三一頁）。大臣・参議が「九等出仕」という下級官女をとおさないと、天皇に面会できないというのは、明らかに異常事態である。面会したくないといっているのに等しい。三條、木戸、宮内卿徳大寺、侍従長東久世らが、「再三諫奏」しても学問所に出御せず、ようやく三月二一日から「隔日に御学問所に出御」することになった。飛鳥井雅道は、「天皇の政務拒否は意図的だったと思われる」と評価している（飛鳥井雅道　一九八九　一五九頁）。

木戸は、三月四日に戦況を天皇に上奏した様子を、「主上へ近況承知候丈け具に奏問仕り御安慮游ばせられ候　賊は肥後人に候と申事に而も余程御不審に思食《おぼしめ》され居り且西郷も長く御側近く伺候ものに而従来之気質も知食《しろしめ》され此度賊魁と相成り候而も甚以御不愍《ふびん》に思食され候辺相　窺《あいうかがい》　不覚涕泣《ていきゅう》いたし申候」と書いている（伊藤博文宛明治一〇年三月四日書翰、『木戸孝允文書』七　三三四頁）。木戸は、西郷が「賊魁」になっても「不愍」に思われて、と書いているのだが、天皇は征討令を出しながら、西郷が「賊」であることを納得していなかったのではなかろうか。『明治天皇紀』には、西南戦争平定後のある日「天皇、『西郷隆盛』と云ふ勅題を皇后に賜ひ、隆盛今次の過罪を論じて既往の勲功を棄つることなかれと仰せられる」とある（『紀』第四　二六九頁）。前述したように天皇が真に親政君主たらんとして軍事操練に熱中した一八七一年から七三年に、天皇の側近にあって補佐した西郷への信頼は厚く、西郷の「反乱」は政府への反乱ではあっても、自分への反乱とは思えなかったであろう。

だが、天皇は政府の先頭に立つ「親政君主」でなければならない。「御学問所出御」の四日後、三月二五日には近衛騎兵一小隊をしたがえて京都市内巡幸が行われた。三一日には、大阪鎮台病院への慰問行事が行われた。いずれも木戸の強い奏請によるものであった（同前　一三四、一三九頁）。しかし天皇が積極的になったとは思われない。いやいや、やむをえず政務に携わっていたとみてよい。一八六八年の大阪親征から、自らを素朴に「親政君主」と思い定めていた明治天皇は、この時期に国家意思と自らの意思との乖離という問題を自覚せざるをえなくなったであろう。五月に木戸孝允が死去した後は、大臣・参議が連日もしくは隔日に御学問所に参候・拝謁するようにしたが、「御学問所出御は午前に止まり、午後は内廷に在らせられ自ら御閑暇あり」という状況で「御講学」も中止したままであった（同前　二〇九―二一〇頁）。西南戦争の勝敗の大勢が決した七月末になって、天皇は東京へ還幸した。その直後の八月四日、京都にあって天皇の様子に接していた伊藤博文は、「太政官を宮中に移し以て内閣の名に称はしめ」ようとの上奏文を提出した。一八七一年の太政官職制から正院・内閣の会議は天皇親臨と規定されていたにもかかわらず、一八七三年の規定改正直後の皇居および太政官庁舎の炎上により、太政官庁舎と赤坂仮皇居と地理的にもへだたり、内閣臨御は月に四〜六度という状況になっていた。八月一五日、仮皇居内に太政官が移り、仮内閣に御座所が設置された。内閣が皇居に押しかけてきたのである。

## 宮廷側近の形成

こうして新たな親政体制の形成が問題となってきたのであるが、八月には宮内省官制も改定され、侍補・侍講・侍従・侍医の四局が置かれた。侍補は「常侍規諌・欠失補益」をその職掌とする官で、侍講がいわば「知育」を担当するとすれば「徳育」＝「君徳培養」にあたるといってよい。元老院議官吉井友実、調査局長官土方久元が一等侍補に、高崎正風が二等侍補に任命され、宮内卿徳大寺が一等侍補を、三等侍講元田永孚が二等侍補を兼任する、などの人事が決定され三等侍補も置かれる。さらに翌一八七八年三月には、元老院議官佐佐木高行も一等侍補兼任となった。侍補の設置とともに天皇はこれを召集し、「正成孔明孰優」との題を与え、歌・詩・文などでその判定をせよ、と命じたというから、当初は侍補も天皇の文化的遊戯の相手だったにすぎない。しかし侍補は九月から毎夜、当番侍補二名が内廷に出、「隔意なく談論」する内廷夜話を催しはじめた。そこでは当然、「古今の政体、政事の得失」にも言及されることになるが、こうしたことを通じ、天皇と侍補のつながりはきわめて親密なものになっていった（『紀』第四　二四四―二四六、二五六―二五七頁）。それでも佐佐木が侍補に任命された頃の状況は、「都て何事も聖（上脱）をば御幼年中の如くに致し、又聊《いささ》か成る事を申上候ても、御一言にても其聞済《ききすみ》之無き時は、其侭に致し、万事政治上は両大臣の侭に御任せ相成り候事にて、色々思召も在せられ候御模様なれ共、先今日々々と消光の事なり」という具合であった（ＳＤ八　七七頁）。内廷のなかでは天皇のいうがままに事が動き、他方、政治についてはは両大臣にまかせきりであるが、それに天皇も不満をもっている様子だというのである。

こうした状況の打開のため、佐佐木を中心に侍補は、大久保を「内大臣」あるいは「内廷総裁」に任じ、内廷改革と宮中補佐の強化を企画した。この結果、大久保の宮内卿就任の方向が出はじめる。だが大久保は一八七八年五月に暗殺されてしまう。衝撃をうけた侍補は、五月一六日、一同うちそろって拝謁し天皇に諫言した。まず佐佐木が、「今日御親政の御体裁なれ共、其実は内閣大臣へ御委任に候へば、自然天下一般にも其段相心得、方今は二三の大臣の政治と認め候事にて」、大久保暗殺犯の斬姦状も現れるとし、「今日より屹度御憤発にて、真に御親政の御実行」のこと、内閣の「行政上其当を得ざる事も多々之有り候に付、其辺深く御感味遊ばせられ、万事反覆御熟慮の上、御施行在せられ候様御肝要」などと述べる。内閣の上奏を天皇自身が取捨選択し、自ら決定を下せと迫ったのである。他の侍補も、このままでは「建武・延元の御時勢」になりかねないとか、大久保在世中の輔導上の苦心とか、「平素御馬術御好遊ばせられ候程に、御政事上に叡慮在せられ候はゞ、今日の如き世上より二三大臣云々の事は有間敷」というように全員が直言を行う。これに対し天皇も「深く御感銘遊ばせられ」、少しも怒りの気配なく、「是より屹度注意致す可く、尚存じ付候事は聊遠慮無く申出呉よ」と答えた（SD八　七九―八〇頁）。

天皇の態度が変わりはじめるのは、これ以降である。内閣の施策や閣僚の在り方に対する批判を、侍補にもらしはじめる。その最初が五日後の五月二一日、当番侍補の吉井および山口正定（三等侍補）に語った時弊についての感想である。一つは「官員の家宅を洋館に擬する」問題である。天皇は、「各国公使に接待する地位」であれば「朝鮮国の如く泥土の家作にて賓客を招請すれば自ら日本の耻《はじ》を知らさるに似たり」ということになるので、やむをえない面があるとしながらも、現在、「下民一般に至つては悉く皆な民の膏血を絞りて上等社会の私益を専らにする様見做す」から、各官の邸宅はしばらく従来のまま「日本製の陋習を顧みすして今日の時勢を経過するべし」とし、皇居や太政官の造営がなってから私邸の改築をすべきと述べる。ここで天皇は、洋館を最上としながら、政府高官の奢侈批判に同意しているのである。もう一つは、人材登用の問題である。「維新以来薩長土の人物を登用せしは勢の止む可らざるのみならず」必要でもあったが、いまや「天下一態《ママ》の人材を登用」せねばならない。しかし「其人材は何れの東北陲《すい》に潜み居るや」さぐりがたく、「何れ県官の注意を以て野に遺賢なき様申立させ撰挙して其器材を試みん外他に術策なし」というのである（「山口正定日記」写本、要旨は『紀』第四 四一二—四一四頁に所収）。天皇は、政府の藩閥的構成が問題であることを指摘したのである。こうした天皇の、内閣・閣僚批判は、この後、侍補にしばしば洩らされることになる。

## 侍補の親政運動の挫折

大久保横死の直後に、天皇親政の実行を直言した侍補らは、内閣に対しても天皇親政を実質化するよう迫り、改革を要求した。侍補の親政運動である。この親政運動については、渡辺昭夫の論文（渡辺昭夫一九六二）以来、多くの研究が言及しているので、その詳しい経過や思想的・イデオロギー的特徴については、それらを参照してもらうことにしよう。ただこの親政運動と、そしてその挫折のもっていた政治機構上の意義に関して述べておく。

侍補たちがそれをどこまで明確に自覚していたかは疑問であるが、この親政運動とは客観的には内廷政治機構の確立を追求する運動に他ならなかった。天皇に直言した後、五月一八日に侍補一同は、大臣・参議にも直言するとして集会を要求し、出席した岩倉・大木・伊藤に改革を迫った。この侍補の改革要求で内閣と継続する対立点になった問題が、侍補の閣議出席要求であったことは周知のことである。内閣、とりわけ伊藤博文は、侍補が「行政上の機密をも預り聞」く事は、宮中・府中分離の原則をみだすことになるから不可で、侍補はどこまでも「内輔の職掌」、間接に「君徳御培養」により「自然に聖上に政治上に叡慮を灌《そそ》がされ候様、御涵養致」す職務と主張した。これに対し佐佐木高行は、「内輔」といってもすでに天皇に特別の「失徳」はない、「其政治上に就ての御欠失を輔佐せずは、何の益もなからん、其輔佐を尽さんとすれば、未発の機事を不相心得ては力伸びず、依ては何分とも其権力を得ん事を希望す」と主張している（SD八　八一―八二頁）。

この他、侍補の今の職掌は、旧侍従の職掌に近いのだから、侍従の官等を上げて今の侍補の職にあて、別に内外機密に通じる二、三人の臣を置くべし、と主張したこと、六月になって宮内卿兼一等侍補の徳大寺が辞意を示し、宮内卿専任となったことに対し、現時「君徳御輔佐」を職務とせず帝室事務のみにあたる宮内卿の配下に、常時規諫を任務とする侍補が属するいわれがないと主張したことなどとあわせると（同前　八　八三―八四頁、『紀』第四　四一一―四一二頁）、その主張は、侍補、なかんずく一等侍補を、天皇の内廷政治顧問官として明確に位置づけようとするものと考えられる。佐佐木や侍補が、内閣が宮中・府中混同を恐れるというなら、侍補を廃止し、各省長官を兼任しない参議を設け、「聖上を御輔佐」するのもよいと最初から主張していることも、こうした文脈で理解しなければならない。この場合非兼任参議は、内廷での「君徳培養」「聖上御輔佐」が、いわば担当「省務」になるのである。佐佐木ら侍補の主張を論理的に突きつめれば、一等侍補に官等の上でも人材の上でも、参議に匹敵するものをすえ、侍補局を内廷政治機構として確立し、内閣を監督する機関とすることにならざるをえない。君主個人による「内廷からの統治」、直接的親政が機構化された官僚制国家で機能するためには、君主個人に直属する政治機構、内廷政治機構の確立が逆に不可欠なのである。佐佐木ら侍補の親政運動は、近代天皇制国家がこうした政治体制になる可能性をかいまみせたものであった。そして内閣は一二月、侍補の要求への妥協として、宮内省職制の改定を行った。旧来の侍補を廃して、侍補・侍従長を新たに置き、侍補は勅任となる。宮内卿徳大寺・佐佐木高行・吉井友実・宮内大輔杉孫七郎・元田永孚が侍補に、土方久元が宮内少輔兼侍補議定官に任命された。侍補の地位は高められたがその職掌に変わりはなく、侍従長には旧三等侍補から任命されたが、その職掌は「常侍奉仕」および「侍従監督」とより非政治化される（『紀』第四 五八三頁）。侍補の名目的地位は高まったが、人員は削減され組織集団としての力は弱められたと考えられよう。

侍補の親政運動は、明らかに「君徳培養」の範囲をこえて展開されるようになっていた。一八七八年七月、井上馨が参議兼工部卿に任命されるが、侍補は反対運動を行い、三條・岩倉の両大臣に建言したのみでなく、天皇への上奏も行った。八月の北陸・東海巡幸に井上が供奉することに対しても、侍補は反対の上奏をする。その際、天皇から、井上の「登用の事は甚だ不承知にて、大臣にも申聞けた」が、内閣一同が申し立てており、「内閣破裂」になっては困るとの大臣の申し立てで決定した、との登用の事情を聞く。これに対し佐佐木は「古より君主に迫る必ず右の如くする、小人の常なり、爾後此の如きあらば、速に辞せしめ然る可く」と述べ、吉井は「両大臣は復古の大功臣なれ共、只今の如き心情にては、他日国家を誤る奸臣の名を免るべからず、屹度御責め然る可く」と発言している。元田永孚は佐佐木への書翰で「今日に至ては、政府の事、正邪混淆、清濁模糊（中略）斯る政府へ王室をして一体ならしめ、斯る人々へ天皇陛下をして水魚の親みあられ候事は、吾輩万々願わざる事」と書いており（ＳＤ八　一四九、一五五頁）、侍補は内閣との対決を辞さずとの姿勢に転じた。

一八七九年になると「勤倹の聖旨」が問題になる。巡幸から帰った天皇が、「勤倹を以て興国の基」とすべきと述べたのを、侍補および岩倉が「勅書」として発表させ、施政の基本方針にすえさせようとしたのである。これは緊縮財政方針への転換を要請するものでもあった。さらにこの時、三條・岩倉の連名で閣議に付された「時務三要件」は、「勤倹」に加え、御前議事による内閣と天皇の一体化、元老院権限強化と内閣法制局拡張による諸省行政の統制を提議するもので（『紀』第四　六一八―六二七頁）、参議の権力を抑制しようとする志向をもっていた。この「聖旨」は、三月になってようやく「御沙汰書」として公布される。さらに九月、教育令の制定に関連して天皇は、元田永孚に筆録させた「聖旨」という文章、「教学大旨」と「小学條目」を伊藤博文に手わたした。そして、これを教育令案に対照した上で、その意見を上奏するよう命じる。伊藤は「教育議」を提出したが、元田はこれに対する反論、「教育議附議」を執筆・提出する。伊藤の開化と実用科学を基本とする教育方針と、元田の儒教主義教育方針とが衝突したのである。

こうして、財政論、政体論、教育論といった政策内容にまで、侍補が「聖旨」をもちだして介入するにいたって、内閣は侍補の廃止にふみきる。侍補の権限拡張はその後も要求されつづけていたが、九月、「侍補を廃する歟、置く事にすれば精神の活発する様仕組を立る歟の、一刀両断法に致す可く」（土方久元

書翰　明治一二年九月一日付　SD八　三四〇頁）と侍補が申し立てたことを逆用し、一〇月一三日に「一刀両断」に侍補廃止を決定したのである。天皇の「補欠の責」も大臣・参議が任ずるとし、毎日、大臣・参議各一名が宮中に侍することになる。侍補の運動を、内閣に対抗する政治運動、権力闘争と位置づけるなら、それはきわめて拙劣な運動であり、完敗したのである。天皇の個人的直接的親政の実現を求める運動は、親政が実現すれば問題が解決すると考えるために、それを実現させる体制・機構の問題を突きつめない傾向をもつ。この侍補の運動も、政治体制論として問題を突きつめれば内廷政治機構の確立以外に結論はありえなかったのであるが、「君徳培養」運動としてとらえられていたため政治的には完敗したのである。これによって明治天皇が、自分の個人的意思によって政府を支配しうる内廷政治機構の形成の道は閉ざされることになった。

## 政治主体としての自立

こうして侍補の親政運動は挫折したが、その影響は大きく残ることになる。一つは、この親政運動の経過をへて、天皇が明確な政治主体として、しかも政府主流の欧化主義的潮流とは異なる価値意識をもった政治主体として、行動するようになるからである。また侍補は廃止されたが、佐佐木、土方ら旧侍補には「爾後各々言はんと欲することあらば腹蔵なく之れを奏聞すべし」との天皇の沙汰があり、侍講として毎日天皇の諮詢をうけることができた元田永孚を介して、諮問と意見上奏がくりかえされたからである。天皇は内閣以外の情報ルートをもつことになる。

天皇の政治主体化は、一八八〇年になって明確に示された。二月、参議と各省長官の兼任をやめ、諸省長官の多くを新任する改革が行われた。だがこの新体制、新任人事に天皇は不満を示した。この改革後、「三大臣を召させられ、聖上の御沙汰、是迄何事も参議中より申立てたる事は、大臣にても裁断せず、実に参議兼大臣の有様なり、爾来《じらい》は、万事大臣にて参議を駕馭《がぎょ》せよと、さんざんに御気色を損ぜられ候よし、岩倉公も大に心配、此の如く仰せ出でられ候ては、職掌相立ち申さずと迄申上げたるに、是れ迄は兎も角も、向来注意せよとの事なり迚の御沙汰にて、漸く治りたる由」（ＳＤ九　九〇頁）と佐佐木は書いている。大臣の上奏はうけいれたとはいえ、侍補の助言がなくとも大臣を叱責する君主として天皇は現れるようになった。

政策決定についても、天皇の判断が重要な要素として働くようになる。この年、インフレ対策と国家財政の危機の打開が、重要な政治問題となった。会計部主管参議の大隈重信は、外国債五〇〇〇万円を発行して紙幣消却を行う計画をたてた。薩摩系参議はこの案に賛成するが、長州系参議は賛成しない。諸省長官にも外債募集の可否の意見を提出させたが、ここでも賛否は二分する。旧侍補らは元田を通じ、外債募集不可を上奏する。けっきょく、「大臣、参議・諸省卿の意見を具《つぶさ》に奏聞し以て宸断を仰ぐ」ことになり、六月三日、外債募集不可・勤倹を本として経済の方法を議定すべしとの「勅諭」が出る。「大臣其の謄本下付を奏請し、参議をして之を拝覧せしめ、諸省卿に省費節減案提出を命じ」ることになる（『紀』第五七〇―七五頁）。勅諭によって外債募集不可の結論を内閣に承認させたのである。

財政の処理問題はなお継続した。米価騰貴の状況をみて、事実上の増税となる地租米納論が出てきたからである。大木喬任、黒田清隆がこれを強く主張したが、大臣・参議は、ふたたび賛否両論に二分されることになる。この状況のなかで天皇は、地価改定の五年延期を布告したばかりであるから、米納論は不可との意向を元田にもらしていた。けっきょくこの問題も九月、「地租米納の議を不可なりと決したまひ、大臣を召して内勅を賜ふ」こと、米納論者の大木・黒田に「其の旨を告げ」ることで決着させられる（同前　一八〇―一八一頁）。内閣の対立のなかで、まさに「親裁」なしには決定がなされない状況になっていたのである。

この「親裁」は、かつてのように、やむをえず行われることになった「親裁」ではない。一八八一年四月の海軍部内の紛議による海軍卿の更迭に関連して、「薩の海軍省の形にて日本の海軍省に非ず、就て思ふには、海軍中将以下色々不服を申唱へ候者を非職に致し候上、山田にても海軍卿に任ずる方然る可く」といいだすほど、天皇は自らの意思と判断を押しだすようになっていた。そしてこうした方針を実施しえない内閣の現況を、「今日の内閣にて、薩参議は寺島の外は出仕せず、長参議は夫れに反し、殊更に勉強せり、併し、川村海軍卿に復すれば、黒田・西郷も出仕致すべき見込なり、三大臣も実に権力なく、随意に引入り勝手に往来せる薩参議を、大臣の宅へ立越し相談せる事にて、如何共する事なし」「大臣・参議も、維新の際功労とか軍功ありたりとかにて、政治学はなく、政事に長じたる人物を用いたるに非ず、故に、今日内閣難渋は当然なり」と、的確にとらえ、観察批評をもらすまでになっていた（ＳＤ一〇　一五一―一五三頁）。明治十四年の政変の際にも、大隈罷免の上奏に対し、「薩長出身の参議相結合して大隈を斥けんとするにはあらずやとの叡感あらせられ、乃ち大隈の失策を証するに足るべきものを徴したまふ」（『紀』第五　五四三―五四四頁）という反応を示している。

天皇の個人的意思の影響が、とりわけ明瞭に現れてくるのは、イデオロギーに関連する問題でであった。一八八〇年の新紙幣の発行にあたって、大隈大蔵卿が神武天皇像を紙幣に印刷することを上奏したのに対し、その許可は出なかった。「賤民・販夫も之れを手にし、車夫・博徒も之れを懐」にする紙幣に「聖影」を用いるのは「上を蔑如するもの」という元田永孚の意見をいれたのである。すでに印刷を終えていた神功皇后像を用いることだけはようやく裁可をえることができた（同前　一四―一五頁）。文部卿の人事は、天皇が気にかけていた問題であった。一八八〇年の内閣改造では、佐佐木高行を文部卿にと希望したようであるし、一八八一年には修身教育の方針を掲げての文部省内の紛争に関連し、文部卿河野敏鎌の「主義」を佐佐木にたずねさせている。河野に対しても、たびたび教育に対しての「聖諭」があったが、教育令改正、小学校教則綱領発布、小学校教員心得発布と、「欧米模倣の偏知教育を矯め、仁義忠孝を本とする固有の皇道教育を振興」する方向が進んで、一八八二年二月、文部卿に対し「前任文部卿寺島宗則に諭したる以来の趣旨、今日に及びて漸く達成したるを見る」、「此学制規則を以て文部卿に於て十分に実際施行を遂ぐるを要とすべし」との「聖諭」が伝達された（同前　六二三―六二四頁）。教育勅語の方向に向かっての教育政策の転換には、天皇の個人的意思、思想的志向が大きくかかわっていたのである。

明治天皇は、内廷政治機構をもつことができなかったから、政治決定においては内閣から自立することはできなかった。だが、個人として、「政治家」としては、大臣・参議から自立した。こうして天皇個人の意思は、大臣・参議個々人以上に重要な政治決定の要素となったのである。

# Ⅱ章　憲法体制下の明治天皇
――立憲君主の親政――

## 1　内閣と天皇

### 内閣制の成立と内閣職権

明治十四年の政変の後、議会開設をにらんで政治体制の改革が進められていくが、そのなかで国家意思決定の中枢を担う内閣制度の改革も問題になってゆく。一八八〇年に参議と各省長官との兼任制を廃止し分離するという改革が実施されて間もないのに、明治十四年政変の前後には、伊藤博文と井上毅の間で内閣制度の改革が検討された。それは太政大臣・左右大臣を残したとはいえ、「参議の名称」を廃止し、「各省の卿を以て内閣を組織」しようとするものであった（『井上毅伝　史料篇』第一　二四三―二四五頁、第六　三一七―三一八頁）。実際に政府の業務を実施している各省長官に実力者を配置して実行力のある内閣を形成しようという構想と考えられるが、この時には参議・省卿兼任体制への復帰で終わってしまう。

伊藤がふたたび内閣制の改革を提起するのは、一八八五年であった。国会開設の準備として内閣の統一と統制の強化が強調されたのである。伊藤の依頼で九月に井上毅が執筆した内閣職制改正試案は、太政官からの諸省への指令を廃止し、各省卿は大臣と同格で内閣を組織し、主任事務の重要のものを内閣会議に付し、その主任の事件にかかわる詔勅政令は旨を奉じ署名するという、諸省卿の責任重視のものであった（稲田正次　一九六〇　七三三―七三五頁）。また井上馨は、伊藤に対し対外戦に対応しうる軍制整備の必要と、その財源捻出のための大規模の行政改革を論じたうえで、黒田清隆を「内閣長」とする場合、または黒田辞した場合の内閣組織の人事案を述べ、さらに「減省法と内閣組織は同時に之無く候而は其功を奏能はざる事」についての熟考を望んでいる（『伊藤博文関係文書』一　一九五頁）。これらからみて、伊藤らの構想していたのは、太政官、すなわち大臣・参議制を廃止し、内閣長の下に再編された各省長官からなる内閣の組織という大改革であった。

しかし、天皇と三條太政大臣は、参議のなかからの右大臣補任によって内閣統制の強化をはかることを主張し、改革の見通しは立たなかった。一一月になって伊藤は、黒田清隆の右大臣就任へ動きはじめる。海軍拡張費捻出のための各省政費削減を実施しうるよう、内閣統率の強化を優先せざるをえなかったのである。ところが、黒田の右大臣就任も暗礁にのりあげる。天皇が「徳識名望」に欠けるとして、黒田の右大臣就任に難色を示したのである。ひとたびは右大臣就任を承諾した黒田も、就任を辞退する。この結果、右大臣には伊藤が就任する以外にはなくなるが、伊藤も固辞する。こうした事態の行きづまりのなかで、天皇は、まず組織を定めてその後に人を議すべしと三條に指示した。つまり内閣制度の改革を承認したのである（以上の経過は、『伊藤博文伝』中巻　四四八―四六二頁、稲田正次　一九六〇　七三八―七四三頁、坂本一登　一九九一　一四三―一六三頁）。

一二月、太政大臣以下の太政官諸職の廃止、内閣総理大臣以下、各省諸大臣の設置とそれらによる内閣組織が布告され、伊藤博文総理大臣以下の諸大臣が任命された。この改革は、内閣を「宰臣会議御前に事を奏する所」とし「簡実の政親裁の体制」をとるものと称され（『紀』第六　五一四―五一六頁）、諸大臣が天皇の「手足耳目」となる、より直接的な親政とうたわれたのであるが、この内閣制の制定と同時に定められた「内閣職権」による体制は異なっていた。内閣は総理大臣を中心に編成されることになっていたのである。

内閣職権は七カ条からなり、内閣総理大臣は各大臣の首班として「機務を奏宣し」、大政の方向を指示し、行政各部を統督し、各部の成績について説明を求めこれを検明する権限を与えられていた。さらに行政各部の処分または命令を停止する権限、各省大臣からその主任事務について報告をうける権限も与えられ、また法律命令は総理大臣副署、各省主任事務も総理大臣と主任大臣が副署すると規定されていた。各大臣を総理大臣が監督指示し、内閣および各省の活動が直接には、天皇でなく総理大臣によって統合される規定になっていた。それは、プロイセンの一八一〇年、ハルデンベルク官制にならい大宰相主義の原則をとったものであった。

また、翌一八八六年四月に「公文式」が布告され、法律勅令は内閣において起草され、内閣総理大臣の副署があって公式のものとなることが規定される。君主の命令であっても、責任大臣の輔弼があって初めて法律上の効力をもつという、内閣輔弼の原則が制度化されたのである。この改革によって、政策立案の権限は内閣に限定され、天皇も内閣輔弼を待ってのみ政策決定に参与することとなった。この改革を推進した伊藤の構想は、天皇に能動的君主であることを期待せず、総理大臣が「能動者」にして「政略を指揮」する体制を構築しようとするもので、この改革から始まる制度化のなかで、明治天皇は「輔弼を前提とした制度化された君主」となった、との評価がある（坂本一登　一九九一　一五八―一五九、二七七頁）。この評価は、伊藤の構想の分析としては的確なものだが、それが現実化したとはいえない。

内閣職権の制定過程について検討した稲田正次は、ドイツ人顧問カール・ルードルフの影響が大きいのではないか、としている（稲田正次　一九六〇　七四八―七五八頁）。ルードルフの考えは「立憲君主政及議院政に関するルードルフ氏意見」（伊藤博文編『秘書類纂帝室制度資料』上巻　五〇一―五二二頁）に示されているが、その要点は次のようなものであった。君主と大臣の関係は三類型にわけられる。第一は、プロシア王のように「常に能動者にして親ら政略を指揮する」君主で、この場合大臣は「王の意思の機関」で、諸大臣の統一のため総理大臣なる権利を与えることの必要はない。第二はイギリス国王のように能動者でない国では、また立憲君主制でも君主専制でも「政務の為に心思を労せざる王又は政務に堪へざる王」の場合は、「総理大臣の先権」で諸大臣の独立権を制限し、内閣を合議制とせざるをえない。第三は、中央政治で大改革をしなければならないか、外交関係上から政治統一に大きな困難のある国で、そこでは「親政能動の君主の下に、又全体の行政及び諸省を総監督理する総理大臣（プレミールミニステル）若くは大宰相（スターツカンツレル）を置く」場合がある。こうした整理の上で、日本において総理大臣が「高等の地位」「特抜の地位」をしめざるをえない理由に注意すべき、というのがルードルフの主張であった。明らかにルードルフは、内閣職権を第三の場合のものと位置づけているのであり、それはこの意見書の後半が、君主が「主権を親ら執行」することの重要性を説き、とりわけ日本においてしかりと主張するものだった点からも裏づけられる。内閣職権の構想は「親政能動の君主」を否定するものではなく、そうした君主の下での大宰相主義として正当化されていた。

一八七八年頃から政治的決定にあたって個人的意思をしばしば主張するようになった天皇を、また一八五五年頃には自分の意思にそわない上奏をする宮内卿伊藤博文に対し、しばしば拝謁を拒否し、伊藤を嘆かせた天皇を（『紀』第六　三三九、四四六頁）、内閣輔弼の下で行動するよう制度化することは、伊藤の内閣制にかけた政治的目的の一つであったことは疑いない。一八八六年九月に伊藤が上奏し、天皇の了承もえた「機務六条」が、総理大臣が内閣臨御や上奏をした場合、ただちに「聴許」すること、各省からの上奏書に疑問のある場合は主務大臣・次官に直接下問すること、必要ある地方行幸や陪食は「聴許」あること、国務大臣が拝謁を願い出た場合はただちに「聴許」し、「入御」後の場合は「内儀」でも拝謁を許すこと、を要請するものであったことは（同前　六三一―六三二頁）、天皇の気まぐれ、恣意を抑制する必要を伊藤が強く感じていたことをよく示すものであった。しかしこの時、大宰相主義がとられた要因は、伊藤の側にのみあったのではなかろうと思われる。内閣職権における総理大臣権限は、指令の制が廃止されたとはいえ、各省行政への指導監督権を認めた点では、太政官制での太政大臣の位置に類似的であった。内閣制への改革について天皇や三條の承認をえようという最終段階で、井上馨は「亦聖上へ上奏通り之組織に相成候得は、各省長官直接に百事を持出す之恐怖心より、終に防禦手段之出るは必然と存じ奉り候間、此上は老台之責に之有り」と伊藤に書き送っている（『伊藤博文関係文書』一　一九〇頁、同書ではこの書簡は明治一八年一二月二日のものとされているが、稲田正次　一九六〇　七四一頁では原本よりみて一二月二日のものに間違いない、としている）。ここで各省長官より百事をもちだされることになるのは天皇であり、天皇はそれを望んでいないというのである。基本的には太政大臣に政務を委任し、必要もしくは自分の望む時に親政権力を行使するという、従来の太政官制下の在り方の継続への天皇の希望もあって「大宰相主義」の採用が認められたのではないだろうか。

伊藤内閣の組閣の際、文部大臣に伊藤が森有礼を奏薦したのに対し、天皇が森はキリスト教に偏しているとして難色を示し、谷干城を希望する事件が生じた。背景には、一八八四年の森の文部省御用掛登用以来の、元田永孚による森の宗教への強い問題視があった。けっきょく事態は、伊藤が「臣が総理の任に在るの間は、決して聖慮を煩はしたてまつるが如きなきを保す」と上奏し、「天皇既に博文に内閣組織を委任したるを以て、暫く之れを聴し、其の為す所を視たまふ」こととなった（『紀』第六　五一七頁）。経過の詳細は、沼田哲　一九九三　二七九―二八三頁）。制定された内閣職権からは削除されるが、その草案には「各大臣の任免は内閣総理大臣之を奏宣し内閣総理大臣の任免は首席国務大臣之を奏宣す」という条文が存在した（稲田正次　一九六〇　七四七頁）。森文相就任問題の処理は、削除されたこの条文の方法にそう形で行われたが、それは「内閣組織を委任」する在り方が、天皇の側でも了承されていたことが要因の一つだったと思われる。こうして、天皇の行動の制度化は進み、内閣職権の規定にしたがえば「委任君主」的天皇になるはずであった。だが、実際にはそうはならない。

## 明治憲法における内閣規定の消滅

総理大臣によって内閣を統合する内閣職権の規定に対し、内閣連帯責任主義の結果イギリス流の議院内閣制への道を開くことになるのではないか、と井上毅が疑問をもっていたことは、前述の「ルードルフ氏意見」がその疑問に答えるために書かれた経過からも明らかである。この伊藤と井上の、内閣と天皇の関係、その位置づけをめぐる対立は、大日本帝国憲法の起草の過程でより明確となった。明治憲法の起草の経過については稲田正次（一九六二）が詳細な検討を行っているので、それに拠りつつ「内閣」に関する規定がどのように変化していったかにしぼってみてみよう。

一八八六年秋頃から本格化した起草過程で、最初のまとまった試案とみられるのが、一八八七年三月頃に作成された井上毅の「初稿」である。この「初稿」では、内閣に関する規定は、第三章「内閣及参事院」として独立してとりあげられ、詳細に規定されていた。内閣は「天皇臨御」で各大臣輔弼により「万機を総る」所とされ、各省大臣による組織、天皇大権による総理大臣・各省大臣の進退、法律勅令その他国事に関する詔勅の副署、などが規定されていた。注目されるのは、第八条の説明で「大宝令太政大臣を以て則欠の官とするに依り、内閣に総理大臣を置くは、其時宜の須要に従ひ、唯に叡旨の択《えら》ふ所」としていた点である。大臣による輔弼は不可欠のものとしながら、総理大臣の設置は天皇の随意としていたのである。四月から五月に起草された、井上毅による「試草甲案」「試草乙案」でも、第三章に「内閣及参事院」の規定を置く編成は変わっていない。ただ乙案では、「例言」で内閣および行政各部の官制は天皇大権により便宜廃置すべきものだから、多きを努めて列挙せず、とことわり、内閣を各省大臣で組織する、天皇大権による大臣の進退の規定の二つの条文が削除された（同書　四五―四六、五二、六四、七三―七四頁）。

ところで、同じ四月に起草されたロエスエルの「日本帝国憲法草案」では、内閣の章はなく、第六章「行政」のなかに、天皇は大臣を任免す、と、天皇は内閣の首席にのぞみ其議事を裁決す、との二つの条文があるのみであった。井上の草案とこのロエスエルの草案を土台に、伊藤博文を中心に検討修正が行われて、一八八七年八月頃に「夏島草案」がつくられる。夏島草案の章編成は、基本形にロエスエル草案にならったものであり、内閣規定は第六章行政のなかに含まれる。そこでは第七〇条「行政権は帝国内閣に於て之を統一す」、と規定したほか、内閣は「天皇親臨万機を決裁」する所で、政務に関する大臣で組織、各大臣の進退は天皇親裁、各大臣は天皇に対し「合体又は各自其責に任す」、内閣は勅裁をへて各行政機関の構成やその遵行すべき諸規則を定む、などが規定されていた。夏島草案の天皇の章に甲案乙案、ロエスエル案のいずれにもない第六条「天皇は諸大臣の輔弼を以て大政を施行す」の規定が入っていたこととあわせて考えるなら、伊藤の見解は、天皇親政は大臣輔弼にもとづいて行われるべきものであり、内閣こそが行政権を統一する機関で、大政施行では内閣が天皇に対し連帯責任を負うというものであった。伊藤の構想は天皇親政を掲げた内閣中心主義だったのであり、天皇親政は議会に対する行政権力の優越を確保する名分としての性格の強いものであった（同前　一一三、一九七―二一三頁）。

この夏島草案に対し、井上毅が「逐条意見」を提出し、批判を行う。まず第六条に対し、欧州の多くの憲法の例にならい君主と内閣の関係については、大臣の責任と大臣任免のことを掲げるにとどめ、行政部の職務は憲法条文上には掲げないことを適当とし、この条文の削除を主張した。とくに条文を掲げて大臣輔弼を示せば、輔弼により大政施行する区域の限界、また輔弼なしに君主が大政施行する権限の有無を問題にせざるをえなくなり、「議院に対する君主の権限と同一の方法に依り之を示明」せざるをえなくなるという「結果を考察」すべきだというのである。また第七〇条に対しては、第四条の天皇国権総攬の規定と矛盾するとし、内閣が行政の中心であることは学説上の常識であるが「行政権は内閣に於て統一するとの正条を憲法に掲くるは豈《あに》天皇の大権を冒触せさらんや」として削除を要求した。また内閣が勅裁をえて行政機関の構成および規則を定むという条文も、大権事項を「内閣の主宰」とするような規定で削除すべきとした。さらに大臣進退の天皇親裁の条文も、官吏任命の権は大権事項として天皇の章に掲ぐべきで第一三条の規定と重複すると指摘し、大臣の合体または各自責任の条文についても、いかなる場合に合体責任か各自責任かを示さなければ落ち着きのないものとなるが、それを一概に示すことは困難であるから、この句を削除すべしとした（同前　二二六―二二八、二三五―二三七頁）。

こうした批判の結果、「十月草案」では夏島草案第七〇条は削除される。また、内閣が勅裁をへて行政機関の構成および規則を定むという条文も削除される。しかし、天皇は大臣の輔弼を以て大政を施行との条文は残され、また大臣の任免規定も天皇の章に移されて残る。さらに大臣の合体または各自責任の条文も残されていた。この草案に対し、さらに井上毅は、一八八八年一月頃に「逐条修正意見」を提出した。そこでは草案が第五条「天皇は内閣大臣の輔弼を以て大政を施行す」としたのに対し、英国内閣の連帯責任主義を排し、プロシアの個別責任主義に依拠して「内閣各大臣」と修正すべしとする。また草案第六五条の「内閣は天皇臨御し万機を親裁する所とす　内閣は政務に関する諸大臣を以て之を組織す」に対して、

『カビネット』の組織を憲法に載すること各国の無き所なり、本条第二項は之を削る」との修正が提案される（同前　二七一―二七七、三二二、三二七頁）。

こうして一八八八年の「二月草案」では、内閣の語は、天皇の章の第一〇条「内閣諸大臣を任免す」との井上の修正案をいれた規定と、議会の章の第五六条「内閣大臣各省次官及政府委員」がいつでも議会に出席し討論できるという規定の二か所に現れるのみとなった。そして輔弼規定は、第五七条「国務各大臣は天皇を補弼し及法律勅令其他国務に関する詔勅に副署し其責に任す」となる。天皇の章にあった大臣補弼規定が削除され、国務各大臣の輔弼と副署の規定に変えられたのである。これにともない、十月草案まですっと維持されてきた、天皇の内閣臨御・親裁・政務諸大臣による組織の条文は削除されてしまった。ロエスエルやモッセが憲法に内閣組織に関する規定は必ずしも必要なしと主張していたこともあり、井上の内閣組織に関する規定を削除すべしとの主張が通るとともに、天皇親臨の規定も削除されたのである。内閣組織に関する規定を削除したのであるから、わざわざ内閣大臣の任免の規定を残す必要もなくなる。三月には、「二月草案」の第一〇条が削除され、天皇による文武官任免の条文のなかに事実上吸収されることになった。そして憲法草案の帝国議会の章に、その議会出席と討論の権限として残っていた「内閣大臣」の語句も、「内閣大臣」と「国務大臣」との二様の書式があるが、用字を一定すべしとの枢密院審議における提案をうけて、あっさりと「国務大臣」とあらためられ、かくして憲法条文上からは「内閣」の語句は消滅してしまったのである（同前　三三三―三三八、三九六、七〇四頁）。

以上の経過は、伊藤の内閣中心主義が、制定された明治憲法の条文上では、わずかに第五五条の国務各大臣輔弼と副署の規定に縮小してしまったことを意味している。明治憲法は君主の定める欽定憲法の形式をとったから、憲法の正統性は、制定憲法以前的に存在する天皇の「国家統治の大権」、天皇が「祖宗」より承《う》け子孫に伝える「国家統治の大権」(「憲法発布勅語」)に求めざるをえなかった。また、欧州では「宗教なる者ありて之か機軸を為し」ているが、日本では「宗教なる者其力微弱にして一も国家の基軸たるべきものなし」、「我国に在て機軸とすべきは独り皇室あるのみ」というのが伊藤博文の認識でもあった(『伊藤博文伝』中巻 六一五—六一六頁)。幕末以来、国家意思の最終裁定者と目された天皇の存在以外に政治上の権威を求めることはできなかったのであり、したがって権力の統一性を保持することは「君権」以外に求めえず、天皇の統治権の名目性・形式性をうかがわせるような諸規定は削除につぐ削除の措置をとらざるをえなかったのである。

枢密院の審議過程において、国務各大臣輔弼の規定に関連して井上毅は、各大臣の個別責任制をとると説明するとともに、天皇の主権は「議会に譲らす内閣に与へす天皇自ら之を統理し」「内閣分派の中心は天皇にあり」とまで発言している。ここでの天皇は、自ら政略をも指揮する能動的君主以外のなにものでもない。しかし井上も、大臣連帯責任の場合があることを否定できなかったから、伊藤博文議長は連帯責任も個別責任の場合もあるとのまとめでこの討論を終了させてしまう。他方、伊藤は、第五条「天皇は帝国議会の承認を経て立法権を施行す」の「承認」の語句をめぐる激しい議論のなかで、「立憲政体を創定するときには天皇は行政部に於ては責任宰相を置て君主行政の権をも幾分か制限され立法部に於ては議会の承認を経されは法律を制定すること能はす、此二つの制限を設くること是れ立憲政体の本意なり」とも発言している（稲田正次　一九六二　五九三―五九四、七〇七―七〇九頁）。ここでの天皇は君主意思を制約された制限君主で、責任宰相に大政を委ねる「委任君主」である。明治憲法における天皇と内閣との関係は、この二つの君主像を両極とする幅のなかに存在しえたのであり、伊藤の内閣中心主義を明示的に否定したものでもなかったのである。

だが憲法が、天皇の統治権総攬を基軸に制定された以上、総理大臣によって内閣・行政各部の統一をはかっている内閣職権の規定に対しては、疑問が生じざるをえなかった。すでに一八八八年夏には「憲法発布に付他の法律規則に矛盾を生ずる件々」（『秘書類纂憲法史料』下）という文書で、内閣職権が憲法と矛盾をきたすおそれがあるとの指摘がされた。さらに、憲法制定後の一八八九年六月、井上馨農商務大臣は黒田清隆首相に、内閣職権を廃止し、内閣官制制定を提案する書簡を送った（『伊藤博文関係文書』一　二三七―二三九頁）。この書簡でまず注目されるのは、提案が憲法発布後、議会開設の準備として「各省官制中憲法に規定するの条項と矛盾するもの」を改正する「各省官制通則改正案の閣議に提出」されたのを契機として、出されたものであったことにある。憲法制定にあわせた法的整備として内閣職権の改正の動向は生じていたのである。次に井上が、内閣職権改正を必要と考えるその理由も注目される。井上は、内閣職権における各省と内閣との関係は、「旧制度に於て各省の太政官に於ける関係と相同しく、各省大臣の内閣総理大臣に於ける関係は旧制度に於て各省長官の太政大臣に於ける関係と相似たる」ことが問題だという。そして欧州諸国にその例がみられるような「内閣総理大臣の職権は只々内閣の議長たるに過きさるの制」にあらためるべきだ、としているのである。井上の認識では、内閣職権の首相による行政各部の統一の規定は、プロシア流の大宰相主義としてではなく、太政官制の遺制として把握されているのであり、その克服として改正が考えられていた。こうして内閣職権改正への気運は強まっていくことになる。

## 黒田内閣の分裂と天皇の介入

内閣制の成立によって伊藤博文は、総理大臣と宮内大臣を兼任し、翌年には「機務六条」の天皇承認もとりつけて、権力を一身に集中することになった。それゆえ各政治勢力の反発が、伊藤に集中していく。とくに一八八七年、井上馨外相の条約改正交渉への批判は、伊藤内閣を窮地においやった。内閣でも、谷干城農商務相が、七月に条約改正案に反対意見を出し、閣議で井上・伊藤と対立した後、天皇に上奏、辞職する。ここで注目しておきたいのは、谷が外務当局の「専行」と秘密主義を批判し、各省長官に広く意見を問うべきとした点である。井上外相は「条約改正の主義大則は、皆予め閣議を経て、上奏勅許」をえたもので「その条款節目の末に至るまで一々閣議に諮ふことは要しない」と反論している（『世外井上公伝』第三巻　九〇〇、九〇二頁）。しかし谷のみならず、山田顕義法相や松方正義蔵相も井上条約改正案に反対の意向を表明することとなったように、内閣を中心とする合議的な政治運営の慣行は定着しておらず、閣議が充分に機能していたとはいえなかった。また宮中顧問官寺島宗則の、「内閣外の数員へ御相談があっても好さそうなもの」との発言にもみられるように、内閣が政府内で黙従を調達できるような権威を備えてもいなかった（坂本一登　一九九一　二一三―二一四頁）。内閣が政策決定の中枢機構であり、総理大臣によって統合されるような構造は、広く了解されていたわけではなかった。伊藤は、条約改正交渉の中止、井上外相辞職、伊藤の兼任宮内大臣辞任、黒田清隆の入閣で急場の切り抜けをはかる。また三大建白運動として高まった在野の反政府運動に対しては、「憲法の親裁を異議する者」には「必要な処分を施す」とし、天皇の権威の動員と、保安条例の施行による弾圧で乗り切る。そして、立憲改進党の事実上の指導者であった大隈重信の外相就任をとりつけ、一八八八年四月には首相を黒田清隆に譲り、枢密院議長となって憲法制定作業に集中していく。班列国務大臣の地位は保ちつつ、一時的に政権からは撤退をはかったのである。

黒田内閣は、穏健な保守政党、「自治党」の組織化を進めていた井上馨を七月に農商務相として入閣させる。そして憲法発布直後の一八八九年二月、政府は超然として政党の外に立つとの「超然主義」の方針を表明するとともに、三月には大同団結運動の代表者の後藤象二郎を逓相として入閣させた。これは議会開設をひかえて、改進党、「自治党」に大同派を加え、「全政党から等距離を維持するが故に、逆に各政党の代表者を全員入閣させるタイプ」の「超然主義」、すなわち挙国一致内閣の実現を黒田がはかったものと評価されている（御厨貴　一九八〇　二〇八頁）。しかしこのことは、逆に内閣の分裂をよび起こすことになった。まず、自治党・改進党の連合をきたるべき議会を乗り切る基盤と想定していた井上馨が、「自治党」の組織化に打撃を与えるこうした黒田の方針に不満をもち、六月には「当分ポリチックは内外之に対し為さず言わず仙人と云決意」となり、「退職之下地を成す」つもりで東京から離れ療養に入る。さらに、大隈外相の条約改正交渉の内容が明らかになり、改正反対運動が激化するとともに内閣は分裂し、事実上機能しない状態となる。

大隈の条約改正方針は、井上条約改正案で批判の的となった外国人裁判官採用と法典編纂を、条約正文から削るかわりに外務大臣による外交告知文（公文の宣言）で保証するものであった。それは内地を開放するかわりに治外法権規定撤廃をはかるが、その条件として外国人裁判官を採用するために、国権をそこなうとして井上条約改正案がうけた批判を克服できる内容ではなかった。加えて明治憲法がすでに公布されていたから、憲法規定との抵触という問題が生じる。憲法一九条の日本臣民の公権の規定により、外国人を「文武官に任」ずることはできないはずであった。また大隈は、条約の最恵国待遇条項の有条件主義解釈をとり、一国が条約でえる特権はその条約に記載された総ての他の約款の報酬であると主張し、現行条約の最恵国待遇条項による内地開放への均霑《きんてん》を否定して、国別交渉方式をとった。一八八八年一一月、改正案を「閣議に謀り、允裁《いんさい》を請ひて」ドイツ公使に提示、交渉に入る（『紀』第七　一五七頁）。こうして一八八九年二月にはアメリカ、六月にドイツとの新条約の調印へと交渉を進めたが、最重要国であり条約改正に最も厳しい態度でのぞんでいたイギリスとの新条約締結の見通しは立っていなかった。イギリスとの新条約の締結ができなければ、現行条約を破棄しないかぎり、他の国との新条約は最恵国待遇条項の存在によって意義をもたなかったのである。

七月に入り、条約改正案と憲法の抵触をさける方策として、帰化法を制定して外国人裁判官を帰化させることが政府内部で提議されるが、この頃から条約改正反対運動も激化した。伏せられていた外交告知文の内容が知られてきたからである。伊藤は井上馨に書簡を送り、七月一九日の閣議の状況を知らせている。黒田首相の要求で閣議が開かれ、山田法相より帰化法を設け帰化外国人を大審院判事に登用するとの意見書が出された。しかし外交告知文を読むと外国人を判事とする主旨で書かれているため、「帰化法を設くるも帰化人を登用するも、之を以て公文の所謂外人を我裁判官と為さんと約したるもの、代りと為すの効力を有せざる」状況である。そこで「第二の公文」を発するとの意見が出たが、「是又外務大臣に於て容易に承諾しうる事にあらざるを以て、未定に散会したり」。つまり新規の外交告知文を送付して、外国人裁判官の採用とは帰化外国人裁判官のことであるとしようという提案がされたが、大隈外相の反対で結論が出なかったというのである。そして一大困難に遭遇することは明らかだが「小生尽力之を救の手段も之無く」「唯歎息の外之無く」と、この段階で悲観的・傍観的感想をもらしている（『伊藤博文伝』中巻　六六六―六六七頁）。伊藤がこの条約改正案に反対できないのは、かつての井上条約改正案より条約正文上は一歩進んだ案だからであり、また大隈条約改正交渉の開始にあたって黒田・大隈・伊藤の合意があり、閣議決定もへていたからであろう。しかし条約改正案が憲法規定に反するならば、憲法作製者であり枢密院議長である伊藤は、賛成するわけにもいかないのである。

大隈条約改正の内容が明らかになるとともに、谷干城ら井上条約改正に反対した保守国権派、天皇側近の元田永孚をはじめとする枢密顧問官の反対も激しくなる。また改進党に対立する大同派は、条約改正中止建白運動を展開し、大同派につながる後藤逓相も反対に動きはじめ、他方、改進党は改正断行建白の運動を行い騒然とした状況が広がる。このようななかで、先述のような理由で、伊藤・井上が傍観的な立場に立とうとした時、元田永孚を通じて内閣への介入をはかり、内閣を機能させようとしたのは、明治天皇であった。元田は「内旨」をうけて大隈外相の説明を聞きに行き、七月二二日に天皇に奏聞、大隈方針に反対との自分の意見と伊藤の意見を聞くべきとの提議を上奏する（沼田哲　一九九三　二八四―二八五頁）。

この結果、二四日に伊藤が拝謁して一九日の閣議の状況を上奏、ひきつづいて大隈が召集され、伊藤・井上の意見をも考慮して慎重に処すべしとの天皇の御沙汰をうけ、二六日に伊藤・井上・大隈の会議がもたれる。ここで、外交告知文の変更の合意が成立する。ところが二八日、黒田首相が辞意を大隈にもらし、また大隈はこの黒田の辞意を伊藤に示し、自らが外相を辞して黒田に譲る意思を表明、伊藤の慰留で二人とも留任する事態が生じる（『紀』第七　三一四頁）。翌二九日には、伊藤は病気と称して天皇の召集にも応ぜず、元田を通じての下問への奉答も断り、三〇日の閣議への出席も断る（『伊藤博文伝』中巻　六六八―六七一頁）。

こうした責任の押しつけあいともみられる経過のあげく、八月二日に伊藤も出席した閣議が開かれた。そこで、速やかに帰化法を制定すること、外国人裁判官とは帰化外国人であることをすでに調印した米独二か国に説明し承認を求め、「未だ調印せざる諸国には更に公文を発して前回の公文を撤回」すること、来年二月からそれ以降六か月間の新条約実行の期において、米独二か国以外の「他の大国に於て新条約を承諾せざるものあるときは、其の国に対する現行条約を棄却して其の履行を絶つべきや否やは、其の機に臨み、尚審議すべしと、乃ち閣臣一致して事に当るべきこと」を約束したとされる。またこの閣議で、井上は新条約実行の準備ができないことを理由に「明年二月十一日の施行期限を延期すべし」と提案し、伊藤は「条約改正問題を枢密院に諮詢せらるべきことを奏請すべし」と提案したが、いずれも決定にはいたらなかった（『紀』第七　三二二頁）。井上は閣議翌日の伊藤への書簡で「昨日之会議之席も、総理之意見幷決局等判然致さず」と書いており（『世外井上公伝』第四巻　一一〇頁）、また伊藤は後に、新条約施行期限の延長が決定したような主張をしており、閣議の結論は曖昧模糊としたものだったようである。こうして、黒田・大隈・伊藤・井上の意見調整を求めた天皇の介入にもかかわらず、内閣の方針は不明瞭のままとなった。八月八日にはロシアとの新条約が調印され、一七日に委任状の下付をうけて英国との交渉が開始される。

対英交渉が妥結しないことを強く懸念していた松方蔵相から伊藤は、「英国之談判は目下殆んど中絶之形」であること、また「外務大臣請謁、英国之談判到底成就覚束無く若彼れ我之請求を拒絶するに於ては条約廃棄之外之無き儀を奏聞したりとのこと、此儀は聖上より吉井次官へ親しく仰聞られたりとの儀極密に承知せり」との情報をえて、八月一八日付の書簡で井上馨に書き送っている（『大隈重信関係文書』五二八八頁）。大隈はきわめて強気に従来の条約改正交渉方針を進めていたのであり、黒田首相は大隈に外交を委ねていた。こうした大隈の方針をみて、九月に井上は、伊東巳代治を通じて次のような観察と意見を伊藤に伝えている。「大隈伯最後の手段即伯之政略之根底は、若し国別談判之成功致さざる節は条約廃棄論を提起して自家之失錯を掩《おお》ひ、過を内閣に帰して其身之安全を計り候事と想察せらる」、「伊藤なり又余なりの地位に在ては（中略）大隈に負せて其事の纏りを付けさせ候より他に良途之無く候、殊に大隈が強硬主義を取りて異日条約排棄抔の暴言を残して内閣を去るに及候ては、大隈は必す内閣の薄弱卑怯を鳴らして己之失計を挙て内閣に帰し、内閣は大隈に錦衣を与て野に放つ事に相成、政府之不利内閣之不得不過之候と存候に付、何処迄も大隈をして最後之技倆を逞くせしめさる様深思遠慮すべき時」（『伊藤博文関係文書』二　七六、八〇頁）。井上は、大隈が交渉妥結しえない場合には、実施不可能な条約廃棄論を唱え閣内からの反対をうけて辞任し、内閣に軟弱外交との濡れ衣をきせて野に立つつもりであると推測し、大隈外交が自己破綻するまでは放任すべしと主張しているのである。

帰化法による外国人裁判官問題の処理を提案した井上毅法制局長官も、二重国籍を認めない英仏との交渉では妥結不可能として、九月には条約改正に反対し長官辞職を表明するなど、ますます反対が強くなる。しかし内閣は旧来のなりゆきのまま流されている状況で、再度、天皇による介入が行われる。九月一九日、元田を呼び、「告知文を消却し中止」するか、条約改正「結局之施行宜事を得る考察如何」を伊藤に問わさせたのである。伊藤は、八月二日の閣議で「告知文の撤回と条約実施期限の延期」を決定したはずだが、まだ実行されたと聞かない、とにかくこの二事項の実行なしに交渉を進めるべきでないので「聖上各大臣の意見を聞召され、将来確乎たる方針を樹て給ふべし」との返答を行う。この回答をえた天皇は、大臣のみでは充分の意見が出ないかもしれぬので、枢密顧問官を加えた合同会議の開催を「総理大臣へ御沙汰遊ばされる可くとの御内旨」の再諮問を行う。伊藤は合同会議では「破裂」の恐れがあるので、まず閣議を開催すべきと返答した（『伊藤博文伝』中巻　六八七―六八五、一〇四六―一〇四七頁）。この結果二三日、黒田首相に英国との交渉状況、告知文の処置を問うとともに「枢密顧問官中に反対説頗《すこ》ぶる之有り、一体之情況容易ならざる事故篤《ゆえ》と閣議を討議十分相尽し遺算なき様致す可し」との天皇の内意が伝えられる（『大隈重信関係文書』五　三二二頁）。

この経過は、元田の上奏の影響をどの程度のものと評価するかの問題が残るが、七月につづき天皇の側から伊藤に諮問し働きかけたものである。しかも九月一九日の伊藤への諮問は、「御沙汰」を元田が筆記し、文末に「明治廿二年九月十九日　午前二時於　御前奉　内旨　永孚」と書かれた「御沙汰書」の形式のものである。勅語・勅諭は明治天皇の践祚以来、数多く出されてきたが、それらは基本的に複数の人間に向けて天皇の意思を示したものである。太政大臣に与えたものでも、それは後に参議に示されるのが普通であった。これまで「勅諭」で個人に与えられたものは、一八七五年の島津久光への「親諭」と、一八八三年七月、病死直前の右大臣岩倉の辞表提出を慰留したものぐらいかと思われる（『紀』第三　四二九頁、第六　八六一―八七頁）。また「御沙汰」は、個人に向けてたびたび出され、元田や徳大寺侍従長を通じて伝えられていた。しかし個人に向けてのそれが「御沙汰書」の形をとったのは、少なくとも皇族以外に対しては、この時が最初ではないかと思われる。しかもそれは、黒田首相は反対意見者の面会を断り、後藤逓相は二一日に改正反対の上奏を行い、伊藤・井上は事態を傍観という、内閣の分裂状況のなかでの、条約改正の中止か実施かという政策決定とその決定方法についての意見諮問であり、かつ伊藤の答申にもとづきながら閣議開催を「御沙汰」として首相に事実上命じたものであった。ここでは天皇は、受動的に裁定を要請される君主としてでなく、能動的君主として立ち現れている。

黒田首相は困惑したが、黒田・大隈とも改正断行の方針を変えようとせず、洋行中の山県有朋内相の帰国をまって閣議を開くことにする。一〇月二日に山県は帰国したが、閣議は開かれない。天皇からの再度の催促もあり、吉井、大山巌らの説得により黒田もようやく伊藤との協議を行う気持ちになる。一〇日に天皇は、元田からの書簡を通じ伊藤に黒田との会談に応じるようにとの「御沙汰」を伝える。しかし伊藤は、西郷従道海相との会談によって、黒田が条約改正断行か、さもなくば首相辞職かの意思と知り「先方辞職の端緒」となるのを避け枢密院議長の辞表を提出する。一〇月一五日に開かれた御前会議では、後藤逓相の反対論以外には山県の若干の質疑があったのみで、他の閣僚は一語も発しなかった。黒田・大隈はなお条約改正断行をとってゆるがなかったのである。一八日の閣議で、山県内相が条約改正実施延期を初めて主張し、ようやく閣議では中止論が優勢となったが結論は出なかった。閣議散会後、外務省にもどる大隈外相の馬車に玄洋社社員によって爆弾が投じられ、大隈は重傷を負う。翌一九日、黒田内閣は臨時閣議で条約改正交渉の延期を決定、二二日総辞職を決定し、辞表を提出した。後任には内大臣三條に首相兼任が命じられ、三條内閣は諸外国への条約改正交渉の一時中止を通告の後、辞職した。

## 内閣官制の成立

後継の山県有朋内閣の任命の当日である一二月二四日に内閣官制が制定された。黒田内閣の末期の状況は、「内閣各大臣四分五裂の有様」（『尾崎三良日記』中巻　三一五頁）といわれるような、事実上の内閣の機能麻痺状態であった。この結果、宮内次官の「吉井友実などは、太政大臣、左右大臣を置き政体を本に復し、三條を太政大臣に山県松方を左右大臣に任すべしと主張」していたのであって（『明治聖上と臣高行』七六五頁）、黒田、伊藤など藩閥首脳個人の行動への不信のみならず、閣僚を統合する能力や権威への疑問にまで問題は拡がっており、内閣制度の手直しが検討される必要が生じていた。内閣官制の制定は、直接にはこうした黒田内閣末期の政治状況を前提にして考えられねばならない。

内閣官制については、その第七条の帷幄《いあく》上奏の主体の拡張問題を中心に詳細な検討がある（永井和　一九九三）。これを参照しつつ、内閣官制の性格について検討しておこう。前述のように、内閣職権の改正の必要は憲法の制定とかかわってすでに主張されはじめていた。井上毅は、一八八九年一一月に「各大臣内閣組織上奏案」を作成しており（『井上毅伝　史料篇』第六　一九五―一九九頁）、これが内閣官制の草案と考えられる。そして一二月の後半になって山田法相が内閣官制の上奏文と勅令案文の起草を命じ、山県内閣成立と同日に制定されることになった（永井和　一九九三　三四〇―三四一頁）。

内閣官制の特徴の第一は、内閣職権の大宰相主義を否定・緩和したことにある。井上毅の一一月草案（「各大臣内閣組織上奏案」）では、内閣は各省大臣と内大臣で構成されることとなっており、内閣の代表者は内閣員から勅任される内閣長となって総理大臣が廃止されていたから、大宰相主義が否定されていたことは明白である。実際に制定された内閣官制では、内閣は国務各大臣によって構成され、首班として内閣総理大臣を置くことになった。しかしその権限は、「第二条　機務を奏宣し旨を承けて行政各部の統一を保持す」とされて、内閣職権における首相の旨を承けて「大政の方向を指示」する権限が削除され、「行政各部を総督」する権限は「統一」する権限へと弱められた。ただ、この第二条の首相の「機務奏宣権」により、裁可を求める上奏はすべて総理大臣を経由して行われるので、憲法の文面上はプロシア式の国務大臣各別責任主義、内閣制度の実質は一種の「大宰相主義」となる。そこにみられる乖離こそ明治憲法体制下での「輔弼親裁構造」の内実であった、と評価されている（同前　二七五―二七六頁）。

妥当な評価ではあるが、これをもって天皇を大権行使は輔弼をまってのみ行う、まったく「親政」を否定された「受動的君主」としたと考えるなら誤りであろう。井上毅は後の一八九〇年に、内閣官制について「我か現行の制総理大臣の専任たる形は独国に似たれども旧大《ママ》政大臣と其の趣を殊にす　独り機務を奏宣し旨を承けて大政の方向を指示するは官制英国に同じ」と述べているが、首相が「大政の方向を指示」するのは内閣職権での規定で、この説明は誤っている。数日後には「大政は上旨に由り而して首相之を奉承し」と内閣官制を説明しているのであって（『井上毅伝　史料篇』第二　二七八頁）、「大政の方向を指示」するのは天皇の権限とされたのが内閣官制の規定なのである。この点は内閣官制の上奏文で「憲法の主義に拠るに、万機を主宰するは元首の大権にして、国務大臣は各々其職務の責に任ずべし」と書かれている点とも符合する。だから、「大政の方向を指示する」天皇の限定された親政を前提としたものとして内閣官制は理解されねばならない。また実態的にも、前述のように「機務六条」で各省からの上奏書に疑問のある場合は、天皇が主務大臣に直接下問するとされていたこと、井上条約改正の際の谷農商務相の上奏、大隈条約改正の際の後藤逓相の上奏などの事例が生じていたことを考えると、首相の「機務奏宣権」を天皇への上奏の独占権として厳密に考えられていたのかは疑問である。内閣官制は、原則として首相を通じてではあるが、「大政の方向を指示」する天皇の限定された親政によって内閣を統合しようとするものであり、こうした親政に「身を以て責に任ずる」ことを「内閣憲法上の義務」（内閣官制上奏文）とするのが「輔弼親裁構造」の内実であった。

内閣官制の特徴の第二は、第一の特徴と表裏一体の関係をなす「主任大臣副署主義」の採用であった。内閣官制は、その第四条で「法律及一般の行政に係る勅令は内閣総理大臣及主任大臣」が副署する、「勅令の各省専任の行政事務に属する者は主任の各省大臣」が副署するとした。内閣職権では、前者については内閣総理大臣のみが、後者については内閣総理大臣と主任大臣が副署するとされていたから、副署の中心は首相であった。ところが内閣官制では副署の中心は主任大臣となったのである。この主任大臣副署主義は、大宰相主義の否定・緩和を象徴するものであり、黒田内閣が軍部の要求をいれて帷幄上奏による勅令の制定を慣行化した結果生れた、その勅令制定には携わっていない総理大臣が副署のみは行うという「副署式のディレンマ」を解消する意義をもつものであった。また内閣職権で、「事の軍機に係り参謀本部長より上奏するもの」と、帷幄上奏の主任が「参謀本部長」に限定されていたものを、内閣官制の第七条で「事の軍機軍令に係り奏上するものは」と上奏主体の限定がなくなり、陸海軍大臣も帷幄上奏を行っていた慣行が追認されたことも、主任大臣副署主義の採用と整合するものであった。これらは永井（一九九三）が詳述している。

内閣官制の特徴の第三は、内閣の合議体としての制度化の整備を進めたことになる。内閣職権にはなかった内閣の審議を必要とする事項の規定が、第六条で行われた。法律案・予算決算案、外国条約および重要な国際条件、官制または規則法律施行にかかわる勅令など七項目があげられ、さらにその他各省主任事務であっても「高等行政に関係し事体稍《やや》重き者は総て閣議を経べし」と規定されて閣議審査は重視されていた。主任大臣副署主義をとり各大臣個別輔弼の原則を強調しながら、内閣の合議すべき事項は厳密かつ拡げて規定されたのである。また内閣官制第六条で、「主任大臣は其の所見に由り何等の件を問はず内閣総理大臣に提出し閣議を求むることを得」と、各大臣の議案提出と閣議開催請求の権利を規定している。

これらは、大隈条約改正問題で、「緊要の件々は上奏して勅裁を仰ぐことに内決したが、元来条約改正のことは外務大臣に御委任あらせられたことであるから、改正談判の中途にある今日、一々勅裁を仰ぐが至当でないとの説もあって、上奏の件は見合はすことにした」(『世外井上公伝』第四巻　一〇九―一一〇頁)といわれるように、また英国との関係で条約改正交渉を危ぶんでいた松方蔵相は「異議を云ふの機なく、何か適当の口実を発見したいと考へた末、大蔵内務農商務三省にて條約改正取調委員を設くべしとの提案をなした」(『伊藤博文伝』中巻　六七三頁)――正しくは予備取調委員であるが――、といわれるように、首相がとりあげなければ他省主管業務に他省大臣はきわめて口をさしはさみにくく、それを主題とする閣議は開催されないという状況への対応であったと思われる。こうして内閣の合議制を制度的に明確にしながら、大臣は「君主の特別の許可を得るにあらざれば、議会及他の人民に向て私に宣言することを許さず」、「内閣の閣員は内部に多少議論の異同あるに拘らず、其外に向て宣布し、及、施行するの政治上の方向は必ず帰一の点に傾注」するを「輔相の徳義」として内閣の一致をはかろうとするのが(「内閣官制上奏文」)、内閣官制の意図であった。

## 2　初期議会期の天皇

### 親政的権力行使とその矛盾

明治天皇が一八八八年の枢密院での憲法審議に一日も欠けることなく出席したことは、喧伝された事柄であるが、こうした過程を通じて天皇は、全般を把握しつつ限定した親政権力を行使する君主としての自覚を明確にしたと思われる。侍従日野西資博は「枢密院の御会議などが始まりまして、ますます政治の御用務が御多忙に成らせられ（中略）御乗馬や御遊戯が御薄らぎになりますに伴れてだんだん御政治方面に御趣味が出まして」と回想している（『明治天皇の御日常』一二三頁）。徳大寺実則は議会開設をひかえた一八九〇年七月の日記に、猛暑にもかかわらず「聖上日々昼御座に出御まします、万機を親裁したまひて倦怠の色なし、勤精治を図る、聖慮敬服の外なし」と記した（『紀』第七　六〇〇頁）。侍従桜井能監は、一八九二年に「議会の開会などには日々侍従を議院へ御遣はしにて会議を傍聴せしめ又何か大問題ありて会議頗る紛擾に渉《わた》る時などは刻々に其決議の模様を電信を以て御尋子《ね》在らせらる」と記している（「明治秘註」）。議会開設をむかえて天皇は、政局の状況を積極的に把握し、自分の判断をもとうとする君主となっていた。

第一次山県内閣は、一八九〇年五月、議会開設をにらんで内閣改造を行った。その際、二つの注目される事態が現れている。一つは、内閣強化のため山県が、総理大臣もしくは内務大臣としての伊藤の入閣をいいだした際、また天皇の御沙汰書が出されたことである。これは伊藤が、枢密院議長を辞職する時に「有事の日」には出てくることを誓っていたことをあげて、条約改正・議会開設という「国家多難の秋」、「速に廟堂に出」ることを命ずるものであり、文末には「右　御前に於て　奉　勅」と記入され、五月一四日に徳大寺が旨をうけて、御前において書きとったものであった（『伊藤博文伝』中巻　巻頭写真）。これが元田を通じて伊藤に交付されたのである。伊藤は、山県が本当には伊藤の入閣を望んでいないこと、入閣した場合には二人が衝突を起こす可能性の高いことを考え入閣を断った。とはいえ、伊藤は天皇が「逆鱗《げきりん》」をきたすのではないかと恐れて元田に充分の説明を依頼しており、また元田は後に「聖上には御意外に思召された上、御失望遊ばされ候旨に拝承仕」ったことを伊藤に伝えているから（同前　七一二―七一七頁）、この時天皇は積極的に伊藤の入閣を望んでいたと思われる。後に元田は、「表面伊藤へ総理か内務か奉職候様申聞く可きとの御内沙汰」であったが伊藤は断った、「之は只々御手順の事にて」「伊藤の御断り申上げ候は　聖上にも十分御合点なり、其の訳は前件の通り、山県と伊藤との間柄不熟なるは、疾《はや》くより御聞入りに相成候、其子細は折りに触れて、山県より伊藤の短所を申上候口気にて相分り候事なれば、御合点の由」と、この御沙汰が形式的なものであったかのように悟っているが（『明治聖上と臣高行』六九〇頁）、これは事後的な説明であろう。むしろ、この経過を通じて天皇は、同じ長州閥ではあっても不仲の二人を入閣させることが、必ずしも内閣強化にはつながらず、逆に内閣分裂の要因になることを深く「御合点」したと思われる。

この内閣改造で注目されるもう一つは、陸奥宗光の農商務大臣、芳川顕正の文部大臣への任命問題である。天皇は「陸奥は十年の事件もあり、反覆のものにて、向来も同断ならん、芳川も人望之無く」として（同前　六八九頁）、山県に再考を命じた。西南戦争の時の反乱陰謀という陸奥の経歴と性格、芳川の官舎払下げにおける公私混同の世評が問題にされたのである。山県は、陸奥の前罪はすでに消滅しており、政党につながりをもつ彼は、採用しなければ「民間にて大に妨げ」となるが、採用すれば「其の才力を以て内閣の都合宜し」い、また芳川は「有朋の処にて指揮仕候はゞ、同人は如何とも相成」と「再三申上げて、ついに二人の就任の承認をえた。この経過について佐佐木高行は「総理大臣へ御人選等御委任の形なれば、強て御拒みも出来兼ぬる場合と恐察奉」っている（同前　六八七頁）。伊藤内閣組閣の際の森文相就任問題と同一の経過で処理されることになったのであり、天皇は自らこそが人事任免権者であることの自覚は保ちつつ、基本的には「委任君主」としての行動をとった事例と考えられる。

この第一次山県内閣の時期には、天皇は教育勅語の発布問題で重要な影響力を行使し、また、伊藤博文の貴族院議長就任問題ではたびたびの御沙汰を伊藤に伝え、就任を実現させた。また、枢密顧問官の貴族院議員兼任の可否問題では、山県首相が閣議をへて兼任を可とすると上奏したにもかかわらず、枢密院の反対の動向をふまえて大木喬任枢密院議長に、顧問官と貴族院議員の兼務を不可とする「聖旨」を伝え、顧問官に伝達させている（徳大寺実則日記　明治二三年六月二〇日、『紀』第七　五九二―五九三頁）。この場合は、内閣の上奏輔弼にしたがわず、非公式意思の形で自らの裁定を下しているが、こうした事例にもかかわらずこの時期の天皇の行動は第一帝国議会への対応を含め「委任君主」的なものが優勢であった。ところが、一八九一年五月に発足した第一次松方正義内閣の時期には、天皇の親政的権力行使がひんぱんに、しかも政治決定に影響を直接与える形で現れることになった。すでに天皇の側近にいて政治的行動のあった元田永孚、吉井友実は死去していたから、それはまさしく天皇の個人意思にもとづくものであった。

こうした事態が現れる前提的条件は、松方の内閣指導力の脆弱性にあった。第一議会を乗り切った山県が辞職をいい、後任に推された伊藤も固辞し、やむをえず松方が首相に就任して、各閣僚は留任したのが松方内閣の発足であった。その後何名かの閣僚が交代するが、松方以外の有力藩閥指導者は閣外にあり、その配下の政治家が内閣に送りこまれたような構成になっていた。松方が組織したとはいえないような内閣であり、「黒幕内閣」と世間からよばれたように、内閣へは閣外からの、しかも別々のコントロールが働く状況で、内閣の統一性の維持はきわめて困難であった。これに対し松方は、いちいち天皇の指示を仰ぐことで内閣指導力を維持しようとし、一八九一年一〇月には、毎週二回「内閣会議に臨御」を要請するまでにいたる（『紀』第七　九〇三頁）。

こうして天皇の親政的権力行使は、次のような形で頻発することになる。まず五月、大津事件によって更迭されることになった外相の後任人事において、松方がはじめ陸奥農商相を推したのに対し、「天皇怡《よろこ》びたまはず」、榎本武揚の奏薦へと変更になる（同前　八五一頁）。弱い首相で、閣僚に対する統制の保証を言明できねば、天皇の意向が優越するのである。八月、松方内閣は、「内閣議決書」と「内閣規約」を決定した。これは、閣僚が内閣方針の一致を誓約し、内閣政略の担当機関として内閣のなかに総理大臣直属の「政務部」を設置しようとするものであった（政務部問題の経過と意義については、成田賢太郎〔一九九三〕を参照のこと）。この決定を八月一三日に上奏したが裁可されない。官制改正で俸給削減をはかったところ、国務大臣の俸給削減は天皇の承認がえられなかった事態と同じことになるのではと、品川弥二郎内相は心配する。一七日になって松方首相に裁可下付されるとともに勅語があった。下付がおくれたのは、この計画を知らされていなかった天皇が、陸奥を政務部長とすることに納得しなかったものと推測される。勅語は当初松方個人に伝えられたものであり、その内容も大政方針の帰一、大臣の和協は喜ばしいが「常に其実行を期すること能はざるは朕夙夕《しゆくせき》之を憂」うとし、内閣規約も「卿等既に心に誓ひ臆《おく》に銘するときは敢て文書を為るの要なきに似たりと雖」、とにかく「悠久に閣員は和同一致を懋《つと》むへし」と、見方によれば相当皮肉なものであった。天皇は内閣議決書も政務部設置も、内閣の問題解決にはほとんど役立つまいと、冷然としていたように思われる。しかし、この勅語を「規約書の冒頭に奉写し各大臣相謹戒度」との松方首相の希望により、伊東巳代治が松方からの「伝承」を筆記し、さらに文飾を加えて閣員に対する勅語ができあがるのである（『伊藤博文関係文書』二　一三〇―一三四頁）。内閣政務部は、わずか一か月で陸奥が政務部長を辞職し瓦解するが、天皇がそれを気にとめた様子はうかがわれない。事前に諮られることなく進められた官制改正にも政務部設置にも、天皇はいったんは裁可をせず、自分の意思を通すか、皮肉まじりに内閣に実施を委ねたのである。

　一八九一年一一月末に開会した第二議会は、内閣と「民党」連合の衝突、議会解散が始めから予想された議会であり、予想どおり一二月末に解散となる。徳大寺の書簡にあるように、天皇は、議会開会当初の時期から内閣が「一致協力して議会に当り候はは然る可く陛下思召され候旨松方大臣へは時々御沙汰遊ばされ候。若不幸にして解散せしむるも、後害尠《すくな》からんと思召され候」（『伊藤博文伝』中巻　八〇七―八〇八頁）と、議会解散も辞さない覚悟で内閣が対処することを望んでいた。井上毅の書簡はこの時期の天皇の様子を、内閣の意見が分裂し解散の決定ができない時期には、夜ふけに至って「聖上御憂念之余にや、巌《ママ》倉（具定）以而《もつて》首相へ御使何れ御督責と察せられ候」と、議会解散の翌日の「昨夕抔は御夜食後再たひ出御遊ばされ、七時比《ころ》迄も前途之事御疑問又御研思遊ばされ候」と伝えている（『伊藤博文関係文書』一　四二三―四二四頁）。松方首相を叱咤激励して解散断行をせまり、解散後も政局の行途を検討する天皇は、「親ら政略を指揮」する能動的君主に他ならなかった。

　だから、徳大寺侍従長が伊藤に伝える「扨《さて》議員再選挙に就ては、同一の議員を再選致候ては幾度も解散、不詳の結果を生ずべくやと深く御憂慮遊ばされ、松方大臣へも度々御沙汰相成、各地方官へも注意の儀内示之有り候得共《そうらえども》将来良民の議員となることを望ませられ候」（『伊藤博文伝』中巻　八一八頁）という天皇、松方に民党議員の再選をはばみ、「良民」の議員を選出すべしと、事実上選挙干渉を指示する天皇が現れてくるのである。この時期の天皇の行動について佐々木隆は、こうした天皇の行動や、松方への内閣機密金五〇万円の交付、御手許金一〇万円の下付などの事実を指摘しながら（佐々木隆　一九九二　三二五―三一八頁）、選挙干渉について「天皇がその具体的方策を指示していたとは考え難い」との理由をつけ、内閣が「実際上の決定者・指導者」でそれを「天皇の意向と混淆するのは実証的と言えない」という。だがこの評価の仕方は、明治天皇に選挙法違反の具体的行為があったかなかったかを論じて、明治天皇を救出しようとする弁護士の議論を思わせる。「親ら政略を指揮」するどのような能動的君主も、詳細な具体的政治行為まで指示するわけではない。これらの事実の重要な点は、この時期の明治天皇が一般的に「大政の方向」を指示するのみでなく、議会解散の決断や、民党多数の打破を首相に叱咤する「親ら政略を指揮」する君主となっていることを示していることにある。

このような親政的権力行使はなおつづいた。解散・総選挙後の対議会打開策として伊藤博文が、枢密院議長を辞職して天皇主権の大義を標榜する政党の組織の意向を示したのに対し、天皇は「只今のまゝにて政党を組織せば、矢張内閣と意見を異にし、只だ今の両党の外に一政党の出来たるのみにて、内閣のためにはなるまじ、思ひ止まるやう致すべし」と、明晰な政治判断の下に中止を指示し、さらに「若し伊藤が不意に申出でたらば松方も狼狽すると思ひ、岩倉具定を遣はし松方に注意」させる（『明治聖上と臣高行』

七五〇頁)。その後も伊藤の政党組織・辞職を中止させるためにさまざまの「御沙汰」が伊藤・井上・松方らに伝えられるのである。

また、条約改正案調査委員会が開催されると、その委員長である榎本外相と黒田清隆に、今ただちに条約改正の作業に着手せず「時機の来るのを待つ方可ならん」との「聖旨」を伝えさせ、委員会の審議の進行を停滞状態にさせる(『紀』第八　五一―五二頁)。さらに第一次松方内閣末期の混乱で、高島鞆之助陸相、樺山資紀海相が辞意を示したため、松方も辞意を上奏したのに対し、「高島が辞するならば、速に解任したら如何と申聞け」、陸海相の選考については「有栖川宮へ申談して適任者を定めよと申聞け、朕よりも有栖川宮へ申談じたる」措置もとっている(『明治聖上と臣高行』七五七頁)。明治天皇はこの時期、内閣の人事の在り方のみならず、具体的な政治方針決定にも介入し、決定に影響を及ぼしたのである。

こうした親政的権力行使が明治憲法の規定と衝突し、天皇の権威・行動と内閣輔弼の責任が議会から問われる事態も生じた。貴族院議員小沢武雄の陸軍中将免官事件である。事件は一八九一年一二月、第二議会の貴族院において、小沢が谷干城提出の勤倹尚武の建議に賛成演説を行った際、国防の不備と軍制の欠陥を具体的に指摘したことに対し、一部軍人が機密漏洩と憤慨したことに始まる。免官措置について徳大寺は次のように記している。「軍人社会頗《すこぶる》激昂す。右之次第に付当人中将を被免然《ママ》る可く、但予備役軍人は軍法会議に付し罰せらる丶の条文なきにより、行政処分により陸軍大臣諭旨辞表差出さする方に相運ひ然る可く、参謀捴《ママ》長殿下へ御下問の上右に決し、陸軍大臣召され陛下御沙汰有らせらる」(徳大寺実則日記　明治二四年一二月一六日)。天皇が自ら行政処分で諭旨辞表提出させるという処置を考え、参謀総長有栖川宮へ下問の上、高島陸相に処理を命じたのである。免官措置をとめようと面談に及んだ谷干城に対し、「高島氏の答へ甚た曖昧也　責を陛下の思召に帰し我れ関せずと云ふか如き口気あり」というから（『谷干城遺稿』二　八七七頁）、天皇主導の措置であったことは疑いない。

しかし、天皇の「御沙汰」をもって「依願」させ、それによって免官するという「依願免官」措置は、憲法第五二条における議員の議会内発言の院外免責の規定に違反するものではないか、という疑問を生じさせる。また陸海軍将校分限令は、将校は終身其官を保有すと規定し、その免官手続きには「諭旨免官」の条項はないので、小沢の免官は勅令の規定に悖《もと》る措置ではないか、との疑問も生じさせた。貴族院では、第二、第三議会で、これらの措置への疑問に答えよとの質問が提出されるが、政府答弁は文武官の任免の理由について議会への説明の義務なし、というものであった。かくしてついに第四議会では、「貴族院議員男爵小沢武雄の陸軍中将免官に付上奏案」が上程され討論される。上奏案は、「上諭」により免官願を提出させそれにもとづき免官辞令を下付したのは、議員免責を規定した憲法に違反するものであり、「縦令始に上諭と云ふものがありましても、あるべからざる処置と云ふものは内閣大臣が責任を負はなければならぬ」（谷干城発言『貴族院議事速記録』五　第四回議会　二八一頁）とするものであった。

この上奏案には、免官を依願した以上は議会を決議すべき事項ではないとする以外には、みるべき反対意見は表明されなかったが、採決では賛成四五、反対八三で否決され、貴族院での論議は終了した。他方、この事件は衆議院でも問題にされ、第二議会で質問が、第四議会から第六議会までは、議事にはのぼらないが上奏案はくりかえし提出されていた。以上の経過は次のことを示している。まず議会でも、天皇の

「御沙汰」が出されること、その「御沙汰」にしたがうことを当然視する者が大多数であった。それは明治憲法下の〝立憲君主〟となった天皇が、親政的権力行使を行うことが承認されていたこと、また天皇の意思が国家の最高意思として服従すべきものとして承認されていたことを意味する。「御沙汰」という、輔弼をへているのか否かが実態的には曖昧で、形式的には天皇の個人意思の形をとったものが、法的にはいかなる意味をもつものであるかが、きちんと問われることはなかった。他方でこうした上奏案が提出され議論される状況の存在は、「御沙汰」が「指斥言議の外に在る者」（『大日本帝国憲法義解』）とされるほどの絶対的権威をもっていなかったことを意味する。谷干城が免官措置をとめるために、有栖川宮、さらには天皇に直接拝謁して上奏しようとしたように（『谷干城遺稿』二　八七七—八七八頁）、近世以来の〝諫《かん》争《そう》〟の観念が生きており、それが立憲制による天皇の行為の制限と内閣大臣の輔弼責任という観念で複合して、こうした上奏案を生みだしたと考えられる。その意味で、初期議会期には、天皇の親政的権力行使が認められていながら、それが完全な絶対的権威をもつものではないという矛盾が存在していた。

## 君主主義的内閣支配の限界

松方内閣の辞職のあとをうけて組閣された第二次伊藤博文内閣は、伊藤の「黒幕総揃にて入閣」の主張によって、「維新以来の功臣」である山県・黒田・井上・大山・後藤を入閣させた。その組閣の際、伊藤は天皇に「松方は何事も伺ひ奉りて内閣と協議したるよしなるも、今度よりは万事私に御委任仰付けられたく、大事件は勿論《もちろん》奉伺すべきも、他は御任せを願ひたし」と要請し、天皇から「朕は何事も決して干渉するの意はなし、されど伺ひ出れば意見は申聞けん」との言明をえる（『明治聖上と臣高行』七五八—七五九頁)。こうして天皇は「委任君主」にもどる形になったのであるが、その後に伊藤が「万事御委任」で、自分と内閣の責任で政務を処理しえたのかというと、まったくそうはならなかった。伊藤の詔勅政策と非難されたように、第二次伊藤内閣の議会の乗り切り策は天皇の詔勅、裁定を頻発させ、それに依存して行われた。

すでに一八九一年一二月、第二議会の途中で伊藤は、議会解散の詔勅に「徒《いたずら》に激変紛争を逞し国家百年の長計を誤るか如きあらば朕が実に望む所にあらず」との文言をいれ、民党優位の議会非難の天皇の意向を表明させることで事態の打開を考えたことがあった(『伊藤博文伝』中巻 八〇一—八〇三頁)。これに対して井上毅、伊東巳代治が、「内閣政略と混淆《こんこう》」し、「王室を以て政略家の利用とする嫌」をきたすとして反対し、「解散は国務大臣の副署ある勅諭を以てす」との方法をとることが提示される(『伊藤博文関係文書』二 一六二頁)。内閣による議会との対決方針の採用を意味する議会解散は、副署によって内閣の責任を明示する方向をとるべきとして、この時は伊藤の詔勅政策は立ち消えとなったのである。

また一八九二年三月には、伊藤の枢密院議長辞職をとどめる天皇の「親書」が徳大寺を通じて伊藤に「授与」されたが、これは伊藤も関与した工作の結果であった。親書とは文末に天皇の署名のあるもので、徳大寺によれば「右予執筆　御名御親書」のものであった(「徳大寺実則日記」明治二五年三月一一日)。この「親書」が出された事情は、三月九日付伊藤博文宛井上馨書簡が物語っている。「夫より井上毅を尋ね密話之一条草按依頼仕《つかまつり》候処、同人も一先《ひとまず》安心之様子にて明朝下案を以一応老台御意見伺申す可く候。内密御指命願い奉り候。左候而明日は御伺いの為宮内省之参趨仕る可く候間、右様御含下され度候」(『伊藤博文関係文書』一　二四七頁)。井上馨が草案の執筆を井上毅に依頼し、井上毅が伊藤に文案をみせに行くことと、宮中に働きかけに行くことを連絡しているのである。「親書」の形とすることまで含まれていたのかどうかは判然としないが、井上馨が松方首相と相談の上で「密かに之れを奏請」(『紀』第八　三一頁)、その文面を伊藤は事前に了承していたのである。政党組織と枢密院議長辞職をいいだした伊藤は、天皇にも元勲にも反対され、松方首相には辞職をいいだされて、政党組織をひとまずあきらめるが、その翻意の名目となる「親書」の下賜に伊藤も深く関与していたのである。「親書」という形式をとったことから、この件では伊藤への非難も生じたが、とにかく伊藤が詔勅をわりに安易に利用しようとする傾向をもっていたことは明確である。

伊藤内閣の詔勅政策は次のように展開した。まず第四議会では、衆議院は軍艦建造費削除、官吏俸給・官庁経費の減額など予算案に対する大幅の減額修正を議決する。これに政府が不同意を表明したのに対し、衆議院は内閣弾劾上奏案を可決した。行きづまった伊藤内閣は、一八九三年二月一〇日にいわゆる「和協の詔勅」の発布をえることで、衆議院との妥協、予算は減額修正するが、中心争点とされていた軍艦建造費の議会承認を実現する。次の第五議会では、伊藤内閣と自由党の妥協提携が進むが、それに反発した改進党とかつての吏党国民協会などが条約改正問題をとりあげ、内地雑居反対・現行条約励行の対外硬六派を形成して内閣を攻撃する。まず農商務大臣の汚職疑惑問題で、内閣不信任を意味する「官紀振粛上奏案」の衆議院可決が起こる。すると内閣は、上奏の採否についての枢密院諮詢の手続きをとる。枢密院は衆議院の上奏手続きと態度を批判し、国務大臣の任免は一つに君主の信任によるとの事実上の上奏不採用の答申を出す。これをうけての天皇の勅語で問題を乗り切り、さらに条約励行建議案が提出されると議会解散の措置に出た。一八九四年五月からの第六臨時議会でも、衆議院での内閣不信任の上奏案可決に対して、上奏案不採用との天皇の「御沙汰」と議会解散によって対応する。

第四議会の和協の詔勅の政策的性格については、その立案者の井上毅の政治思想との関連で分析が行われており、井上はその「徳義」的政治観にもとづいて詔勅政策を考えていたことが明らかにされている。この詔勅は、たんに内閣と議会との「和協」を命ずるのみでなく、軍艦建造費補助のために宮廷費を省いて毎年三〇万円を六年間にわたり下付し、また文武官僚に同年月間その俸給の十分の一の献納を命ずることで、「君主の徳義」の実行とその「率先」を示したものであった。その点では「井上が念願した大政策は遂に漸くにしてここに実現を見ることになった」（坂井雄吉　一九八三　二七六頁）のであるが、井上の構想がそのまま実現したものではなかった。井上の詔勅政策はなにより「陛下の聖断に依り大詔ること、「聖断に由り、大号を発し、率先の意を示し、天下をして靡然《びぜん》として、聖意の在る所を知らしむ」（井上毅「国家宏運意見」『井上毅伝　史料篇』第二　五二二—五二五頁）ところにポイントがあったのであり、対立する内閣と議会の双方から超然として存在する天皇が、その意思を示して決定を下す君主親政の実行で、内閣と衆議院の衝突を終了させるはずのものであった。

これに対し伊藤博文の詔勅政策には、井上のような理念的性格は薄弱で、現実主義的、すなわち政略的性格が強く、君主親政はたてまえとして維持され、実質は輔弼にもとづいて行使されるものとされた。和協の詔勅は、内閣から「甲案　議院の上奏に対し勅答を賜ひ、更に政府と和協の議事を開かしめらる」か、

「乙案　直ちに解散を命せらる」かの聖断を請う形の上奏の手続きをとることで（『伊藤博文伝』中巻　八九八頁）、親政と輔弼の両条件が満たされる形をとっている。しかし「在廷の臣僚及帝国議会の各員に告ぐ」と頭書された詔勅が、国務各大臣の副署をもつものであったのは、考えてみれば整合性をもたない。「臣僚」の輔弼による〝詔勅〟で、臣僚および議会に命ずるのかという揚げ足とりの議論が可能な構造をもっていたのである。第五議会における官紀振粛上奏案に対しては、伊藤首相と後藤農商相が「謹《つつしん》で責を引き、仰で宸断を待つ」という進退伺いを提出し、その処置を枢密院に諮問する手続きをとっての、天皇の上奏却下により、天皇の直接親政を回避する措置がとられている。しかしこれも、枢密院議長に転じていた山県有朋が、「憲法の疑義　或《あるいは》法律の解釈の意見を異にする様の場合には、枢密顧問へ御諮詢も御相当と存候得共《ぞんじそうらえども》、箇様《かよう》のばつと致したる上奏書を議するは見込相立ち難く候」と不満を述べたように（『伊藤博文伝』中巻　九三三頁）、妥当性を疑われる措置であり、かつての井上毅の枢密院設置への批判、「其の権力をして内閣及議員の上に立たしむ」（『井上毅伝　史料篇』第二　一六頁）危険性を現実化させかねないものであった。伊藤の詔勅政策、天皇の裁定による処置は、こうした政治局面ごとの事態処理策という現実主義的なものであるが、第六議会における上奏不採用・議会解散では、官報に内閣の議会解散奏請文を告示する措置をとっている。すなわち初期議会の伊藤内閣の詔勅政策は、いずれも誰かの輔弼責任を示してのものであり、その点では伊藤は、自らの見解、天皇の政治的行動は輔弼をうけて行われる「委任君主」的なものたるべきで、政治的決定は君主の権威の下に内閣が行うという君主主義的内閣支配の統治の立場を一貫させていたと評価することはできる。しかしその結果、徳治的君主としての天皇の権威、統治権総攬者の裁定を、功利的に使用していることが、より明確に浮かび上がることになっていた。

このような詔勅や天皇の裁定に依存した統治は、伊藤の本来の意図・路線ではなかった。伊藤が理想とした路線は、緊張を強める東アジアの国際情勢を指摘し、大国化をめざす開化主義による富国強兵路線採用の必然性を訴え、議会を説得・統合し内閣に協力させていくことだった。第一議会で衆議院の予算削減要求に直面した山県総理大臣は、一八九一年二月一六日、ふたたび演説に立ち「国是」の観点から民党の削減要求に反駁したが、この演説の実施を強く要求したのは、伊藤や伊東巳代治であった。伊藤や伊東は、山県の対応を時機におくれたものと強く批判しながら、「列国と対峙」せんとする「国是」からすれば、軍備拡張と「制度整備」のための「国費の増加」の不可避性を訴えて、議会に対する政治的ヘゲモニーの確立を重視していたのである（『伊藤博文関係文書』二　四七一—四八一頁）。山県の演説で強調されていたのは、まず「維新の始」「詔勅を以て開国の主義」を定めて以来、政府は「開明の進歩を謀り武備を張り、文物を修め、旧来の陋習を破って、百般の制度を新に致し」てきたが、こうした開化主義が「国是」であることを明確にする点であった。そのうえで「宇内の大勢」から国権の伸長には、富国強兵の実現以外にはないとし、民党の政費削減要求を批判したのである（『衆議院議事速記録』二　七一六頁）。また後の第五議会では、条約励行論への反論演説に立った陸奥外相は、「開国の主義を以て国家の大計と定め」てきたのであり、「開化の域に進み富強の基随って立てば列国と駢馳《へんち》する難かるざ《ママ》るべし」というのが「国是」で、条約励行論は「維新以来の国是に反対する」「外人遮断主義」であると非難している（同前　七　二五三頁）。

大国化をめざしての開化主義の「国是」とその効力を主張して、議会に富国強兵路線への同調を求めるのが伊藤の基本路線であった。しかし、この富国強兵路線が民党の民力休養要求と正面から衝突し、初期議会期には政策的に議会を統合しえなかった点については、その政治過程についても経済的基礎条件についても、坂野潤治（一九七一）をはじめとする多くの研究があるので、ここではその点の説明は省略する。ただこの時点では、富国強兵路線の有効性・実効性が証明されていないことで、藩閥官僚勢力が政治的へゲモニーを掌握しきれないことが、天皇統治の在り方にとってもきわめて重要な問題であったことは強調されねばならない。民党勢力も多くは、「列国と対峙」という国家目標や大国主義は政府と共有していたから、富国強兵の必要性は否定できなかったが、次のような反撃は可能であった。第一議会の山県首相の国是演説への反論に立った衆議院議員杉田定一は、次のように述べている。まず「日本の内閣の方針国是」は「東洋政略」にどのような方針であるのか、日本に「蟄居《ちつきよ》」するのか、それとも東洋の「盟主」をめざすのか不明である。また国防計画では海岸の防禦、たとえば東京湾警備の砲台は、明治六二年にならないと竣工しないと聞く。「大臣曰く財源が……経費がないから行かぬと云ふかも知れぬが、併《しか》しながら陸軍の経費は維新以来二億二千万余も金が出てる」、それなのに「今日宇内列邦の間に国是を拡張し光栄を輝かすに肝腎なる国防上に疎《おろそ》かなるは如何なる次第である、此の如く明治六十二年迄に竣工すると云ふていたらくは如何次第であるか」（同前　二　七一七―七一八頁）。これは、当時の政府の方針が、条約改正によって国権＝独立を回復するという点は明確であっても、国際政治上で日本国家をどのような位置どりにするかは、当時の小国的力量から不明確にならざるをえず、すなわち外交的にも軍事的にも、〝一国自立〟の確保を重視するのか、東洋の覇権国をめざすのかは不明確にならざるをえない矛盾をついたものであった。

また、第二議会の樺山海相の「蛮勇演説」に対して杉田は、第三議会で次のように批判している。樺山海相は、海軍が外国に向かい国権を辱めず名誉を毀損されたことはない、今日まで艱難を切り抜けてきたのは薩長政府の力だというが、それでは反問する、「どれ程の海軍に功労があったか」。明治七年佐賀の役では「伊万里に於て三発の大砲を撃った」だけではないか、明治九年「山口の役では海軍で戦ふたことはない」、明治一〇年「西南の役、賊軍には一艘の軍艦もない」、「海軍が別に外国に向って戦を為し或は光栄を輝かいた《ママ》と云ふ様なことは見受けない」（同前　四　三〇〇—三〇一頁）。台湾出兵や江華島事件など、すでに侵略的な軍事行動は存在していたが、華々しい対外戦の勝利の経歴をもたない軍隊は、強い権威をもつには至っていなかった。

したがって、開化主義による富国強兵路線の推進には、君主主義的内閣支配の統治にあっても天皇の裁定に依存する事態が不可避となった。しかしこのことは、君主親政主義の潮流からも批判・反発を生むことになる。佐佐木高行は、すでに一八九三年一二月に「松方総理の方、精神ありたり」との伊藤への批判を聞いて、「成程《なるほど》、松方は困難の場合も、決して聖上へ対し奉りては、少しも御心配相掛けざる様にて、身に責を負ひ候得共、伊藤は兎角《とかく》御心配相掛候形之有り、甚だ以て遺憾なり」と書いていた（『明治聖上と臣高行』七九二頁）。松方への評価があたっているかはともかく、伊藤の天皇裁定の利用への不満は早くから現れていたのである。さらに第五、第六議会は、条約改正・現行条約励行を争点として、内地雑居に反対する対外硬派の国粋主義と条約改正を進める伊藤・陸奥の欧化主義との対抗となったから、枢密院や貴族院の君主親政主義の潮流からの批判は明確なものとして現れることになった。

まず伊藤内閣の第五議会対策、官紀振粛上奏の処置と議会解散に対し、貴族院議員三八名連名の忠告書が伊藤首相に送られ、また枢密顧問官の間から不満が生じてくる。一八九四年二月、枢密顧問官の福岡孝弟と佐佐木高行は、次のような談話を交わした。福岡が、諮詢されたのは「官紀振粛の事にて、何も開進云々迄奏すべきことにあらず、然るに伊東巳代治の草案にて、其辺に気付かず、実に失策」と述べるのに対し、佐佐木は「奏議を官報に掲載致《いたし》候事は意外の事」と応じ、福岡はさらに「内閣の為に議会解散の助けを致したる形《ママ》ちと相成、此の件は内閣の為に利用せられたり、甚だ以て心外の事」と述べた（同前八一〇頁）。枢密院の決議上奏をうけて出された勅語では、農商務大臣が部下を戒飭《かいちょく》すべしとするとともに、「開国進取の国是阻格《そかく》を致すが如きは朕の最も軫憂《しんゆう》に耐へさる所」との一文がいれられており（『紀』第八三五六頁）、二人して枢密院の諮詢奉答と勅語が、議会解散に利用されたと憤慨しているのである。この年の一月と四月、佐佐木は拝謁のたびに条約励行論にも道理はある、伊藤内閣の説のみに肩入れせぬように天皇に勧説している。佐佐木の本音は「今日の景況にては雑居も恐る可き処あり、去迚《さりとて》対等と申す時は、雑居を拒み候事は出来ず。一体、条約今暫く遷延の方然《しか》る可き歟と考候」（『明治聖上と臣高行』八〇七頁）との、内地雑居への危惧からの条約改正尚早論というところにあった。ただ枢密顧問官には、すでに一八九三年一一月に条約改正方針が諮られ、了承されていたから（『日本外交文書』第二六巻　九八頁）、積極的行動には出られなかったのである。

だが次の第六議会も、対外硬派と内閣の衝突、議会解散となると、国粋主義・天皇親政主義の潮流の不満は一段と高まらざるをえない。一八九四年六月五日に佐佐木を訪ねた貴族院議員安場保知は、次のように述べる。「成程解散は止むを得ざる事ならん、総てに今日の如く、内閣人望を失ひ候上は、此の儘《まま》にては、向来不穏場合相成る可く依て一方には解散を命じ、一方にては内閣を辞せしむべし、右様之無くては、恐れ乍《なが》ら遂に帝室を恨奉《うらみたてまつ》ると申す人情と相成候程も計り難く、痛心なり、衆議院の上奏案を御採用之無くと御退け等の事は、甚だ以て恐入る至りなり」（同前　八三〇頁）。衆議院の上奏を、採用せずとの宮内大臣の「口達」を通じての御沙汰によって退ける処置とあいまって、公平な徳治的君主としての天皇像と権威が、このままではそこなわれるとの危惧が天皇親政主義の潮流のなかに生じていた。六月一一日、佐佐木は侍従長徳大寺らに面会、安場の談話を伝えるとともに、内閣以外の諸勢力の意見・判断を天皇に伝えるルートの形成について相談しはじめる。事態が大隈条約改正や井上条約改正の際の騒ぎ程度にまで発展していく可能性ははらまれていたと考えられる。

## 日清戦争による矛盾の突破

以上の初期議会期の状況からすると次の三点の特徴が指摘できる。まず第一に、憲法制定後のこの時期に天皇の親政的権力行使はしばしばみられたし、また内閣と議会の対立状況の下では、輔弼責任を示してのものであれ、天皇の裁定という行為がなければ統治は完結しえなかった。その意味で天皇の個人的機能はきわめて大きく、したがってまたその行為は注目を集めざるをえなかったが、天皇の親政的権力行使は当然視されており、天皇の個人的意思への服従も当然とされていた。

第二に、そこにおける天皇の権威とは、公平な徳治的君主であることを前提とする統治権総攬者、国家意思の最終裁定者としての権威であって、神権的君主であるがゆえにその行為のすべてが「指斥言議の外に在る」といった、絶対的権威は共通了解にはなっていなかったことである。そうした事例をさらに一つつけ加えるなら、第四議会の和協の詔勅に対する衆議院の措置がある。詔勅にしたがうとしながら「詔勅を遵行するに付ては政府の意向を確かむるために特別委員」が必要として、委員選出を行った問題がある。その論理は詔勅が議会と内閣の両方にあわせて下されたものであるから、詔勅「遵行」のためには内閣と折衝を行う特別委員が必要だ、とするもので、神権的天皇観に立って即時恭順を主張する衆議院議員安部井磐根らの反対を押し切って選出された（『衆議院議事速記録』六　七七六―七七七頁）。徳治的君主として最終裁定者たる天皇の権威は共通了解であったが、神権的君主としての絶対的権威が共通了解になっているわけではなかった。

第三に、天皇の親政的権力行使が当然と認められてはいるが、それが完全な絶対的権威をもつものとしてあるわけではないという事態は、親政的権力行使をできるだけ限定すること、天皇の行為を輔弼の壁で防禦することを要請し、君主の権威に依拠しつつ内閣による寡頭制支配を統治の在り方の基本とすることになる。ところが「万国対峙」を目標とする開化主義政策路線を推進する内閣支配は、民党の民力休養・責任内閣論と矛盾したばかりでなく、天皇親政観念を中核とする保守的な国粋主義的潮流とも矛盾をきたしやすいものであった。富国強兵路線で議会を統合しきれない以上、裁定者としての天皇の権威への依存が不可避となるが、その政策路線が欧化主義としての色彩を示すと、天皇親政・国粋主義からの反発が生じるのである。条約改正問題がこの矛盾を最も健在化させやすい争点だったのであり、第五・第六議会の状況は、近代天皇制国家の統治構造の三極、開化主義に立ち寡頭制支配を維持しようとする内閣、国民意思の代表を自負する衆議院、天皇とその親政に存立根拠をもつ枢密院・貴族院の三者の分解可能性を示すものであった。

こうした矛盾と分解の危機状況を一挙に突破する契機となったのは、日清戦争の開始と戦勝であった。この矛盾の解消がどのようになされたかを述べる前に、日本の側における日清戦争開始への動因についてふれておこう。しばしば日清戦争は、絶対主義的天皇制の侵略性の産物として説明されてきた。この見解からすると、政治支配層のなかでも天皇親政主義で国粋主義の潮流が、最も侵略的傾向を強く示した政治集団であるべきだが、現実には欧化主義路線をとる政治集団の側こそがより侵略的であった。

まず軍事政策についてみると、一八八六年から一八八九年にいたる陸軍の内部抗争、一般には兵制におけるプロシア主義とフランス主義の対立と理解されてきた問題が注目される。この問題を大沢博明は、将来的国家構想における政策的対立を含むもの、東アジアにおける日本国家の位置どりの仕方の相違に根源をもつものとして位置づけなおした（大沢博明　一九八七）。それによれば、陸軍の主流派——人的にいえば山県有朋・大山巌・桂太郎ら——は、重点を自国の国土防禦にではなく、「東洋の形成《ママ》を制」する「他動の兵」の確立においていた。すなわち対外出兵用軍隊の整備に力点がおかれていたのであり、その構想は「欧州諸列国即ち第一等国」と同様の、権力外交を行う手段としての軍制整備を推進するものであった。大国主義の立場から外征戦争の軍隊整備がはかられていたのであり、それゆえ限られた財源の下では国土防禦は軽視され、先に杉田定一が批判の材料としていた、東京湾砲台の竣工は明治六二年になるというような状況も生じる。これに対し、三浦悟楼・谷干城・曽我祐準・鳥尾小弥太ら四将軍フランス派――彼らはこの陸軍内抗争での敗北後、貴族院における天皇親政・国粋主義派を形成する――は、西欧諸列強からの領土防衛を軍事政策の主眼と考え、全国的な防禦能力の強化のために「民兵制的護郷兵構想」を主張するという「防禦的国防観」をもっていた。国粋主義的立場から、当時の日本の小国的位置と西洋諸列強の脅威を強く意識すれば、こうしたいわば〝専守防衛〟的な軍事路線が生ずるのは、それほど不思議なことではない。重要なことは、こうした小国的立場の意識に根ざした防禦主義的な軍事路線の選択肢が否定され、欧州列強と同様の権力外交手段としての対外戦争用軍隊の整備のうえに、日清戦争があったと考えられることである。

軍事路線のみならず、欧化主義による条約改正という外交路線からも、清国に対する侵略的方針は生ずる必然性があった。欧化主義による条約改正路線は、陸奥外相演説に示されるように「我国の進歩、我国の開化が真に亜細亜洲中の特殊なる文明強力の国であると云ふ実証を外国に知らしむる」ことによって可能となるとするもので（『衆議院議事速記録』七　二五二頁）、国内法体制全般をヨーロッパ近代法型に転換することを前提に治外法権をまず撤廃させようとするものであった。こうした条約改正が実現した場合、日清修好条規で相互に領事裁判権を承認していた清国との関係をどうするのか、という問題が生ずるのは必然的であった。日本がヨーロッパ近代法型に転換しながら、清国は「万国公法」からすれば「半文明国」の伝統的法体制にとどまっている時、①日本もヨーロッパ諸列強と同様に清国に不平等条約を押しつけるか——これは平和的な外交交渉の結果としてはありえない、②欧米諸列強との関係では治外法権を解消させながら、清国との間でのみは治外法権の存在を認めるのか、③治外法権の撤廃を原則にすると、在清日本人を清国法＝「半文明国」の法にしたがわせることを認めるか、という三つの選択肢以外にはないのである。

この点は論理的帰結であるのみならず、当時すでに自覚されていたことであった。日清修好通商条約の改正交渉は、日清修好条規の期限満了をうけて、一八八六年に始められたが交渉は進まず、姑息の改正では欧米列国との条約改正交渉の妨げになるとの判断によって、一八八八年に大隈外相の手によって交渉中止とされていた。その大隈指導下の立憲改進党の鳩山和夫らは、第六議会でこの点に関する露骨な指摘である「帝国と外国との条約改正に関する質問書」を提出している。それは「清国とは欧米諸国と同一なる趣旨に基き条約を改正するの目的なるや　若し然りとせば帝国臣民をして清国の法律竝《ならび》に司法権に服従せしむるの趣旨なるや」「在清国帝国臣民をして清国の法律竝に司法権に服従せしむるを以て不可となすときは彼をして対等以下の条約を承諾せしむるに非れば我れ亦在帝国彼国臣民をして帝国の法律竝に司法権に服従せしむることを得さるへし　此場合には欧米諸国と対等条約の締結せられたる後と雖《いえ》とも政府は在帝国清国人のみを我法権以外に置くの意なるや」と問うたものであった（同前　七　八九—九〇頁）。明治政権にとって、三つの選択肢のなかから後二者を選択することは、国内的事情から不可能なことであり、第一の選択肢の不平等条約の押しつけも、戦争なしには不可能なものであった。そして欧米との条約改正の実現が、直接清国との開戦理由とできるものでもなかった。一八九四年七月一六日の日英通商航海条約の調印――条約改正の成功は、同時にこの難問の成立を意味したのであるが、日清両国の朝鮮出兵の状況下で、すでに六月下旬に伊藤内閣は開戦決意を固めていた。そして七月二五日の戦闘開始、宣戦布告と戦勝、日清講和条約における欧米列強なみの通商条約の獲得によって、難問は浮かび上がることなく解消されたのである。

日清戦争は、国民意識とそれに規定された議会世論を大きく変容させた。条約励行論として欧米に向けられていた対外硬論は、日清両国の出兵とともに、対清強硬論・開戦論へと変化した。そして福沢諭吉の「日清の戦争は文野の戦争なり」（『福沢諭吉全集』第一四巻　四九一頁）に典型的に現れた、文明の進歩を代表する日本とそれを妨害する清国という戦争正当化の論調と、戦勝の事実は、開化主義に立つ富国強兵路線を確立させることになった。これが初期議会期の矛盾の解消の第一の点である。この点での内閣と議会の基本的対立は消滅し、日清戦争後の三国干渉を契機に、より規模を拡大した富国強兵路線の軌道がしかれていくことは、第九議会での軍備拡張・産業育成計画を含む予算成立で示されることになる。第二に、日清戦争の戦勝は、戦争を指導した君主として、明治天皇の個人的権威を絶大なものに高め、それを前提として神聖な君主という神権的天皇観をも一般的に成立させることになる。明治天皇は広島に大本営をすすめ、戦時中はそこに起居することで、全軍を統帥する大元帥、万機を親裁する君主としてのイメージを国民のなかに確立する。そのことを前提に神権的天皇観も議会世論の共通了解となる。戦中の第八議会で全会一致で可決された聖徳奉頌上奏案は、「難苦を士卒に同くし以て軍国の機務を親裁」する天皇のもと、「列聖の威霊　陛下の神武に頼り民心内に奮ひ兵気外に震ふ」（『衆議院議事速記録』九　八九七頁）とうたって、神権的天皇がナショナル・シンボルとなったことを明快に示していた。第三に、この戦争を通じて軍隊の権威が国民のなかで確立した。議会でも、初期議会ではあれほど手厳しい批判をあびていた軍隊が、第七議会、第八議会と「国民を代表し遠征軍隊の功労を感謝」する全会一致の決議をうけるのである。

## 3　日清戦争後における天皇の親政

### 権力構造の変容

日清戦争で生じた変動を定着させる形で、日清戦後には権力構造の編成に大きな変容が生じた。第一は、日清戦争以前、天皇親政・反欧化主義・宮廷派の拠点としての性格をもっていた枢密院が、そうした独自性を失い全体的に機能を弱め形式化していく。設立当初の枢密院は、枢密顧問官一六人中、宮中顧問官が半分の八名をしめ、その他に宮内大臣の土方久元、宮内次官の吉井友実、元老院副議長とはいえ宮中派の東久世通禧《みちとみ》、元老院議官で四将軍フランス派の一人鳥尾小弥太、さらに在野ながら宮廷派に近い勝海舟が任命されるという構成になっていた（坂本一登　一九九一　二五〇頁）。ところが一八九一年には宮廷派の元田、吉井があいついで死去し、明治政権初期の指導者から棚上げされた他の宮中顧問官兼枢密院顧問官も高齢化して、独自の勢力としての意味が薄れてくる。

枢密院の機能の形式化について、増田知子（一九八五）は、その進行を指摘し一九〇四年には東久世枢密院副議長以下一五名の顧問官が、日韓議定書調印の事前諮詢が行われなかったことに抗議の上奏をするという事件まで生じたことを指摘した。こうした傾向は、日清戦争後かなり早期から形成されたとみられる。三国干渉への対応である遼東半島還付条約は、調印前の諮詢どころか「外交政略上急施を要するに付御名後御諮詢」、すなわち批准後の一八九五年一一月二一日に枢密院諮詢という手続きがとられた。もっともこの時は、「後例たるべからす《ママ》候間黒田議長より各顧問官へ通報相成る可く御沙汰を奉し通牒せり」という措置がとられている（「徳大寺実則日記」明治二八年一一月二一日）。一九〇二年の日英同盟協約の締結は、一月三〇日の調印の後、二月一二日になって枢密顧問官を召集し、天皇出席の下で首相・外相に協約の内容および締結経過を報告させるという措置がとられた（『紀』第一〇　一九九頁）。協約は、攻守同盟という性格から批准を必要としないと申し合わされており、調印と同時に発効したが、この時、枢密院への調印事前諮詢の措置はとられなかったのである。一九〇一年一一月二九日に、前日に閣議で内決してきた日英同盟協約案の上奏に対し、天皇が命じたのは、「更に元老と審議し、特に外遊中の侯爵伊藤博文の意をも徴せんこと」であって、枢密院への事前諮詢ではなかった（同前　第一〇　一四八―一四九頁）。

明治天皇自身が、日清戦争後になると枢密院をあまり重視しなくなっていたと思われる。天皇は、一八九四年八月の日英通商航海条約審議の枢密院会議に出席したあと、一八九九年三月まで約四年半にわたり枢密院会議に出席していない。この年の三月二五日に、山県首相が天皇はもっと政務に勉励し、「枢密院会議には必ず臨御」するよう上奏して、出席するようになったのである（同前　第九　六一七頁）。しかし『明治天皇紀』の記述にしたがえば、一九〇一年四月の枢密院会議に出席したのを最後に、一九〇二年七月の枢密院会議へのただ一回の出席を例外として、一九〇五年九月の第二回日英同盟協約が報告された枢密院会議まで、また約四年半出席しなくなる。

こうした枢密院の独自機能の弱化、形式化に対応する事態が、天皇の実質的な最高顧問機関の位置を元老集団がしめていくことであり、これが日清戦後の権力構造の変容の第二である。元老は、一八八九年の黒田内閣崩壊の直後、黒田、伊藤に対しその政治生命を救うために「元勲優遇」の詔書が出されたこと、さらに一八九一年、首相辞職後の山県にも「元勲優遇」の詔書が与えられたことを成立の契機としているが、詔書授与が元老の条件であったわけではない。一八九二年の伊藤の「元勲」総出動の内閣組織論にみられるように薩長出身の有力指導者が、まず「元勲」とみなされ、一八九六年第二次松方内閣組閣の時に、後継首相推薦が元老の会議で行われ、首相推薦集団としての元老が慣習的に成立してきたものであった（伊藤之雄　一九七七）。初期議会と日清戦争を経過して、侍補からの系譜につながる宮廷派が事実上消滅し、天皇の側からいえば薩長有力指導者＝元老が側近集団として位置づけられることになったのであり、薩長有力指導者の側からいえば、「有司」＝元老のなかの天皇という位置がようやく明確に成立することになったのである。日清戦争後の国家の最高意思決定は、天皇・元老集団によって行われる形になった。

日清戦後の権力構造の変容の第三点は、第九議会直前の、自由党と伊藤内閣との提携宣言、議会後の板垣退助の入閣という事態を契機に、官僚・政党提携体制が成立したことにある。この提携体制の成立は、藩閥官僚、政党勢力、それぞれの内部での対立も絡みあった複雑な経過をたどることになる。しかし、議会・予算問題の処理は、なんらかの官僚・政党間の提携で行われ、それが伊藤博文を総裁とする立憲政友会の結成と、それに対抗し政党内閣を拒否する官僚集団としての山県閥の形成に帰結することについては、坂野潤治（一九七一）をはじめとする多くの研究を参照してもらうことにしよう。ただこのことが統治の在り方に与えた影響として二点のみふれておきたい。一つは、このことによって天皇の裁定機能は、日清戦争前と同様に働いていたにもかかわらず、眼につきにくいものになったことである。提携体制の成立により、議会と内閣の正面衝突は少なくなり、初期議会期のように天皇が内閣弾劾上奏の採否を示して、国家意思決定に決着をつけねばならない事態は避けられるようになった。天皇の裁定機能は、主として元老間の衝突の場で現れるようになり、その調整は重要な役割をはたしていたにもかかわらず、いわば「密室」での眼につきにくいものとなっていったのである。もう一つの点は、官僚・政党提携体制の成立が、議会の権力の強化を必ずしも意味しなかったことである。初期議会期の統治の在り方が、君主主義的官僚支配と君主親政主義との提携・結合のなかにあったとするなら、官僚・政党提携体制の成立は、君主主義的官僚支配と議会主義内閣制との提携対抗のなかに統治の在り方を移すことを意味したはずである。そうした側面が皆無であったとまではいえないが、官僚・政党提携体制の成立は、政党が利益政治のなかに埋没し、天皇の絶対的権威をうけいれて、議会主義内閣制への志向を弱めるという変質の上に成立したものであった。この点についても多くの研究があるが、衆議院の議論が天皇の絶対的権威を前提とするものに変質していた点は、日清戦後における権力構造の変容の第四の点として、やや詳しくみておこう。

神勅によって統治権を与えられた神権的天皇像を明治憲法体制の基礎として明確にするべく、国家神道体制を確立しようとする動向は、一八九〇年に枢密顧問官佐佐木高行らの神祇院設置の建議や、神職者の建白運動として展開されはじめる。初期議会にも、第四議会から神祇官設置上奏案が提出されつづけるが、それらは議事にものぼらないという取り扱いをうけ、ようやく日清戦争中の第八議会に、神祇官復興の建議案が議事にかかるが、賛成五九、反対六七で否決されてしまう。この時までこうした動向は衆議院の多数の同意を得られるものではなかったのである。

しかし、ほぼ同文の建議案が次の第九議会にも提出され、賛成多数で成立する。こうした結果の相違をもたらしたものは、「神道＝国家の祭祀」論の強調にあった。第八議会では、建議案反対者から、宮中に属する機関の設置ということなら議会の論ずべき問題でないと批判され、また、神を拝むことは「政治の部内に属するや否や」を考えよと批判されて、提案者の側が決して「祭政一致の政をすると云ふのではない」と弁解にまわっていた（『衆議院議事速記録』八　三七六―三七九頁）。政治と宗教の分離論が常識とされていたのである。ところが第九議会では、神道は国家の祭祀であって宗教ではない、という論理を押しだし建議案反対者を激しく攻撃する。反対者は「政教の一致」をめざすものといって批判するが、現在「政治の中に神宮費を置」いている、「祭政一致と云ふことは、今日が即ち祭政一致」で「君が宗教一致と曲弁して、神祇官を以て宗教――外国の汚らはしき宗教と同様にせらるゝことは、日本の国体に関して恥《はず》かしき話である」（同前　一一　四七八頁）と攻撃し、建議は成立した。神道を「国家の祭祀」「国体」の表現とすることで、国家神道体制の確立へ議会の同意形成の道は切り開かれた。一九〇〇年に、官国幣社保存金使用区分の改正と、内務省社寺局の神社局と宗教局への分離がなされ、伊勢神宮を頂点として編成された神社体系は宗教から分離され、国家神道体制が確立しはじめる（中島三千男　一九七七）。神権的天皇観を政治的にささえる国家神道体制は、日清戦争後に「神道＝国家の祭祀」論が議会の共通了解となることで成立するのである。

　こうしたことは、天皇の絶対的権威を議会が受容したことと並行していた。この点を端的に示す事例が、第一五議会貴族院への詔勅問題に対する衆議院での議論である。第一五議会の焦点は、北清事変の出兵経費などをまかなうために、酒造税などを引き上げる増税法案の成立にあった。政友会総裁に就任し、第四次の内閣を組織してこの議会にのぞんだ伊藤博文は、過半数を握る衆議院ではほぼ原案どおりに法案を可決させた。ところが伊藤を総裁とする「政党内閣」の成立に反発する貴族院は、増税案に反対し元老の調停でも妥協が成立せず、ついに勅語をもって貴族院を屈服させる方法がとられた。一九〇一年三月一二日、貴族院議長近衛篤麿がよばれ、天皇より「朕か趣旨の在る所を此書付を以て示すに依り議員一同に示し速かに議了することに尽力すべし」（「徳大寺実則日記」明治三四年三月一二日）との御沙汰とともに、勅語を記した一紙を授けられたのである。勅語は「必要の軍費を支弁」することが「国家の急務」とし、「朕が意を以てし而して政府に命して提出せしめたる増税諸法案は既に衆議院の議決を経たり」と述べ、「朕は貴族院各員の忠誠なる必す朕か日夕の憂を分つへきを信し速に廟謨《ぼ》を翼賛」することを「望む」ものであった。

　この勅語は、貴族院議員各員に対するものである点からも、増税諸法案の可決を「望む」内容からしても、明確に「国務に関する詔勅」に他ならなかったが、御名御璽《ぎょめいぎょじ》を欠き国務大臣の副署もない「書付」であった。後にみるように日清戦後になっても、四大節の宴会の勅語など一般的な勅語の他に、天皇の政治的意思を伝える文章化された「勅語」「御沙汰書」は何度か出されており、それはこうした形式のものであった。ただし、この勅語は貴族院議員に向けたものというその政治的位置からも、また徳大寺実則日記には「宮相、首相の内意を承《うけ》奉請す」と書かれており、伊藤が「密かに案を具し」（『紀』第一〇　二九頁）たという作成経過からいっても、当然副署のある詔勅であるべきであった。近衛が伊藤に、内閣閣僚全員の承知した勅語であるのかを問う、事実上の問責の書簡を送ったのも当然であった。伊藤は、天皇が「軫念」し「勅語を下し」たとの経過説明と、天皇の政治上の言行についてはすべて首相がその責に任ずとの回答で、批判を回避する（『近衛篤麿日記』第四巻　九二—九九頁）。

こうした経過により、貴族院では「勅語」が捧読され、奉答書が決議され、そして増税法案は全部可決された。衆議院では憲法第五五条の規定からみて、ありうべからざる詔勅が出されたことへの内閣の責任を問う不信任決議案が提出される。衆議院の勢力配置からしてこの決議案が政友会により否決されたことに不思議はないが、注目すべきはその討論の展開であった。反論に立った政友会の星亨は、天皇の「大権の中に於て憲法は成立」しているのだから、「憲法を以て陛下の口を噤《つぐ》み陛下が為さるゝことを妨たげたものではない」と主張した。同じく大岡育造は、この決議案は「天皇虚権の説を信ずる人」、あるいはそれに類する説をもつ人でなければ提出できないと攻撃する。星や大岡がこれらの見解を本当に信じていたかは問題ではない。重要なことは、天皇大権主義ともいうべきこれらの見解による反撃によって、決議案提出側が「本員等は大権の御発動に寸毫《すんごう》の言議を試みるものではない」と弁明にまわってしまっている事実である（『衆議院議事速記録』一七　二四六—二五一頁）。この討論の展開のありように、「憲法の条規」にしたがって統治権を行使すべき制限君主としての天皇の性格は無視され、絶対的権威としての天皇が議会の共通了解になっていることがよく示されていた。

## 天皇の親政と政党内閣

その措置の妥当性が問題となったことから、存在がよく知られている一九〇一年三月の貴族院議員に対する勅語の他に、日清戦後にもしばしば「勅語」「御沙汰書」は出されていた。それらで、政治的意義をもつことが明確で、かつ文章化されたことが『明治天皇紀』から確認できるものを、表としてまとめてみた。これらからわかるように、儀礼的なものでなく政治的意味をもち、国務大臣の副署のない「勅語」書は、「御沙汰書」よりも多く日清戦後になって出されたのである。こうした文書になった意思表示以外に、天皇の「御沙汰」は侍従長などを通じて、あるいは直接拝謁の際に申し渡されるという形で、元老や国務大臣などに伝達されていた。明治立憲制の運営は、こうした公式・非公式の天皇の親政を含みこむ形で成り立っていた。

もっとも、日清戦後になると天皇と元老は一体をなして、寡頭制支配の頂点集団として国家意思決定にあたるようになっていたから、こうした「勅語」「御沙汰書」「御沙汰」が出されるのは、元老・首相・国務大臣の誰かの奏請をうけて、というのが一般的な形であったと考えられる。だが、それは天皇の個人的意思であることにより、政治指導者間の対立に決着をつけ事態を打開する切り札として使用されるのである。その際、天皇は元老間の意見対立をも把握し、自らの判断で意見の取捨選択を行い、主要には人事の任免を通じその調整者、最終裁定者として行動していた。その点は、一九〇三年に最も信任の厚かった伊藤博文本人の意向に反して、枢密院議長への就任、したがって政友会総裁の辞任を命じた「勅語」の事例

日清戦後における明治天皇の「御沙汰書」「勅語」

| 年　月　日 | 内　　容 | 『明治天皇紀』巻・頁 |
|---|---|---|
| 1895年11月21日 | 伊藤博文の総理大臣辞職の「内願」を不許可との「御沙汰書」(伊藤内閣の自由党との提携方針に対する藩閥勢力からの反発の処理) | 第8　p. 939 |
| 1900年6月15日 | 山県有朋総理大臣の辞意に対し、北清事変の発生により当面留任を望むとの「勅」文(山県のあとの内閣組織を伊藤博文・松方正義とも辞退のための処理) | 第9　p. 823-824 |
| 1900年9月11日 | 台湾総督児玉源太郎の辞意に対し、山県首相の奏請をうけ、留任を望むとの「勅語」(廈門出兵中止による児玉の不満を処理) | 第9　p. 889 |
| 1900年9月14日 | 伊藤博文、政友会総裁に就任のため、帝室制度調査局総裁など宮廷官職の辞職を許可し、なお「啓沃」につくすことを望む「勅語」(翌日政友会発会、世人はこれを勅許政党とよぶ) | 第9　p. 890-891 |
| 1900年10月19日 | 第4次伊藤内閣の親任式後、各国務大臣に「協力一致」して任を担うようとの「御沙汰」 | 第9　p. 909 |
| 1901年3月12日 | 貴族院議長近衛篤麿をよび、貴族院各員に増税法案の可決を望むとの「勅語」 | 第10　p. 29-30 |
| 1903年7月8日 | 伊藤博文に対し、「枢府の重職」への就任を望む「勅語」(桂内閣の辞意撤回のため、伊藤に政友会総裁を辞任させる。伊藤は山県有朋、松方正義も枢密院に入ることを条件として承諾) | 第10　p. 469 |
| 1904年1月25日 | 松方正義、井上馨、大蔵大臣曽根荒助に対し、松方・井上が大蔵大臣を援助することを命じる「御沙汰書」(ただし、文体からいえば勅語) | 第10　p. 587 |
| 1906年1月14日 | 寺内正毅陸相・大山巌参謀総長に対し、文官である伊藤博文韓国統監に韓国守備軍の使用権付与に関しての「勅語」(陸軍省・参謀本部内の不満を抑えるため寺内・大山・桂首相の協議による) | 第11　p. 460 |
| 1908年1月14日 | 西園寺公望首相の辞職を不許可との「勅語」、および各大臣の辞表に対しては、蔵相・逓相以外の留任を望むとの「勅旨」(明治41年度予算案について、蔵相・逓相と元老の井上・松方との衝突による内閣辞表提出の処理) | 第12　p. 6-7 |

にもうかがわれるが、こうした天皇の、元老への依存と自立の微妙な関係を、最初の政党内閣であった第一次大隈内閣（隈板内閣）への天皇の対応からみておこう。

日清戦後、一八九五年には第二次伊藤内閣と板垣退助を指導者とする自由党との、一八九六年には第二次松方内閣と大隈重信を指導者とする進歩党との提携が成立する。一八九八年に成立した第三次伊藤内閣は、進歩党・自由党と提携した挙国一致内閣の実現をめざしたがそれに失敗し、超然内閣たらざるえなくなった。のみならず、進歩党と自由党とが連合、第一二議会では、賛成二七に対し反対二四七の圧倒的多数で政府提出の地租増徴案を否決、議会解散となるが、さらに六月二二日には憲政党が組織される。伊藤はこの民党連合に対抗する政党の組織をはかるが、政党内閣を否定する山県系勢力の反対もあって失敗する。六月二四日、天皇の出席した元老会議で、伊藤と山県の対立が爆発した。伊藤が、憲政党の出現の上は政府も一大政党を組織する以外に「議会政治の運用を期するの道」はない、首相を辞職しても政党組織にあたると主張したのに対し、山県は首相はもちろん元老が政党を主宰することも非とし、政党内閣は欽定憲法の精神に悖《もと》ると反論した。怒った伊藤は、山県とは「憲政に関する根本観念を異にす」と宣言、後継内閣については「議会に大多数の議員を有する新党の領袖大隈重信・板垣退助に組閣の御沙汰あらんことを奏請する」と提案した。他の元老は伊藤の提案に反対したが、それでは後継内閣を引き受けるかと逆襲されると、山県を含め誰も引き受ける者はいなかった（『伊藤博文伝』下巻　三七七―三八〇頁）。

この伊藤の提案どおりに隈板内閣が成立するのには、瓢箪から駒とでもいえるような経過が存在した。退出しようとした伊藤をひきとめた天皇は、大隈・板垣を閣僚としていれた伊藤内閣を組織すべしと申し渡したが、伊藤は自分が板垣と大隈に折衝すると答え、それをたんに入閣交渉を行うとの意味にとった天皇が勅許を与えてしまい、伊藤が大隈・板垣に組閣を要請することになったのである。この点の経過は、隈板内閣期前後の政治過程を詳細に追究した増田知子（一九八七）によって明らかにされている。さらに六月二六日付伊藤博文宛の井上馨書簡は、伊藤からの手紙を井上が拝謁中に開封し天皇に向かって一読したところ「非常御煩悶御顔色も変し何分今夕刻迄隈板会合丈《だけ》見合呉《くれ》候様尽力せよとの御内命」をうけたと伝えている（『伊藤博文関係文書』一　二七九頁）。天皇は隈板内閣の成立を意図していなかったのであり、山県への組閣命令も考えられたが、もはややむなしとの判断で、第一次大隈内閣（隈板内閣）が成立したのである。

兵庫県に行っていたため、この元老会議に参加していなかった松方正義に対し、天皇は隈板内閣親任式の前日、「初め山縣に命ずるに内閣組織を以てしたるも、卿不在の故を以て辞して受けず、然るに伊藤の奏請頻《しき》りなるを以て、遂に大隈・板垣に内閣組織を命じたり、元老も此に至りては思ひの外無力なり」と語り、「頗る憂色あらせらるゝものの如し」との様子を示している（『紀』第九　四六〇頁）。隈板内閣の成立は、天皇にとってはきわめて不本意なものであったこと、しかし誰も伊藤内閣のあと、憲政党に対抗して内閣を担おうとはしない〝元老の無力〟を痛感していたことがうかがわれる。さらに内閣成立後二週間ほどたった七月一四日には、佐佐木高行に内閣組織の事情と現状を次のように語った（同前　四七四頁）。まず「今次の内閣の大変革」は「其の勢全く抗し難かりき」と評価する。民党連合で地租増徴案を大差で否決し、議会で圧倒的多数をしめる憲政党の成立という経過、それによる伊藤内閣総辞職という事態を、

天皇は〝抗し難い〟ものと捉え、議会の多数党の力を大きな勢力として評価しているのである。しかし隈板内閣の現状については、「憲政党は二人の指揮にて動き、大臣等の人選は二人にて為し得るものと信じたるに、決して然らずして、二人の党に対する勢力絶無と云ふべく、其の意少しも行はれず」との厳しい評価が示される。ようやく政権を獲得し、党内の進歩派と自由派が対立・競合して猟官熱に煽られている憲政党の状況、それを制御できない大隈・板垣は指導力に欠けているとして痛烈に批判されている。そして結論として、「朕最初大隈・板垣に委任すれば、相応に庶務を整理し、国政を遂行し得べしと思ひしは、全くの謬なりき」と述べる。天皇は不本意ながらも、大隈・板垣への組閣命令を行った時点では、国政遂行を「委任」したものと考えていた。だが彼らは指導者としては落第であり、国政を〝委任〟しえないとの結論を天皇は早期に下していたのである。

この「委任」しえないとの天皇の判断は、尾崎行雄文相の罷免問題において最も端的に現れることになる。隈板内閣組閣の際、文相にあげられた尾崎の、第二次松方内閣での外務省勅任参事官からの懲戒免職処分という経歴上の問題点を指摘して以来（増田知子　一九八七　八九〇頁）、天皇は文部行政に懸念をもっていたと思われる。先の佐佐木高行への談話でもこうした言及が行われていた。尾崎文相の「共和演説」問題が発生してすぐに、徳大寺侍従長は文相に演説草案の提出を求めている。そして板垣内相の文相弾劾上奏の翌日には、「尾崎文相は不《ママ》親任なり、速に処分すべし」と「岩倉幹事を以首相へ御内沙汰」が行われる（「徳大寺実則日記」明治三一年一〇月二二日）。「御内沙汰」を伝達した侍従職幹事岩倉具定の、政党内閣なる理由で大隈首相が抵抗するかとの懸念に反し、首相はただちに命に服し（『紀』第九　五一四頁）、尾崎文相は更迭された。

この尾崎文相罷免問題について、佐々木隆（一九九三）は天皇の行動を、板垣内相の劾奏という「内閣側からの働きかけがあるまで能動的行動は慎重に手控えていた」ものと評価している。しかし板垣が大隈とともに組閣を命ぜられた者であったとはいえ、これは内相という一閣僚からの上奏である。「機務奏宣」と行政各部の統一の権限をもつ首相からの上奏なしに、天皇が「御内沙汰」で罷免を指示するのは、非公式の形をとってはいるが能動的な親政権力の行使以外のなにものでもなかろう。そもそも隈板内閣の組閣にあたり、天皇は「陸海軍の両省は考ふる筋も之あるに付組織外とすべし」と申し渡し、また陸海軍両大臣にも「陛下より陸海二省は内閣組織外に付此旨心得る可く仰渡」していた（「徳大寺実則日記」明治三一年六月二七日、六月三〇日）。これは山県からの上奏があったとはいえ、陸海軍大臣は内閣組織外の別格として取り扱い、天皇の直接的任免＝監督下に置くもので、首相の行政各部統一の権限を弱体化する方向に道を開くものであった。また隈板内閣による改革として最も注目された官制と文官任用令の改正――藩閥官僚の既得権の削減につながりかねない改革――について、天皇はたびたびその綱要を首相に問い、改革案の報告後も一か月余にわたって検討を加え、けっきょく微温的な改革にとどめる結果となっている（増田知子　一九八七　八九八―八九九頁）。軍部大臣を直接自らの監督下においた他、こうした重要な改革に対しても裁可せずに直接の検討を加えていたのであり、そして大臣罷免を指示するなど、「委任」しえない内閣と判断した隈板内閣に対して天皇は、直接監督者として介入したのである。

尾崎文相の罷免後、その後任人事をめぐり憲政党の進歩派と自由派の対立は激化し、憲政党分裂、板垣内相ら自由派三閣僚の辞表提出という事態にいたり、隈板内閣は崩壊しはじめるが、この過程で、天皇と元老の相互関係を象徴する事態が現れる。

天皇は、桂の上奏をうけてひとまず板垣に内相留任を勧告させるとともに、一〇月三〇日に元老に善後処置を諮問する。それは四つの案を提示し、意見を問うたものであった。第一案は、板垣が留任した場合で「当初組織の内閣に回復するものなれば貴族院の所為に任す可きや如何」というもの。第二案は板垣内相免職の後、「純然進歩派而已《のみ》を以て内閣を組織」する場合で、これは「当初の組織に全く全《ママ》すものにして、百般の事憚《はばか》る所なく行政権を濫用し謂う可からざるの弊害を生するに至るも計る可らす　然れとも尚貴族院に一任して継続せしむ可きや如何」という。第三案は、「自由派三大臣の後任には悉《ことごと》く進歩派以外のものを以て新に入閣せしめ混合内閣となすべきや如何」というもの。第四案は、第二案・第三案とも不可とすれば「新たに内閣を組織するの外なし其意見」というものであった（「徳大寺実則日記」明治三一年一〇月三一日）。

この諮問は隈板内閣への天皇のスタンスを暗黙のうちに語っていて興味深い。天皇が隈板内閣を早くから見限っていたことは前述のとおりであるが、それが組閣命令どおりの隈板連合内閣である間は自ら不信任を申し渡す意思はなく、倒閣は貴族院の手に委ねる意図であったことが、第一案からうかがわれる。また、隈板内閣は進歩派・自由派の連立であることに大命降下の条件があるとみなしており、進歩派のみの〝党派内閣〟は行政権濫用をまねくとして不可と考えていたことも、第二案・第三案からうかがわれる。ところがこの諮問の出された翌日の三一日に、大隈首相以下全閣僚が辞表を提出したため、この諮問は意味を失った。

三一日に天皇は、在京の元老、黒田清隆・大山巌・松方正義に善後処置を諮問し、黒田らは大隈内閣の辞表の聴許と山県への内閣組織の任命を奉答した（『紀』第九　五三一―五三二頁）。ところが天皇は、そのとおりに動かない。一一月二日に元老の黒田、松方、山県、大山、西郷に再度、内閣組織の方法を諮問する。それは次のようなものであった。

壹　超然主義の内閣を組織し陰に議員を操縦すること是迄の如するや

二　大隈板垣両伯を以《もつて》内閣を組織し議会無事通過を計りしに豈《あに》計ん二伯議不協　終に辞職と相成に付今後自由進歩両党に依らず超然内閣を作るか如何

三　元勲を以内閣を作るも現今の事態政党に依らずして議会を通過するは頗る難事なり　依之《これにより》大勢力を有する政党中より数名元勲にて選び挙げ連合内閣を作らば議会を円滑に通過するを得べきか猶慎重に討議すべし（「徳大寺実則日記」明治三一年一一月四日）。

これに対し山県・黒田らは、議会との和協の道を講ずることは必要だが、「是等は施政の大綱に属し主として輔弼の重職に任せらるべき首相の献替に由るべきもの」で、「三十一日奏上仕置候通り先つ内閣の組織を御委任遊はさるへき人物を御選在らせらる可き事相当の順序」との奉答書を出す（『紀』第九　五三五頁）。首相の選任が先決で、対議会策は首相に委任すべしというのである。天皇はさらに黒田、松方が清国旅行中の伊藤博文に帰国後、今回の事情を了解させることを約束させて後、山県有朋への組閣を命ずる。

この天皇の行動の意味について佐々木隆（一九九三）は「元老と主要政党代表の連合政権、即ち全党参加型の超然主義」を天皇が望んでいたことを示すと評価している。「全党参加型」とまでこの史料で規定できるかも疑問だが、なにより諮問と奉答の君主論的意味についてはもう少し考察が必要である。諮問の「壹」も「二」もけっきょく、政党と提携しない超然主義で政権を担いうるのかという問いかけである。そして「三」で元老と「大勢力を有する政党」の代表者との「連合内閣」が提案されているのであるが、重要な点は、こうした政治方針を検討・提示する天皇は「能動者にして親ら政略を指揮する」君主に他ならないことである。明治天皇は、憲政党を前にして政権を引き受けようとしなかった〝元老の無力〟に対し、政略を提示し、方針を問うているのである。ところが政党内閣を敵視して隈板内閣倒閣を期したこれら元老たちは、「大隈伯をして継続せしむべしとの論鋒」になりかねないと危惧された伊藤博文の帰国前に山県に組閣命令が下ることを期待して（『桂太郎自伝』一九七―一九八頁）、まず「内閣の組織を御委任遊はさるへき人物」の選定を要求した。元老たちは同時に、天皇が政略を首相に委ねる「委任君主」であることも要求しているのである。そして天皇は、黒田・松方が新内閣の組閣事情を伊藤に了解させること、元老間の対立を自分たちで調整することを条件に、元老の奉答をうけいれ、山県に組閣を命ずるとともに「委任君主」に立ち戻るのである。

以上の隈板内閣――政党領袖を内閣組織の担当者とした内閣――の成立と崩壊をめぐる経過は次のことを示している。大隈・板垣による内閣を主張した伊藤も、帝国憲法は「大臣は天皇に対して輔弼の責に任ずること」を規定しているから、天皇は衆議院の多数派指導者を任命することも少数派指導者を任命することもある、「明に衆議院の多数を有するものと制限したる英国の如きとは、自ら其撰を異にすとの憲法論を試みられ、大隈伯亦然りと為して首肯した」のであるから（『伊藤博文伝』下巻　三八九頁）、議会の多数であることを内閣組織の正当性の根拠とする議会主義政党内閣の成立が問題になったのではない。対立点は、政党の首領が「不偏不党」たりえないがゆえに天皇に対し責任を負えず、「民主政治に堕する」ので政党領袖による内閣＝政党内閣は不可とする山県と、それを可とする伊藤との間にあった。天皇は、政党の党派性や改革政策にはきわめて警戒的・否定的であったが、ひとたび組閣させた後は、政党領袖であるがゆえに信任せずとの態度は示さなかった。しかし万機を「委任」しえないと判断したこの内閣に対しては、統治権総攬者として直接監督を加える態度でのぞみ、親政的権力行使を辞さなかったのである。のみならず、憲政党の成立で政権を担うことを辞退した元老に対しては、政略を提示する積極性も示す。だが憲政党の分裂をみて、政権の奪還の自信を回復し、「委任」を要請する元老の奉答をうけると、「委任君主」という基本的在り方へ回帰するのである。

## 明治天皇の君主意識

明治天皇が、主権者君主としての強烈な自己意識をもっていたことは、多くの事例からうかがわれるが、一八八八年五月の、憲法審議のための枢密院開院式勅語をめぐるエピソードは、主権者君主としての個人意識と制度化された君主としての葛藤を示すものとして興味深い。それは、開院式の前日になって伊藤博文が勅語案を起草し、宮内大臣を通じて上奏したことに、天皇が激怒したという事件である（『紀』第七　六一―六二頁）。天皇は「勅語を下賜するは事極めて重大なり、博文何故を以て予め自ら之れを奏上せざりしか、今遽《にわ》かに此の事を奏し、朕をして唯之れを朗読せしめんとするは何事ぞ、博文自恣《じし》にして誠実を欠くこと此の如し、朕敢へて明日の開院式に臨むを欲せず、案は之れを博文に返附すべし」と述べた。天皇は、けっして操り人形として取り扱われることは認めていなかったのであり、また開院式勅語のようなものでもたんなる形式とは考えていなかったのである。天皇の反応に驚いた土方久元宮内大臣は、枢密院設置は「聖断」によるもので、勅語を与えないなどということでは、設置の趣旨を無に帰すことになる、勅語文案が気にいらぬなら、伊藤をよんであらためさせるべきと諫言するが、天皇の態度は変わらなかった。しかし夜になって、宮内大臣に明日は枢密院にのぞみ勅語を下賜するとの御沙汰があり、開院式は滞りなく終了した。後にこの話を聞いた伊藤は天皇に謝罪したというが、重要な点はこの態度変更にみられるように、天皇が自ら裁断した事柄には自らも縛られる「制度化された君主」＝国家機関であることを自覚していたことにある。

　こうした点は、憲法に対する天皇の態度にも示される。一八九一年、第二議会の当初の頃、板垣があちこちの演説で、帝国憲法は伊藤がドイツに心酔してつくった日本に不適当なものと述べていると聞いた天皇は、わざわざ伊東巳代治に御沙汰を伝えさせている。それは「憲法は何処迄も朕の欽定にして伊藤か作りたり抔《など》云ふへきに非す、近日世間に種々議論ある折柄なれは、若し巳代治方へ質問等に来る者あれは、巳代治に於て飽《あく》迄心得居る欽定憲法の精神を吹き込み、衷心憲法の護持を以て任とせよ」というものであった（『伊藤博文関係文書』二　一五九頁）。ここでは、憲法は主権者君主である自分が、伊藤や伊東らに命じて起草させたものとの、強烈な自負心がうかがわれる。そしてその「欽定憲法の精神」と「憲法の護持」が主張されるのだが、その結果として憲法に規定された議会などの制度の保守という論理も生じることになる。日清戦争後の一八九七年、第二次松方内閣の時拝謁した佐佐木高行が、議会対策の困難の問題から憲法政治が国体に背くとの観念が生ずるなら、憲法政治の廃止も妥当と述べたのに対し、天皇は「憲法政治は難かしき事と申せる訳にて今日之を廃すると申すにはあらず、向来も廃止と申す考にてもなし」と自分の意向についての確認の発言をしているところに（『明治聖上と臣高行』九四九―九五〇頁）、天皇のなかにもこうした論理がはたらいていることをみてとれる。明治立憲制とは、このように天皇の統治権が憲法によって与えられたものでなく憲法前的に存在したものとされ、それが天皇個人に総攬されるとしながら、その行使は憲法の条規に規定されて制度的に限定されるという、美濃部達吉のいう君主の自己拘束、自己制限を組みこんだものとして存在していたのである。

他方、憲法でも「天皇は陸海軍を統帥す」と規定され、直接に軍を指揮する軍事君主としての地位を回復したことが明治維新の重要な意義と考えられていたから、軍事君主としての自意識、また軍を直属の特別の機関とする認識も強いものがあった。隈板内閣の組閣にあたり、陸海軍両大臣を内閣組織外の存在とし、両大臣に留任を命じたことは前述した。その後も、一九〇〇年の第四次伊藤博文内閣、立憲政友会総裁としての伊藤の組閣にあたっては、桂陸相および山本権兵衛海相に留任の「優旨」が出される。一九〇一年の第一次桂太郎内閣の組閣にあたっては、児玉源太郎陸相、山本権兵衛海相に留任が命じられ、一九〇六年の第一次西園寺公望内閣の組閣にあたっては、寺内正毅陸相に留任が命ぜられた。これらの第四次伊藤内閣組閣以降の、天皇による陸海軍大臣への留任の指示は、一九〇〇年の軍部大臣現役武官制の成立もあって困難さをました軍部大臣の確保を助け、内閣を成立させるためのものというのが基本的性格である。しかしこうした事例の積み重ねによって、軍部大臣の別格視はより固められることになる。

さらに、一九〇七年の軍令制定の問題については、「問題を最初に提起したのが天皇であった」ことも注目される（由井正臣　一九七六　一五〇頁）。一九〇七年一月の公式令制定により、勅令公布にあたっては従来の公文式のごとく主任各省大臣のみの副署ではなく、総理大臣も副署することとあらためられた。公式令の起草にあたった伊藤博文や伊東巳代治は、内閣による国家意思統一を重視する立場から、軍政事項についての陸海軍大臣の帷《い》幄《あく》上奏を限定しようとしたのである。ところが三月、海軍大臣から鎮海湾及永興湾防備条例が帷幄上奏されたことで問題が顕在化した。天皇は「公文令《マ》式《マ》によらす従前帷幄上奏の手続によるが適当」と考えたが制度調査局が総理大臣と主任大臣連署して発布と回答したため、伊藤に意見を問いあわせることになったのである（「徳大寺実則日記」明治四〇年三月二六日）。これにより陸海軍も問題に気づき、統帥大権の行使より生ずる軍事命令は、軍事機関以外の立法機関もしくは行政機関の関与を許さずとの立場から、統帥に関し勅定をへた規定を「軍令」として勅令から分離することになる。これにより帷幄上奏はより明確な法的根拠をえて、軍部の相対的独自勢力化はより強まることになる。こうした軍に関する勅令の総理大臣副署の問題にいち早く気づいた者が天皇であった事実は、統帥領域を特別の分野として自覚していたことを示すものであった。

ただしこうした事例の存在は、明治天皇が常に軍事的観点を優越させていたことを意味するものではない。一八九七年に前年三月制定の台湾総督府条例を改正し、台湾総督府官制の制定が問題となった。台湾総督府条例は、現役武官大将または中将の総督制をとっていたが、天皇は「任用の範囲を広め、文武を問はず、親任に依りて博《ひろ》く適材を求めて之れを採用する」ことを求めたのである（『紀』第九　二九五頁）。ところが文官総督では軍隊指揮権が認められないから、非常時に対処しえないとして陸軍を中心に反対が強く、閣議はまとまらない。第二次松方内閣からは、高島鞆之助陸相提出の官制案と、文官総督の官制案との二通の案が上奏され、いずれかの裁可を請うという事態になるが、天皇は両案を差しもどし、「総理大臣に於陸海両大臣次官と協議すへし」と命ずる（「徳大寺実則日記」明治三〇年八月三〇日）。その後、徳大寺侍従長が川上操六参謀次長、さらには山県有朋のところに行って、台湾総督に文官採用の思召のあるところを説明しているから（同前　同年九月二九日、一〇月四日）、台湾総督の任用を文官にまで拡大しようとの天皇の意思は、かなり強いものであったと考えられる。しかし、けっきょく一一月制定の台湾総督府官制では、現役武官総督制が維持されることになる。、松方首相は「閣臣評議　仕《つかまつり》　候処思召貫撤《ママ》仕らず何とも恐懼《きょうく》堪えず」として「私より辞表は奉呈仕らす去《さり》ながら私重職に不適任との思召あらせらるゝならば内々侍従長より御示し依頼致すと涕泣して語る」（同前　同年一〇月九日）という状況であった。天皇は、任用範囲を文官総督にまで拡張することを強く希望しながらも、軍部の反対も考慮し、各政治勢力の主張の調停者・調整者としての位置からは出なかったのであった。

同様の問題は、一九〇六年に韓国統監の兵力使用権に関しても生じた。前年一二月に制定された韓国統監府官制で、文官の統監に韓国守備軍司令官に対する兵力使用を命ずる権限を認めたのに対し、陸軍省および参謀本部に強い異論が生じたのである。しかしこの時は、陸相寺内正毅、参謀総長大山巌が桂首相と協議し、陸相・参謀総長に対し、支障を生じないような適当の措置を命ずる「勅語」が出されることで当面の問題の解決がはかられた（『紀』第一一　四六〇頁）。天皇はこの時は、軍事担当の最高責任者が承認する状況をみて、「勅語」下賜により文官統監の兵力使用権を確認する方向で処置したのである。このように天皇は、自らの意思をもちながらも、軍事と政治の最高調整者であることを自覚して行動していた。一九〇〇年五月、山県有朋が首相辞職の内奏をして後継首相が問題となった際、松方正義が桂陸相を推したのに対し、天皇は「海軍大臣山本権兵衛との権衡を慮《おもんぱか》り、且積年融和せざりし陸海二軍の漸く相諧《あいかな》はんとするの際、此の事に因りて再び両者抵抗の端を作すことあらんを恐れ、遂に聴したまはず」といわれるように（同前　第九　八二二頁）、陸軍と海軍の調整・融和もその判断基準であった。天皇は自己を国家意思の最終裁定者であると自負するがゆえに、信任する国務諸大臣に対しては、その任免と「御沙汰」などを通じて「大政の方向を指示」する調整者として立ち現れ、個々の「政略」の決定は首相をはじめとする政治担当者に委ねた「委任君主」としてふるまうのが、基本的な在り方だったのである。だが、そのことが親政的権力行使を否定するものでなかったことも前述したとおりである。

明治天皇の君主意識を考える最後に、日清戦争について天皇が「今回の戦争は朕素《もと》より不本意なり、閣臣等戦争の已《や》むべからざるを奏するに依り、之れを許したるのみ」と発言したことをもって（同前　第八　四八一頁）、天皇は「平和主義」であったとか、「天皇個人が自主的な主権行使者でなかった」とする評価にふれておこう。この明治天皇の発言の原因については、日清開戦に不安をいだいていたところに、日本軍艦によるイギリス商船高陞《こうえい》号撃沈事件が発生し、陸奥外相をはじめ政府指導者の「政治・外交・軍事の指揮に動揺が見られた時、天皇の不満が一時的に爆発した」という理解が（中塚明　一九九〇）、説得的であり、先のような評価への基本的批判になっていると考えられる。

ここで注目しておきたいのは、明治天皇のこの発言が、宣戦の詔書の公布にもとづき、伊勢神宮ならびに先帝陵への奉告使の派遣人選の文脈で出てきた問題であり、なにより「之れを神宮及び先帝陵に奉告するは朕甚だ苦しむ」という主張である点に関してである（『紀』第八　四八一―四八二頁）。同様の反応は、日露戦争の開戦決定においてもみられる。一九〇四年二月四日の御前会議において開戦決定が行われるが、その日の夕刻内廷に入った天皇は、「今回の戦は朕が志にあらず、然れども事既に茲《ここ》に至る、之れを如何ともすべからざるなり」と私語し、さらに「事万一蹉跌を生ぜば、朕何を以てか祖宗に謝し、臣民に対するを得ん」、と「忽《たちま》ち涙潸々《さんさん》として下る」状態で述べたという（同前　第一〇　五九八頁）。いずれも、開戦の内閣決定を充分の時間をかけた検討の後に裁可しておきながら、それを自分としては不本意であるというのであるが、それがいずれも、奉告使派遣や「祖宗に謝し」との文脈で宮廷関係者に対しもらされたものであることが特徴的であろう。これらは明治天皇の戦争に対する不安感が、祖宗に対する責任意識と重なって起きている反応と考えるべきであろう。公式の場から離れた天皇が示したこうした反応は、天皇の君主意識が「祖宗の遺烈を承け万世一系の帝位を践《ふ》み」（大日本帝国憲法上諭）という、建国神話にもとづく宗教的伝統的君主意識を基底とするものであったことを意味すると考えられる。一八九七年の英照皇太后の葬儀にあたっての大喪使の設置において、宮中・府中いずれに設置するかをめぐる首相と宮内大臣の対立に対しては「大臣等権力を争はんと欲するならば、敢へて朕が関する所にあらず」といい、その決定のための枢密院諮詢も納得しなかった天皇（同前　第九　一八二頁）、一九一一年の南北朝正閏《せいじゅん》問題については南朝を正統とする内閣上奏と枢密院諮詢奉答を裁可しながら、北朝の天皇に対する宮中の取り扱い方については、「尊崇の思召により尊号・御陵・御祭典等総て従来の儘たるべき旨を命じ」た明治天皇には（同前　第一二　五六五頁）、宗教的君主としては輔弼にわずらわされない、独自の伝統的君主への志向が存在していたと思われる。

# Ⅲ章　大正天皇と政党内閣制

## 1　大正天皇践祚にともなう政治変動

### 大正天皇の政治的能力

一九一二年七月、明治天皇は死去し皇太子嘉仁《よしひと》が践祚して、年号は大正と改元された。嘉仁は、一八七九年に明治天皇の第三皇子として生まれ無事に成育した唯一の直系の皇男子であった。しかし誕生の時に全身に発疹症状を示しており、さらに生後三週間ほどで全身痙攣を引き起こすほどの重病を患う。後に一九二一年に発表された侍医団の「御容態書」によれば、「脳膜炎様の御疾患」であった。その後も病弱で、幼少年期に百日咳・腸チフス・胸膜炎などの大患に次々にかかっている。一八九五年、一五歳の時には「肋膜炎・肺炎」によって、一時重態にまでおちいったが（『紀』第八　八七二頁）、その症状の実際はベルツの診断によれば「肺結核」であった（「徳大寺実則日記」明治二八年八月一五日）。結核は当時、自然治癒を待つ以外には治療法のない、死亡率の高い難病であった。嘉仁の生活方針では「健康」の回復・維持が最優先されることになる。

また、こうした大病の結果、嘉仁の成育は心身ともに著しく遅れることになり、その養育・教育は宮廷関係者にとって深刻な問題であった。学習院初等学科の卒業をひかえた一八九二年に、その後の教育方針決定のために東宮大夫が嘉仁の状況を明治天皇に報告している。それによると、学業成績・読書・馬術は著しく進歩し、記憶力も増加したが「御読書御進歩の割には意味を解せられること御乏しと算術は他に比較すれば御困難」ということであった（同前　明治二五年七月二七日）。当然ともいえるが、抽象的な思考能力の発達に大きな遅れが生じていたのである。宮中関係者の間での激しい論争、対立のあげく（『明治聖上と臣高行』七六三―七八六頁）翌年、嘉仁は学習院の中等学科へ進学するが、けっきょく一八九四年には中途退学し、東宮御所での修学へと変更される。「殿下御性行上に付、杞憂に堪えずによる旨噂あり」との状況にせまられて、宮廷関係者は変更の決定を行ったのである（「徳大寺実則日記」明治二七年五月一〇日）。

こうした状況にあった皇太子嘉仁が成年に近づくにつれ、いかにして君主にふさわしい知識・行動様式を身につけさせるかは、その状況を知る支配層首脳の焦慮の種になっていった。伊藤博文は一八九八年に東宮輔導についての意見書を明治天皇に提出し、健康の増進を図るだけでなく、「政治又は陸海軍事に熟通せらるゝ」よう教育し「智徳の開発」を図ることが急務として、輔導体制の改革を主張する（『紀』第九三九三頁）。さらにこの年には、明治天皇による皇太子叱責事件が起きる。嘉仁が「昵懇《じっこん》奉仕の向は殿下自ら不才不能を評論あそばされ、悉皆更迭の御意見二三の者へ御沙汰」したことを聞いた明治天皇が、このような発言は「甚だ宜しからず思し召され」、東宮職員は宮内大臣監督下の者であること、「軽々御発言在せられざる様申上ぐ可く仰付られ」、また意にかなわない者があれば、密かに東宮大夫または宮内大臣に告げるべしとの「御沙汰」を伝えさせたのである（「徳大寺実則日記」明治三一年三月四日）。また、嘉仁が「洋風」を偏愛し、「学問の基礎未だ成らざるに、頻《しき》りに仏語を偏好」することも、明治天皇を悩ませる（『紀』第九　七五一頁）。

こうした病弱の嘉仁であったが、療養に努めたかいあって、成年頃にはほぼ健康を回復する。一九〇〇年には九條節子と婚姻し、裕仁《ひろひと》親王、雍仁《やすひと》親王、宣仁《のぶひと》親王、と相次いで子どもにも恵まれることになった。成婚後のこの皇太子時代が、嘉仁にとっては健康にも家庭生活にも恵まれた最も幸せな時期であった。一九〇二年以降には、長期の地方行啓も行われるようになる。一九〇四年、日露開戦直後の第二〇臨時議会の開院式には、明治天皇とともに初めて列席し、同年一一月の天長節観兵式にも健康を心配する明治天皇の反対を押し切って皇太子の参列が実施された（『紀』第一〇　六八六、九〇九―九一一頁）。翌年には、病気の明治天皇にかわってドイツ皇族に対する招宴を実施し、一九〇六年に軍艦生駒の進水式に出席、一九〇七年には韓国訪問、一九〇八年に特別工兵演習観覧のための京都行啓と、公的行事にも携わるようになる。この頃の皇太子の様子について、行啓の担当の関係で拝謁する機会のあった内務大臣原敬は、「殿下例の如く椅子によるを許され且つ煙草など賜りて御物語あり」「今日に始らぬ事ながら殿下は毎度御懇切に閣員等を遇せらるゝは恐懼の外なし」などと記している（『原敬日記』――以下、HDと略記――三　一六八頁）。皇族としての立居振舞も身につけてきたとみられる。

しかし嘉仁は、限定されながらも親政権力を行使する君主である天皇に要請される、政治的軍事的能力には欠けた君主であった。財部彪海軍次官は、一九一〇年に東宮武官から「佞言《ねいげん》を容れらるゝ等の事なき事、近侍者の不能者も之を斥けさせる、等の御不徳なき事」を聞いて、「杞憂を抱き居りたる」ため安心した。このことは、一八九八年の天皇による皇太子叱責事件が、政治支配層上層部にはかなり広く知られていたことを示している。同時に財部は、「但し陸海軍の御用掛等が進講する軍事上の事等は、恐れながら毫《すこし》も御会得あらせらる、の実を見ることを得ざる」との話も聞いて驚愕し、岳父の山本権兵衛にも報告する（『財部彪日記　海軍次官時代』――以下、TDと略記――上　一一八、一五二頁）。嘉仁は、軍事的知識をまったく理解しえないまま天皇として践祚し、大元帥の地位に就くことになったのである。

また波多野敬直宮内大臣は、一九一四年に元老の井上馨との対話で、「陛下も御分りがない。大小軽重の御識別が、又申し上げても御分りがない。此頃も内閣大臣に食事をとの事を元老に双《(相)》談したかと云う訳。宮内大臣の責任ですからと云うてもそれでも相談をと。然るに大事の事に付ては其元老に相談」をしないと、愚痴をこぼしている（『第二次大隈内閣関係史料』一八七頁）。大正天皇は、なにを元老に諮問すべきか、なには諮問しなくともよいかという、政治的事項の大小軽重の判断、諸事項がどの職務者の権限に属するかの権限関係についての判断能力を欠如した君主であった。

こうした事情を知悉していた政治支配層上層部の人間のなかでは、天皇の個人的意思を抑制し、その権限行使を形式的・名目的なものとすることを重要な課題と意識せざるをえなくなってくる。薩派と海軍の事実上の総帥的位置にあった山本権兵衛は、一九一二年、大正天皇の践祚直後、山県有朋が宮中体制の整備として強引に進めた桂太郎の内大臣兼侍従長就任に対して、次のように発言している。「今上帝の御代と為りては恐れながら山県公如き人ある方、国家の御為めの他、然らざれば万々一御我儘にても募る事ありては甚だ大事なり」（TD下　七三頁）。長州―山県閥の勢力拡大と人事専横への批判よりも、当面、大正天皇の恣意の抑制のほうが重要だと語っているのである。

さらに、陸軍二個師団増設問題で第二次西園寺内閣が崩壊させられた後の内閣組織問題で、「陛下の特旨」であるとして組閣を勧められた松方正義の対処方法に関しては、「陛下の思召とは云え、夫《それ》は先帝の場合とは恐れながら異なるところあり。自分の所信にては仮令《たとえ》御沙汰なりとも出盧《しゅつろ》国家の為に不得策なりと信ずれば御沙汰に随《したが》はざる方却《かえつ》て忠誠なりと信ずる」と語る（同前　一一五頁）。陸軍―長州閥の専横への不満と対抗心が含まれているとはいえ、「先帝」とは異なる大正天皇の統治能力への不信は、天皇の「御沙汰」＝個人的意思表示にかかわらない政治的決定を必要とするとの主張を生みだしていた。さらに、二個師団増設と海軍軍備拡張の両方をともに実施延期とすることで事態収拾をはかろうとする議論の対策として、「軍備充実を為すや否や、増師を延期するや否やと云う如きは、元来憲法上国務大臣の責任に属すべきものにして、断じて元老の嘴《くちばし》を容るべからざるものなるのみならず、陛下と雖ども之に彼是《かれこれ》仰出さるべきものと信ぜざるを以て、此辺は能々《よくよく》勘考」すべきと海相・軍令部長に伝言する（同前　一一七頁）。この伝言は、海軍軍拡計画維持という海軍利益を守るためのものである。しかしそこには、明治憲法第一二条にもとづく軍編成権は、あくまで国務大臣の輔弼にしたがって行使されるべきであり、元老はもちろん、天皇も自分の個人的意思で関与すべきものではないとの、国務大臣輔弼の優越という憲法解釈が示されることになっているのである。

## 政治体制変動の開始

四五年にわたって在位し、日清戦争・日露戦争という二大対外戦争の勝利をかちえた君主として、絶大な権威をもつことになっていた明治天皇の死去、経験のない病弱の若い君主としての大正天皇の践祚という事態は、天皇の決裁をもって国家の最終意思決定とする近代天皇制のシステムにとって、それ自体で一つの大きな変化を意味せざるをえなかった。誰があとを継いだとしても、明治天皇がえたような個人的権威を継承することは不可能だったからである。

しかも、この君主交代の意味をより重要なものとするような政治的・社会的条件の変動が、日露戦争後から進行しはじめていた。その変動とは概括するなら、第一に、国民大会開催・民衆騒擾《そうじょう》という街頭暴動型の大衆運動が成立し、それが政治にとって無視しえない条件の一つとなったことである。第二には、軍部・各官庁・政党といった国家諸装置の自立化と分散化がいっそう進展し、これらの利害調整と統合という課題がますます困難になり、それゆえに重要性を増したことである。この第一と第二の条件は、西園寺内閣崩壊・桂内閣の成立と崩壊という一九一二～一三年の大正政変を引き起こし、その結果として、第三の条件である官僚＝政党提携体制の破綻という事態を、日清戦争後に成立した官僚勢力と政友会の提携によって政権の維持・交代と議会対策が一応安定的に処理されるという体制の分解と政界再編の開始をもたらした。以上の点をもう少し説明しておこう。

日露戦争は、当時の日本の国力規模をこえた大戦争であった。それは兵力動員の点でも、戦費調達のための国民負担（増税・国債発行）の点でも、戦意昂揚のための思想動員の点でも、国民総動員の様相を示す。この結果、国民は戦争遂行の犠牲を担う形で国政への関心を強めることになる。日露戦争の講和条件が、戦意昂揚を煽っていた政府系新聞の大言壮語にもかかわらず、償金なしの妥協的なもので、こうした講和条約を、外交大権の名の下に政府が一方的に調印した時、国民の不満が爆発した。一九〇五年、講和反対国民大会をきっかけとする東京全市の民衆暴動――政府系新聞社や警察への襲撃――、いわゆる日比谷焼打事件であり、東京市には戒厳令が施行される。この騒擾は、講和条約反対という軍国的・排外主義的主張と同時に、「戦費と兵卒は誰が出したんだ」という新聞投書に示される国民無視の専制批判や、償金獲得に戦死者遺族や戦傷者への「扶助救恤」財源を期待する生活要求の性格を含んでいた（江村・中村・宮地　一九六七）。

この事件を起点に、一九一三年大正政変の際の民衆騒擾、一九一四年シーメンス事件の民衆騒擾と、政治問題を課題とする国民大会が政党急進派やジャーナリストのよびかけで組織され、それが民衆騒擾へと展開する事態がしばしば発生する。また、一九〇六年の東京市電電車賃値上げ反対騒擾、一九一二年の米騒動、一九一四年の名古屋市電値下げ要求騒擾と、一九一八年の米騒動にいたるまで、生活問題に起因する民衆騒擾もしばしば発生する。一九一三年の「対支国民大会」の状況について、大正天皇に対し原内務大臣が、「今回東京に於ける騒動は未だ各政党の問題となりて騒動せしにあらず、故に日ならず鎮静に帰すべし」「各政党の騒となならざる間は皆な不日《ふじつ》にして鎮静すべし」と奏上したように（HD三　三三五頁）、騒擾という形をとる国民大衆の動向と、それに関連しての政党の動きは、政治過程でも無視しえない条件になっていったのである。

次に、日露戦争の戦勝後、「世界の一等国日本」という自称がしばしばジャーナリズムで行われるようになるが、このことは「万国対峙」の国家建設という明治維新以来の国家目標への到達感を示すものであった。明治維新以来の国家目標の達成は、一九一一年の条約改正で関税自主権を確立し、完全対等条約を実現したことでさらに明確になる。ところがこのことは、国家諸装置にとっての共通する統一的国家目標を喪失させ、その間の対立と分散性を激しくさせていった。もともと近代天皇制国家は、すべての統治権を天皇に集中させつつ、その統治権行使にかかわる輔翼諸機関を分立させる構造としてつくられていたから、統一的国家目標の喪失は国家諸装置の分散性をきわだたせることになったのである。一九〇七年の帝国国防方針の決定が、軍部のみで策定されたこと、想定敵国を陸軍はロシアに、海軍はアメリカとして兵備標準を定めるという、戦略の分裂につながる要因を含んで行われた事態は（由井正臣　一九七六）、こうした状況を最も象徴するものであった。

こうして陸軍、海軍はそれぞれの計画にもとづき軍備の拡張を要求する。ところが内閣総理大臣や財政当局者としての大蔵省は、日露戦費をまかなうため大量に発行された国債の償還のためにも、国家財政の再建を最重視せざるをえない。他方、選挙地盤の拡大と強化をはかる政友会は、地方利益を推進する積極政策を望み、それに内政施設充実として鉄道や港湾などの公共事業推進をはかる内務省が連携する。また都市商工業者を中心に減税要求も根強いものがあり、こうして限られた財源をめぐっての対立が激化せざるをえなかったのである（坂野潤治　一九八二）。

大正政変は、陸軍の二個師団増設要求によって予算編成方針に破綻をきたした第二次西園寺内閣の辞職をきっかけに始まった。それは限定された予算配分をめぐっての国家諸装置間での対立の激化を典型的に示すものであったが、その結果は、政治体制の変動の開始を明確に示すものとなっていった。その一つは、西園寺辞職のあとをうけて、内閣を組織した桂首相が、新政党の組織に踏み切ったことにあった。政友会との提携で政権を担当する方策にあきたらず、自らの政党を組織する意向を、桂は以前より構想しはじめていた。三度目の政権を担当することになり、政友会との妥協困難とみた桂は、一九一三年一月二〇日に新党組織計画を新聞に発表する。政友会幹事長野田卯太郎が、妥協の方策を問う元老井上馨に「桂既に新政党を作りて我政友会に反対せんとする已上《いじょう》は妙案あるべき様なし」（HD三 二八一頁）と言明したように、桂が自らの政党を組織することは、政友会にとって提携対象から競合対象への変動を意味していた。ここに第一次桂内閣成立以来の、桂を代表者とする官僚勢力と政友会との提携体制――桂と西園寺が交互に政権を担当してきた桂園時代の終了は明確になったのである。

桂の新党組織計画は準備不足であったから、立憲国民党を分裂させただけで、多数政党を形成することはできなかった。新党は立憲同志会と命名されたが、第三次桂内閣の総辞職、桂の疾患と死亡によって、その結党式は一九一三年末のことになる。他方、政友会も桂内閣辞職後の山本権兵衛内閣援助方針の採用によって、二四名の脱党者を出し過半数を割る議員数となる。大正政変は桂園体制の終了とともに政界・政党の再編成の開始を意味したのである。

さらに大正政変は、親政の行使と詔勅政策についても転機をもたらした。桂は内大臣から首相に就任するに際し、天皇の「優詔《ゆうしょう》」を固辞しえぬ理由とした。さらに軍拡計画の延期に反対する海軍の抵抗を、斎藤実海相の留任を命ずる「優詔」で抑えこみ組閣に成功する。だがこうした詔勅政策は、世論から激しい批判をうけることになる。第三〇議会では、これらの「優詔」の奏請者は誰であるかとの「質問書」が提出され、また、首相拝命にあたり、しばしば「聖勅を煩し宮中府中の別を紊《みだ》り」を理由とする不信任決議の提出をうける。

こうした批判に対し桂首相は、問題とされている「優詔」とは「勅語」のことで、「陛下の御直きに仰聞かされましたもの」「御言葉の写」、「副署を要するものにあらざる」と答弁した（「衆議院議事速記録第三号」八―一六頁参照）。形式的には、この桂の答弁は事実と思われる。桂が一九〇八年、第一次西園寺内閣における阪谷蔵相・山県逓相の辞職と内閣辞職の差し止めの「御沙汰覚書」（HD二―二八二頁）をあげて、副署のない「勅語」の存在を指摘したように、こうした勅語、御沙汰書が明治天皇によってしばしば出されていたことは前述のごとくであり、この時もそのような形式のものであったと考えられる。しかし「新帝」の勅語は、明治天皇ほどの権威をもたなかった。不信任決議案の提案説明に立った尾崎行雄は、憲法によれば国務に関する詔勅は必ず「副署を要せざるべからざる」ものと主張し、それを「天皇は神聖にして侵すべからずと云ふ大義は国務大臣が其責に任ずるから出で来る」との憲法解釈で補強した。副署のない勅語の存在を否定することで、内大臣・総理大臣としての桂の輔弼責任を批判したのである。ここでは輔弼のない天皇の親政の存在は否定されている。

さらに桂は、西園寺に対する「目下の紛擾を解き朕の心を安んぜよとの御沙汰」、不信任決議案の撤回の勅命によって、なんとか事態の打開をはかろうとした。しかしこれは、「畢竟《ひつきよう》桂が聖旨を仰ぎて議会を押へ又西園寺を毒殺するものとして憲法上忍ぶべからざる事」として、反桂派のいっそうの憤慨をまねくこととなる。憲政擁護派の衆議院議員は、西園寺の「聖旨を奉ずる」との意向にかかわらず、不信任案議決へと突進することとなり、議会をとりまく数万の民衆の動向、「革命的騒動」を引き起こしかねない状況とあいまって、桂の辞意を引き出す（HD三　二八七―二八八頁）。天皇の「御沙汰」は、西園寺の政友会総裁辞職を生みだす程度の効力はもったが、議会をしたがわせるほどの威力は発揮しえなかった。大正天皇の時代となって、「詔勅」「勅旨」が絶対的権威をもつ状況は過ぎ去ってしまったのである。

## 統治能力なき天皇による政治的混乱

政治判断能力に欠けている大正天皇が「御沙汰」を示す事態は、政治集団の対立・提携が政治リーダー間のきわめて微妙な人的関係を通じて成立してくる状況では、政治過程に余計な混乱をもたらさざるをえないものであった。一九一四年、シーメンス事件により山本権兵衛内閣が総辞職し、後継内閣の組織が問題になった際には、次のような事態が生じている。貴族院による海軍拡張予算削減修正から、予算の不成立によって山本内閣は倒れたのであるから、後継内閣の組織はきわめて困難であった。有力とみられた清浦奎吾による組閣も、海軍が軍艦建造費確保の保証をもとめ、加藤友三郎の海相就任を拒絶させることで瓦解させてしまう。元老会議がくりかえされるが、二週間を過ぎても後継内閣が決定しない事態のなかで、大正天皇は「山本に対せられ陛下は留任其職を執るべき様の御沙汰」を行ってしまう。大正天皇の判断能力の欠如を認識していた山本権兵衛は、「寧《むし》ろ山県に内閣組織を命ずる、方宜しからん」と返答してとりあわず、またこの翌日に元老は大隈重信を推薦し、大隈内閣が成立したため、大正天皇のこの発言は政局には直接の影響をもたらさずにすむ。しかし、後継内閣組織の困難をみて薩派や政友会の一部が山本内閣留任運動を開始している状況で、大正天皇はこうした発言を不用意に行い、その結果山本も、大隈内閣不成立なら留任との意思をもらすことになっていたのである（HD三　四一八—四一九頁）。

このような大正天皇の言動が、政局に直接の影響を与え、天皇の個人的意思の抑制の問題が隠然とした形ではあれ、政争問題に発展したのは、第二次大隈内閣の時期であった。

首相に就任した大隈は、週に二度ぐらいといわれるほどひんぱんに天皇に拝謁した。そして「形式的なことのみ申上げないで、時々世間噺などを叡聞に達した。陛下は君の話説を聞くことを好ませられたので、参内する毎に自然話が長くな」り大臣が政務上奏に来てもそれを待たせることすら生じた。また「陛下には稀れに人払ひをされて、皇后陛下と御二人限りで、君の話を聴し召された」。こうして「陛下が君に対する恩遇は、他の元老にくらべて一層深かった」といわれるような信任をえていく（『大隈侯八十五年史』第三巻　三五四頁）。他方、大正天皇は、元老のなかでの最大実力者山県有朋に対し、皇太子時代より好感をもっておらず、「山県酔て無礼の事を申たりとの仰あり」とのことや、「女謁」——拝謁を望んでも直接面会しようとせずに、女官に取り次ぎさせるとの対応——を行うこともあった（HD四　一二二頁）。

大隈内閣は、元老から非政友系政党勢力の結集による政友会多数の打破、陸海軍軍拡計画の調整などを期待して成立させられたものであった。議会解散により一九一五年に実施された第一二回総選挙で、一五三議席を大隈与党の同志会がえて第一党となり、政友会は一〇八議席へ、前回選挙結果にくらべるとほぼ半減させられるという大打撃をこうむった。つづいて第三六特別議会に、陸軍二個師団増設、海軍軍艦製造費などの費目を含む追加予算が提出され、両院を通過して成立する。こうして元老が大隈内閣に期待した課題は、基本的に達成された。だが同時に、大浦兼武内相による議員買収事件が暴露され、一九一五年七月には内相は辞職に追い込まれる。すでに、加藤高明外相により進められた第一次大戦への参戦外交への不信から、元老と大隈内閣との間には疎隔が生じてきており、元老山県との紐帯《ちゅうたい》であった大浦もいなくなった大隈内閣は、元老の期待した課題の達成もあって、まもなく退陣させられても不思議ではなかった。だが、大隈内閣は一九一六年一〇月まで、その後一年以上も政権を維持しつづけた。それは、大隈与党が衆議院の過半数を掌握したことに加え、大正天皇の信任を大隈がえていたからであった。

大浦内相の辞表提出の翌日、大隈首相以下各閣僚も辞表を提出したが、大正天皇から留任の沙汰があったとして、内閣改造で政権を継続する。この経過は山県の談話によると、拝謁前に大隈と会見したところ、大隈は「辞職せしに陛下は御差止めの御諚あり」と言明し、「拝謁せしに陛下は御差止めありたる様」で内大臣の「大山と共に大隈を訪ふて留任を勧告せしときは大隈は既に留任の決心」となっていたという（ＨＤ四　一二四頁）。この拝謁の際に山県は、「諸元老の意見一と通り御尋ね之れ有り、然る上にて聖断あらせらるる様」にと苦言を呈するが（『大正初期山県有朋談話筆記』六八頁）、大隈の留任は元老も承認する以外にはなかった。この経過は、天皇の「御沙汰」をもって留任の根拠とするとの大隈の批判を生じるとともに、甘言をもって天皇を籠絡しているのではないかとの不安を政界上層部におよび起こした。

この点を露骨に広言したのは、かつて学習院長として幼年期の大正天皇をみていた三浦梧楼枢密顧問官であった。三浦は大隈留任の直後に「陛下に対し奉りては巧言を以て御心に投じ居たるにより、山県よりも陛下は大隈を近づけらるゝ様の形勢ある様なれば有り難き御詞も大隈に賜りたるならん、是れ皇室並国家の為実に憂ふべき次第」と原に談話する。翌一九一六年には山県に対し、「君等が奏上は動《やや》もすれば先帝を云々する」が、「大隈は先帝は先帝なり、今上陛下は其御考によらざるべからず」などといって「陛下の御心を動かし」、また「陛下も未だ政事上御経験もあらせられず且つ御気質もある事なれば、自然彼は宮中を恣《ほしいまま》にする由々しき弊」を生じている、元老としてどうするつもりかと詰問したと伝える。原も一九一五年、山県に対し、「陛下は御経験も浅き事」につき「元老歿後は誰が陛下の御相談相手となりて政権の移動を処理さらるゝ御考」かと質問し、一九一六年には西園寺との会談で、「大隈等の不誠実より宮中を政争中に入るゝ虞《おそれ》もあり、実に前途危険なれば皇室の為めには是非とも西園寺の献身的輔佐を要す」と語り、山県の「勧誘」あれば「内大臣」の職務を引き受けることを進言、全体として西園寺の同意をえていた（ＨＤ四　一二一、一二五、一六六、一六八頁）。大正天皇の政治能力と大隈への信任に対しては、支配層上層部で不安が広がっていたのである。

また、一九一五年一二月の第三七議会では、大隈内閣留任の政治責任問題が追及される。政友会の松田源治が、「国務に関する聖旨」は「悉《ことごと》く内閣総理大臣、各国務大臣の責任」という憲法論を前提に、内相に対する監督責任から辞表を提出しながら「聖旨」でその責任を解除するというのは、自分で自分の責任を解除するものだと弾劾したのである。これに対し大隈は、「憲法上の国務大臣の責任は陛下に対する責任」であるとし、「君主は君臨するが政治はしない」という考えからの責任論は、「政党専制、或は内閣専制となって、国体を害する」と決めつけた。立憲制の完成を期すと自負して首相に就任した大隈も君主大権主義をふりかざし、天皇親政の実施として自己の行動を正当化したのである（第三七議会『衆議院議事速記録』)。衆議院では大隈内閣は、こうした批判を多数の力で抑えつけることができた。だが内閣への反感を強めた貴族院で、予算案は減債基金問題で厳しい追及をうけ、その通過が危ぶまれる。大隈は、山県に面会し議会閉会後の辞職を言明して、貴族院との調停を依頼する。貴族院は大隈辞任を山県が保証することを条件に妥協をうけいれる(『田健二郎傳』二八八―二九一頁)。こうして大隈内閣は辞職を条件にからくも第三七議会を乗り切ったが、さらにその後一九一六年一〇月まで七か月以上居座りつづけた。大正天皇の信任をよりどころとする大隈と、山県ら元老たちとの間の後継内閣推薦をめぐる対抗が政局の焦点となり、両者の間で綱引きがくりひろげられたのである。

大隈は後継首相に立憲同志会総裁の加藤高明を考えた。その大義名分は衆議院の多数政党の総裁たることであった。これに対し山県は、長州閥の陸軍大将・朝鮮総督の寺内正毅を考えており、また、参戦外交・対華二一カ条外交の責任者であった加藤高明は元老たちから強く排撃されていた。このような状況のなかで、大隈が後継首相を推薦上奏しようとする動きが予想されたから、大正天皇がそれをどう処理するか、どう処理させるかは重大な関心を集める問題となった。波多野宮相は、大隈と山県の板ばさみとなり「自分も甚だ迷惑の境遇にあり」とこぼしつつ、「陛下には決して即断なき様申上置けり」と述べていた(HD四　二一二頁)。寺内を推しつつも大隈との妥協もはかっていた山県は、大山巌内大臣から加藤推薦の文言の入った辞表を大隈は提出予定との内報をうけると、対決の決意を固めて上京した。九月三〇日に大正天皇に拝謁し、大隈の辞職の内意表明から後継首相推薦問題の経緯を書面の写しも示して陳述し、「予は国家の為め最善なりと信ずる所を行はむと欲するものにして、或は之が為め世の非難攻撃を受け、遂には違勅の罪を以て擬せらる、やも計り難しと雖も亦已むを得ざる次第」と言上する。大隈が加藤後継を上奏し、それを大正天皇が承認しても、あくまでそれに反対し寺内後継を主張するとの強談に類する事前上奏を行ったのである。翌日に、山県は大隈と会見、両者はそれぞれに「最後の決意」を表明して別れ、山県は大山、松方など元老の同意とりつけの面談を行う。こうして一〇月四日、大隈が加藤後継推薦の意を含む辞表を提出するや、宮内省から参内すべしとの連絡をうけて大隈の宮中退出以前に山県は参内・拝謁する。西園寺を含む元老会議が即日開催され、元老四人がうちそろって拝謁、寺内後継を上奏しかつ「明瞭簡単に御下命あるべき」をくどいほど言上する（『山県有朋談話筆記』一二八―一二九頁）。こうして寺内に組閣が命じられた。元老・宮中関係者はどうにか天皇・大隈の行動をとりおさえたのである。天皇の親政行為の存在すること、首相の任命がその核心であることを承認していた元老・宮中関係者は、苦悩しつつも天皇の恣意的行動を抑制し、元老の意見にしたがわせたのである。

この後にも、大正天皇の行動が政治的混乱を引き起こす事態はなお生じた。一九一七年の山県枢密院議長辞任問題もその一つである。四月に三浦悟楼が原に語ったところによれば、「先日山県在京中拝謁せしに、何時辞表出すやとの御尋ねあり、山県恐懼して直に辞表を出せりと、此事或は山県が屢々《しばしば》老軀職に堪へざる事を言上せしより起りたる事ならんかとも拝察するも、其後寺内参内拝謁の際、山県は人望なきにあらずやとの御諚ありて寺内恐懼せりと」。この時期は、前年の一二月に内大臣の大山巌が死去して、後任の内大臣任命が問題となっている状況にあり、三浦や原は、あるいは大隈系による「術策」かとも疑った。後の寺内首相の内話によれば「陛下よりは御催促の意味にて辞表を出すの時機を御尋ねありたるに非ずして、屢々辞すと言上せしに付辞表を出すとせば何時頃出すやとの御尋になりたるもの」という事情とされ、松方の内大臣任命とともに山県の枢密院議長辞職は慰留となる（HD四　二七八、二七九、二八一―二八二頁）。

一九一八年の寺内内閣辞職後の後継内閣組織では、後継奏薦のつもりで拝謁した西園寺に内閣組織を命じる書付を手渡し、西園寺を驚愕させる事態が生じた。これは「山県の策」かとも原は疑ったが、山県によれば「陛下先年御病気後込入りたる事は御面倒と思ふに付、覚書を差上げ其趣意を口頭にて御手へある手筈なりしも、其覚書を直に御下附ありて閲覧せしめたるは全く手違にして、決して勅語書と云ふ訳にもあらず」ということであった（HD五　九―一一頁）。西園寺拝謁直後の、松方内大臣、波多野宮相の対応からいっても、事態は山県の説明のごとくであったと考えられるが、内閣組織の意思がなく、また大正政変ですでに「違勅」の非難をこうむった西園寺にすれば、驚かされるには充分な「手違」いであった。大正天皇は、山県・松方らの、とにかくひとまず西園寺に後継内閣組織を命じてみるというような、微妙な政治芸を理解して演じてはくれなかったのである。

## 2　天皇の病状公表と政党内閣

### 病状公表と親政観念の後退

大正天皇は践祚以来、その健康状態と資質にもかかわらず、懸命に公務をはたすべく努めたようである。

だが、大きな儀礼的行事だけでも、一九一二年の明治天皇の「大葬」、一九一四年の昭憲皇太后の「大葬」、一九一五年の即位礼の挙行があり、これに毎年の陸軍大演習の「統裁」、海軍観艦式の「観閲」、陸軍士官学校・学習院・帝国大学の卒業式の「行幸」等を加えれば、多数の眼の前に身を示さねばならない行事だけで相当のものであった。そしてこれらの行事は、天皇に大きな負担と緊張をしいるものであった。たとえば、財部と山本首相の会話の「昨日御陪食の際の陛下御引締の御模様を有難く感じたる旨咄せるに、先日首相より奏上せられたるところありたる為ならん歟と云ふ」（TD下　二一七頁）との記述にみられるように、少数の高級将校との「陪食」すら、その際の態度を首相に注意されての緊張をしいられていたのである。

こうして大正天皇の健康と精神状態は悪化し、一九一八年一〇月の天長節観兵式には、前日まで乗馬ののぞむ練習を行っていたにもかかわらず出席取り止め、一二月の議会開院式にも出席中止となった。理由はいずれも「風気」と公表されたが、大きな行事をむかえての緊張が症状の悪化を引き起こしたものと思われる。一九一九年になると、歩行困難、体力の減退、「言語の明瞭を欠く」状態が増進して日常的にみられるようになり、「陪食」でも正常な姿勢の持続困難を示す（四竈孝輔『侍従武官日記』一四六、一六三頁）。

一九一九年二月に、原敬首相は大正天皇の病状に関して初めて「御脳の方に何か御病気あるに非らずや」との話を聞く。さらに勅語の朗読困難のため、一九一九年一二月の議会開院式にも欠席することとなり、大正天皇の病状は、もはや隠しておくわけにはいかなくなった。原首相は、内大臣、宮内大臣に「病気の次第」の発表を要請する。一九二〇年一月には「絶対秘密」としながらも天皇の「病症」が閣議に報告される。三月三〇日に、宮内大臣談話によって第一次の病状公表が行われた。その内容は、「心神」の疲労、糖尿、座骨神経痛などをあげたもので、実際よりもきわめて軽微に病状を発表したものであった。しかし同じ日に原首相がうけとり、閣議にも内示した「拝診書」には、赤裸々に病状が報告されていた。精神に緊張をきたすと「御幼少時の脳膜炎の為御故障之れ有りたる御脳に影響し」「御神身の平衡」を保ちえない状態になるので、精神の興奮をさけるよう儀式等にはなるべく出席せず、内外使臣などとの会見も必要最低限とし、静養に努める以外ないというのである。この「拝診書」は公表しないことになっていたが、枢密顧問官や元帥などには時機をみて内示することとされた（ＨＤ五　七〇、一九二〇、二〇七、二二六―二二八頁）。

こうして、天皇による「親裁」の実が失われていることが、公表されはじめたのである。六月には、松方正義内大臣が摂政の設置を提議するが、原首相は、「国民に諒解せしむるの必要」と「皇族方の十分なる御考慮」をえるために、何回かの病状発表を行うべしとの見解であった。この見解にそう形で、七月には、姿勢弛緩・言語障害などの症状を示した第二次病状公表がなされ、一九二一年一〇月には第四次病状公表が行われた。この公表は、新宮内大臣牧野伸顕の考えで、「稍々赤裸々に御容態を公表」したもので、快方には向かっていないこと、注意力・記憶力も減退していること、幼時に「脳膜炎様の疾患」にかかったことを新たに明らかにしていた。それは皇太子裕仁の摂政就任への準備工作であった。宮内大臣による皇族らへの事前の内奏をへて一一月二五日に、皇室典範の規定にもとづき、皇族会議、枢密院会議が開催され、裕仁の摂政就任が決定、発表される。この発表と同時に、侍医団による第五次の「御容態書」と

「宮内省発表」が出された。

この宮内省発表は、大正天皇の容態の経過と摂政設置を必要とする理由を、かなり詳細に説明したものであった。そこでは、大正天皇が幼時に「脳膜炎様の御大患」にかかったことから始まり、すでに「大正三、四年の頃」より姿勢、歩行、言語に支障を生じたことを明らかにした上で、一九一九年からの静養後も「御脳力は日を逐《お》って衰退」し、「御姿勢其の他外形の御症状」も「総て御脳力の衰退に原因し、御脳力の衰退は御幼少の時御悩み遊ばされたる御脳病に原因」することは侍医の意見一致するところで、「終に大政を親《みずか》らし給ふこと能はざる御状況」となり、摂政設置となったと述べている。この宮内省発表に対し、侍従武官の四竈孝輔は、その日記で怒りを爆発させている。「嗚呼《ああ》、何たる発表ぞ。昨日までは叡慮文武の聖上と其の御聖徳を頌《しょう》しつゝ、今日俄然此の発表あり。宮内省の言ふ所、信を措くに由なしと世の攻撃ある場合、宮内大臣は如何なる釈明をなして世に謝するを得べきか」（四竈孝輔『侍従武官日記』二七九―二八〇頁）。

この間まで「仁慈」に富んだ「英明」な君主とされていたものを、幼年期にさかのぼって病歴を公表し、この幼時の「脳病」が原因で、一九一四～一五年頃から「脳力」が衰退したと発表しているのだから、この怒りも当然である。宮内省発表から形成される大正天皇のイメージは、幼時より「脳病」＝精神疾患をわずらっていた人物というものにならざるをえない。そのような人物が、天皇として「親裁」し、「親政」を行っていたというのであるから、天皇や「親政」の名目性はあらわにならざるをえず、その権威が大きく低下することは避けられなかった。こうした点についての危惧は、皇族会議の準備会合でも出されていた。朝香宮鳩彦は、時期についての疑問を提出し、「内閣更迭に付御親裁ありたる時より僅《きん》々の日数を経たる今日、天皇の御不能力を直に発表する時は、国民は之を黙過すべきや如何」と質問する。原敬が暗殺され、高橋是清に組閣が命じられて二週間たたぬうちに、こうした発表をしようというのだからである。だが、宮内大臣の答えは、親裁を要する事柄は「日々絶へず起るもの」であるから、「好時機」を予想することは不可能で、熟慮の上今日を選んだ、というものであった（『牧野伸顕日記』――以下、MDと略記――三七頁）。摂政就任のやむをえない事情を明確にするためには、大正天皇の病状を赤裸々に公表して、その政治能力欠如を事実上示すことも、「親政」の名目性が浮かび上がることも、やむをえない選択とされたのである。

こうした結果として、天皇や「親政」の名目性はあらわにならざるをえず、これらの権威は大きく低下し、「親政」の観念は大きく後退した。政治支配層の頭部では、「親政」をたてまえとしつつも天皇の実権的役割は極小にすべし、摂政に就任したが成人したばかりで政治的経験がない皇太子には、実質的政治決定にかかわらず「聖断」を実施させないよう行動すること、天皇の政治責任にかかわる議論を誘発する行動をつつしむことが行動準則化する。すでに摂政設置以前の一九二〇年九月、原首相は、「政府は皇室に累の及ばざる様に全責任の衝に当るは即ち憲政の趣旨にて、又皇室の御為めと思ふ。皇室は政事に直接御関係なく、慈善恩賞の府たる事とならば安泰なりと思ふて其方針を取りつゝある」と語っていた（HD五二七六頁）。

裕仁の摂政就任後、一九二二年に高橋内閣が閣内不統一におちいり、首相が総辞職を考えはじめた際に、元老西園寺は次のように発言する。「高橋子は摂政宮様に御心配を掛けるは恐れ多しと言へり」というが「之は少し昔の事ではないか、陛下御老年又は御病気であれば別だが、今上陛下御病気の為め摂政が置かれたではないか、今日の如き時局紛糾の場合を摂政宮様に御聞かせ申し聖断を仰ぐがよいではないか、一つには宮様が政治に御経験遊ばさる、御学問ではないか」、もっとも「斯《こ》んな事を言ふと山県公は賛成せらる、ならんが、平田子には叱られるかも知れぬ」（『大正デモクラシー期の政治　松本剛吉政治日誌』——以下、MGDと略記——一六二頁）。ここで西園寺は、どこまで本気かは疑問であるが、首相が避けようとしている摂政の「聖断」もありうると述べている。しかしその西園寺においても「病気」の天皇、すなわち大正天皇への「聖断」要請は回避すべきものであった。そして「聖断」には、やがて内大臣に就任する平田東助は同意しないだろうと推測している。そして高橋首相は、西園寺の意見にもかかわらず、「聖断」を要請せず総辞職する。

この時は「聖断」もありうるとしていた西園寺は、一九二六年、若槻内閣倒閣をめぐって、松島遊郭事件・陸軍機密費横領問題・朴烈事件など泥仕合ともいうべき抗争が展開した時には、摂政の「聖断」を否定する。最も憂慮すべきことは「摂政殿下に対し英断を下させ給ふことを仰ぐこと」であり、それは「殿下を政争の渦中に入らしめ」ることとなると警告し、摂政殿下の在り方としては「親ら政務を御指揮あらせられるべからず。各種官職に在る者をして、如何にして其全知全能を竭《つく》さしむべきかを御考案あらせらるべし」とした（『昭和初期の天皇と宮中　侍従次長河井弥八日記』——以下、KDと略記——六　二二三頁）。委任君主に徹するべきで、政策的決定や政争に入りこむような決定、「聖断」はなすべきではないというのがその主張となる。

また一九二四年、組閣を命じられた清浦奎吾が、難航した組閣の途中に摂政から「奮発してやれとの御言葉」がかけられたことを「優諚」を賜わりと発表したことは、西園寺と平田内大臣を憤慨させた。平田は「有り難き御諚を賜はりたり抔《など》申せしは以ての外にて、決して優諚を賜はりたる次第にあらず、優諚とせば、内大臣之に与り元老へ御下問ある筈なり」と述べ、このことを元老にも通知する。ここでは一般的な「御沙汰」と「優諚」＝「御沙汰書」「勅語」は明確に区分が意識され、後者は内大臣・元老の「輔弼」によるもののみと考えられている。この事態を知った西園寺は、組閣もできていないのにこの内閣も駄目と評価し「自分が清浦を持ち出したるは不明なりし」と述べた（ＭＧＤ　二八五―二八六頁）。西園寺や平田によって、「優諚」をもちだす者は輔弼者としての責任意識・資格に欠けた者とみなされていたのであり、清浦への否定的評価はこれ以降決定的になっていった。

こうして天皇・摂政に、実質的な政治的決定に関する「聖断」を実施させずにすむよう行動することは、元老や内大臣などによる政治指導者への一つの評価基準となり、そのことによって輔弼諸機関の「天皇親裁」「天皇親政」要望への自己抑制をつくりだしていく。

## 内閣への権限集中と政党内閣

天皇の親裁の名目性があらわになってくる状況で、また実権的機能が縮小するもとでは、権力の集中性の担保は内閣に担わせる以外になかった。一九一八年、米騒動によって辞職した寺内内閣のあとをうけて、政友会総裁原敬が組閣する。原内閣は、陸・海・外の三相を除くすべての閣僚を政友会員でしめた最初の本格的政党内閣であった。その原内閣の下で、大正天皇の健康状態から首相への政治的権限の実質的集中は進行しはじめる。原内閣組閣の際、元老の山県・松方・西園寺の間で原の奏薦が合意された段階で、内大臣でもあった松方正義は「陛下も御不慣の事にもあれば、内閣成立の上は閣僚各自に拝謁するよりは首相取纏めて言上する様注意を望む」と、西園寺を通じ原に伝言し、さらに参内した原にこの点の念を押す。第一次病状発表の際に、波多野宮相から同様の依頼をうけた原首相は、「内閣組織当時松方内大臣より内談の次第も之あるに付已むを得ざる場合の外他の閣員は拝謁を願はざる事になし居れり、但海、陸、外務の三相は職務上自ら言上せざるを得ざるは不得已次第《やむをえざる》なり」と答えているから、すでに首相による拝謁・上奏のとりまとめが実施されていた（HD五　一三、一五、一二六頁）。国務各大臣による単独輔弼という明治憲法のたてまえにもかかわらず、軍務と外務をのぞく国務主要事項の上奏は、首相によってとりまとめられるようになっていたのである。

一九二〇年九月、陸相辞表問題の処理にかかわって、原首相は「聖断を仰ぐべきは勿論《もちろん》なれども、単に聖断を云々するは今日の時勢に於ても考ものなり、内閣は飽まで責任の衝に当るを要すとて先帝の御時代とは相違する事を言ひたるに、山県は無論同感」し、山県から辞表の処置は、首相から「下戻」＝却下さるべしとの趣旨の覚書をつけて上奏するよう提案がされる。首相と陸相の間で辞表却下・留任との合意が存在していたとはいえ、陸相の留任人事を首相の意向にもとづいて処置する形式を山県に承認させたのである。この会談ではまた、原は「重ねて政府は政事の全責任を負ふべく、而して宮中に関しては今日の場合元老全責任を負ふの外なし」と述べている。この発言は、元老の責任の重さを指摘しながらも、元老は宮中問題の処置に専念すべきであり、政策・政治方針の決定は内閣が独自に担当するという立場の表明でもあった（同前　二八一―二八二頁）。首相を中心に、内閣に政治決定権を集中するという方向が表明された。

さらに、一九二一年七月には横田千之助法制局長官に山県が、「宮中の問題には色々の事も生ずる訳なれば政界の中心確乎たるべからず、夫れは其趣旨を国民に宣布する必要ありて政党の力に待たざるを得ずとして政党を認め、仮令多少の非難ありとするもやむをえざる次第なりと力説」することが生じる（同前四〇六頁）。この時は、久邇宮家の色盲問題を理由に久邇宮良子と皇太子との婚約の取消しを主張した山県に対し、久邇宮家関係者や右翼団体から激しい攻撃が行われ、婚約取消しに失敗した山県が枢密院議長・元老などの辞表を提出、天皇の「御沙汰書」によって辞表却下となって事態が収拾された直後のことである。こうした状況からであろうが、山県が政界の中心としての政党の役割、国民統合における政党の役割を承認し、強調したのである。議会をも掌握した政党内閣の政治中枢としての機能を山県も認めたといえよう。

もちろん、この評価は、山県と提携してきた原政友会内閣に対して行われたものである。それは、天皇親政の後退、山県との協調という事実からだけでなく、原が党内にライバル的存在をもたない総裁で強い党内統制力をもつ指導者であったこと、一九二〇年の総選挙で小選挙区制実施の条件もあって、二七八議席という絶対多数を政友会が衆議院でしめたこと、貴族院に対してもその多数政派の研究会との提携で勢力を拡張していたことなど、総じて政界、とくに議会に強い支配力を発揮しえていたことからする評価であった。だがとにかくも政党内閣が、山県から政界の中心として認められるにいたったのである。

また、天皇に実質的決裁能力が欠如した下では、さらに天皇親政が実質的に機能していない状況が明白な下では、統帥権独立の効力も低下せざるをえない。統帥権独立の実質的意味は、軍事機関が内閣から自立し、内閣に対抗してその方針の承認を天皇から決裁としてえるところで発生する。ところが、天皇がその決裁を与えなければ、統帥部はその独自方針を権威づけ貫徹することはできないし、天皇に決裁者としての能力が欠けていることが明白な下で、あえて内閣に対抗して決裁を求めることは、その正当性を疑われざるをえない。天皇親政の欠如の下では、統帥権独立をふりまわすことはきわめて困難になるのである。

大正政変の後、山本権兵衛内閣は軍部大臣現役武官制を改正し、予後備将官も陸・海軍大臣に任用できることとした。大正政変での軍部専横——陸軍による陸相後任推薦の拒否による倒閣——に対する批判への反応である。ところがこの際、陸軍による反対の帷幄上奏がなされていた。官制改正について陸相の同意をとりつけ、一九一三年五月二日に閣議決定が行われるが、七日に大正天皇は山本首相をよび、奥保鞏元帥と長谷川好道参謀総長が、上奏書を提出し、「此書面は他人に御示し無き様にと奏上せる旨」話したのである。翌日、天皇より首相に示されたその上奏書は、一つは事すこぶる重大であるから「之を相当機関に御諮詢」するよう、もう一つは「先に官制改正の不可を奏せるも已《すで》に御決定と申す事にて已《やむ》を得ざるも」「陸相の職権に関し分配宜を得せしめられん」というものであった。首相が「官制改正の事は臣の職責に属す。但し御叡断に在る事勿論なり」と述べたところ、天皇は「之は留め置きにする考なり」と答えたという（TD下　一七五—一七六頁）。実際は、山本が原敬に内話したように「此の如き事柄を内奏する事は甚だ不都合なる事を言上し、且つ其奏文は何人にも示さず陛下御許に留め置かる、様奏上」し（HD三　三〇九頁）、そのとおりに処置されたと思われる。この事例が示すのは、内閣方針に対抗して帷幄上奏がなされても、天皇がその意見をとりあげて元帥府に諮詢する措置がとられなければ握りつぶされる状況である。大正政変の後で軍部批判が強く、かつ山本のように剛腕の首相の下で、天皇の首相の輔弼にそって行動する場合には、帷幄上奏は必ずしも効力を発揮しない。

また、一九二〇年、陸軍省と参謀本部との間の権限紛争が生じ、田中義一陸相の辞表問題が生じた時、原首相は「是迄は独逸の例とか言ふ事にて何もかも皇室中心にて統率権など極端に振り廻さんとするも、今日は先帝の御時代とは全く異れるに因り、政府は政事上余責任を以て国政に当るの方針に改めざれば、将来累の皇室に及ぶの虞あり、然るに参謀本部などが天皇に直隷すとて、政府の外にでもある様に一にも二にも統率権を振廻《ママ》さんとするは如何にも思慮の足らざるものなり、故に此際此等の弊を一洗するは即ち国家皇室の為めと思ふ」（同前　五　二八〇頁）と述べ、参謀本部を陸相の方針にしたがわせようという田中陸相の意向を激励する。こうして前述の田中陸相辞表問題の処置が行われたのである。さらに一九二一年、ワシントン海軍軍縮会議に加藤友三郎海相が出席する期間の海相事務管理を首相が務めることについての処置がある。海軍が異議なく了承したのに対し、陸軍が統帥権独立の見地から反対したのである。しかし、原首相は山県に談判し、田中前陸相に斡旋させ、陸軍はその官制解釈を変えず、陸軍には適用しないという条件であるが、海相事務管理についての「裁量は総理大臣に一任す」との覚書をとりかわすことで、就任を認めさせた（同前　四五六―四五七頁）。第一次大戦後の国際協調と軍備縮小、デモクラシーの気運という条件とともに、天皇の親裁の実質が失われていることを公表しはじめた下では、政治的決定は内閣中心主義で行い、軍部を含めた諸輔弼機関は天皇の決裁にもちこむことを自己抑制し、親裁の以前に内閣のなかで、あるいは内閣のなかでの協議で結論をえるよう行動せざるをえなくなってきたのである。

こうして、内閣において政治的決定と権力の集中性を担保させようという動向が進行するが、そこには一つの大きな難関が存在していた。枢密院の存在である。枢密院は憲法規定に存在の根拠をもち、「至高の輔翼」、天皇の最高顧問府とされ、憲法付属法規の改正や条約批准、緊急命令発布や会計上の臨時処分などは、そこでの審査を必要とするとの官制上の権限をもっていた。天皇が補弼にもとづいて行動すると考えられれば考えられるほど、枢密院が内閣に対抗して輔翼に進出しようとする衝動は強まる可能性が存在したし、枢密院の審議をへなければならない重要案件は多かった。そして枢密院の議決が内閣方針を否定した場合、内閣が方針を貫くには、天皇へ対抗上奏を行い天皇の決裁を求める以外にはなかった。一九二二年、加藤友三郎内閣によって満鉄付属地からの日本の郵便局の引上げ協定などの「日華郵便約定」が調印され、枢密院に諮詢されたことでこの問題が発生する。調印し発効した後で諮詢されたため枢密院は審査を拒否し、その手続きと付帯外交文に対する非難の上奏文を提出した。窮した内閣は「此際上奏文に対し内閣側の主張を上達したる末御沙汰書の御降下を願ひ、枢府の反感を治め度し」（MD　七〇頁）との態度をとる。平田内大臣は「御言葉でも頂き結末を付ける考え」で処理に動き、摂政宮より加藤首相、清浦枢相に円満に協議を進めるようにとの口頭による沙汰（MGDによれば「御沙汰書」）が出され、加藤首相が手続きミスを認め謝罪することで収拾された。摂政の「御沙汰」で処理することがなされたのであるが、秘密であるべきこの内容が枢府・内閣双方からもらされたことを平田内大臣は慨嘆している（MGD二一四―二一五、二二〇頁）。この後、一九二四年には清浦内閣が火災保険貸付緊急勅令案の制定をはかるが、枢密院は議会召集不能の場合という緊急勅令の要件にあたらずとして反対、内閣は勅令案を撤回し、国庫剰余金の責任支出への切りかえを余儀なくされた。さらに一九二七年には若槻内閣が台湾銀行救済緊急勅令案を提出するが、枢密院はやはり議会召集不能という要件を満たしていないとして、この勅令案を否決、若槻内閣は総辞職においこまれた（増田知子　一九八四）。対抗上奏の手段にも出なかった内閣は、まったく一方的に枢密院に屈服させられたのである。天皇親政の極小化を、政策決定権限を内閣に集中させることでつくりだしつつ、内閣の指南役を自任していた元老西園寺や平田内大臣、その後継の牧野伸顕内大臣などは、こうした枢密院の在り方に批判的であり、顧問官人事によって枢密院を消極的・受動的な顧問府へ改革することを意図する。しかしそれは必ずしも成功しなかった。

### 元老の重要化と天皇大権代行体制

内閣に実質的政策決定権を集中し、内閣中心主義で政治体制の運営をはかろうとしても、天皇の統治権総攬が規定された明治憲法の下では、天皇の形式的決裁行為ぬきには国家行為が成立しえないのであるから、天皇の行動が政治的混乱をもたらさないように保証していくことは重要問題であった。「宮中問題」は大正天皇の下でむしろ重要性をましたのである。一九一九年二月、山県が肺炎で倒れその生命が危ぶまれた際、拝謁した原首相は「山県死後は西園寺を後任に命ぜらるゝの外今日の国家内外の実況にては他に途なしとの趣旨を国家重大の件と考へたるに付繰返し言上し、決して他より陳言あるも容易に御取上なき様に申上げ」た。西園寺に対しても原は、「山県死せば閣下中心となりて宮中の事には心配ある外なかるべし、政事は政府宮中は元老の責任なりと過日山県にも云ひたり、其外に方法なし」と談話している（HD五　七〇、二八七頁）。原が政治については政府が全責任をもつが、宮中については元老が全責任を負う以外にないといったのは、たんなる美辞麗句ではなかったのである。宮中問題については元老が実質責任を引き受け、議会を含めた諸輔翼機関は政党内閣において統合される体制がめざされ、元老と政党内閣との、人的にいえば山県と原との相互依存体制が成立する。最初の本格的政党内閣といわれる原政友会内閣とは、このような性格のものであった。

ただこれは、主に山県と原の相互依存という個人的紐帯によるものであったから、原の横死、山県の病死という相次ぐ事件によって倒壊する。だが、元老と政党内閣との相互依存体制という基本構造は再建されることになる。しかしそれには時間がかかった。その理由の一つは、政界・官界・軍部と広範な勢力に影響力をもっていた山県が死没した後、元老が首相奏薦権――事実上の首相決定権――をもち、首相任免権に極小化した「縮小した天皇大権」も代行する体制が固まるまでに時間を必要としたからである。山県死没後、後継首相の奏薦の方法は試行錯誤をくりかえし、またその諮問範囲についてもさまざまの画策が現れた。一九二二年、高橋是清内閣の辞職が噂される頃、後継首相を枢密院に諮詢させようとする動きがみられた。西園寺は「此頃伊東子や清浦、後藤、犬養等が政変の場合は枢密院に御諮詢になるやう企て居るとか云ふが、怪しからん事だ」と語っている（MGD　一六〇頁）。松方と西園寺のみになった元老に対抗し、枢密院をこの問題でも最高顧問府化しようとする動きがみられたのである。これが実現すれば、枢密院が事実上の国家最高機関と化したであろう。この高橋内閣後継問題では、高橋首相は内閣不統一の責任問題から後継者を奏薦せず、摂政の下問に対し、松方内大臣は「今回は枢密院議長たる清浦子、前総理大臣たりし山本伯に相談すべきこと」、かつ平田東助宮内省御用掛には相談せずと答え、西園寺を含めてこれらの人々に相談をはかる。下問をうけた西園寺は、薩派系勢力や清浦の動きに嫌気がさし「病気ゆゑ後継者の事に対しては一切松方侯に御任せ致し度し」と答え、奏薦に加わらなかった（同前　一八四頁）。元老のみが後継奏薦を行うことも固定していなかったのである。

　後継首相について、内大臣が諮問をうけ、松方の死後はただ一人の元老となった西園寺に下問するよう奉答し、元老が奏薦する方式が考え方として固まるのは、護憲三派内閣成立後の一九二四年のことである。松方のあとに内大臣になった平田は、西園寺に次のように伝言し、西園寺もその考えに了承の返答を送っている。そしてこの方式は摂政へも上奏された。

　政変の場合に於ける御下問範囲拡張問題であるが、之は既に山県在世の時よりも其話がありたることとなるが、日本としては矢張り日本式で行かねばならぬ、元老は関白である。其関白の余り多きことは好まぬ、又、其関白が内閣の後継者を奏薦して置きながら、後から其施設上に関与したり、又其他の事を彼是注文抔しては可《い》かぬと思ふ、清浦や山本抔は希望があるかも知れぬが、之は断じて可かぬと思ふ（中略）元老は西園寺公を限りとし、将来は置かぬが宜し、原が居れば別だが、種切れなり（中略）政党内閣は結構であるが、三派出揃った今日を見ても分る、何も出来ぬではないか、英国流を真似ても日本は駄目だ、独逸でさへ失敗したではないか、清浦の如く政党を無視しては駄目だが、政党を尊重して無視せず、有視してやれば、此の次は中間内閣で宜いと思ふ、此事も附け加て西公に申上げ呉れ（同前　三一九―三二〇頁、摂政へ上奏の事実については五一〇頁）

この伝言の示す第一の点は、山県没後に動揺していた御下問範囲拡張問題に、ひとまず決着がつけられたことである。元老は西園寺までで打ち切り、その元老西園寺のみに後継首相の下問範囲は限定された。首相の奏薦権は、元老に、そして副次的には最初に処置についての諮問をうける内大臣までに限定されるのである。第二に、その元老は「関白」として、天皇の首相任命権を事実上代行するものとして位置づけられている。天皇は元老の奉答をそのまま承認するものと考えられているのである。第三に、その「関白」は後継首相についての「奏薦」のみを行い、内閣の施政には関与しないことを原則とするのである。政策決定は内閣で基本的に行われるのであり、天皇大権はいわば後継首相任命権のみに縮小して、しかも代行されるのである。以上の三点から、「縮小した天皇大権」代行体制がここにひとまず成立し、天皇親政の名目化は極限に達したと考えられよう。だが第四に、この平田の考えは英国流の政権交代システムを否定し、「中間内閣」の成立を肯定するものであった。議会の多数党の党首、二大政党の領袖を交互に任命するのではないのなら、中間内閣の首相の選択は西園寺没後は誰が行うのであろうか。老齢の西園寺のみに元老が限定された以上、御下問範囲拡張問題の再燃か、政党内閣制かの選択は避けられないものであった。

だが元老西園寺は一九二三年に山本権兵衛を、一九二四年に清浦奎吾を奏薦し、そしていずれも落第との評定を与え、清浦内閣が第二次護憲運動で倒された後には、護憲三派の第一党となった憲政会総裁の加藤高明を奏薦していた。そして、一九二五年第二次加藤高明内閣、一九二六年若槻礼次郎内閣と衆議院第一党党首を、一九二七年田中義一内閣の奏薦以降、一九三二年の犬養毅内閣までは、政友会と立憲民政党という二大政党の党首を交互に後継首相に奏薦したことにより、二大政党の間で政権が交代するという「憲政常道」、政党内閣制の慣行が成立したかに思われたのであった。

## 3　政党内閣制の実態

### 吉野作造の政党政治批判

天皇の親政という観念の後退は、親政の名目の下に内閣に対抗して独自の権限を行使する特権勢力、特権機構への批判を強めることになる。一九二二年、軍備縮小問題に関する国会演説で、政友会の大岡育造が帷幄上奏を論じたのをとりあげ、吉野作造は、統帥権独立を批判・否定した。吉野は、上杉慎吉や美濃部達吉ら憲法学者の憲法解釈から問題を論じるその論じ方を批判し、「国防用兵の事は勿論の事、統帥の事だからとて、之を普通の政務から離すといふは、国権の統一的運用を著しく妨ぐるものたるやを疑はない」のだから「軍令権を輔弼の範囲外に駆逐」するのは合理的根拠がない、という。また統帥権を「親裁大権」というが、現に「元帥府なり参謀本部なり海軍軍令部なりの輔翼」をうけている。「輔弼に由る君主の意思決定と、輔弼の結果たる君主親裁の直接活動」は区別されるべきで、「君主の意思決定に至るまでには、統帥権に限らず、凡ての国務に亙って必ず大臣の輔弼あるべきは憲法の要求」である。ところが君主親裁の「趣旨を拡充して、之に関連する一切の事項を、挙げて大臣の輔翼外に置くべしとするのは、故《こと》らに《さ》大臣を忌避するの魂胆」に他ならぬと批判した（『吉野作造博士民主主義論集』第三巻　一四―一二頁）。君主親裁に至るまでの君主の意思決定は、すべて輔翼をうけて行われているという、君主親政の名目性を明確にすることで、統帥権独立の根拠は否定されたのである。

また、一九二四年には清浦内閣の火災保険貸付緊急勅令案問題から「枢府と内閣」の対立について論じる。枢密院は、天皇の最高顧問府であってその決定は本来「君主の参考資料たる以外何等憲法上の意味を有たないもの」であり、君主の裁量と大臣の輔弼との関係にまで至らなければ「政界表面の問題にはなり得ない」ものである。ところが、この枢密院という君主親裁のたてまえの下で必要とされたものは、今や「君主大権の直接親裁といふことも無くなった以上、初めの期待通り活用せぬは当然」で「政府に対する一牽制機関」になってしまった。政府に対する牽制機関は、本来議会なのであるから、枢密院は廃止されるか、少なくとも政変の原因とならぬようにせねばならない。ここにみられるように、吉野の痛烈な枢密院批判の論拠は、「君主不親裁論」なのである。そして君主親裁論については、「君主は君臨して統治せずといふと、如何にも君主の大権を傷くるが如き感をなして、之を憤慨する短見者流も一時はあったが、此頃はこんな点に疑を抱くもの少くとも識者間にはなくなった様だから、此上の穿鑿《さく》は止さう」と一蹴した（同前　一二二―一三七頁）。もっとも、この論説は「現代政局の史的背景」という講演とともに、枢密院・貴族院勢力を怒らせ司法処分の動きを生じさせ、東京帝大教授をやめて就任したばかりの朝日新聞からの退社を吉野に余儀なくさせる（田中惣五郎　一九七一　二四七―二五六頁）。

このように君主大権をすべて大臣輔弼の下に置くことで特権勢力・特権機構の改革を主張した吉野であったが、他方、その政治統合の中心になるべき政党内閣の現況への評価も厳しいものであった。吉野の立憲制論は、「元首の行動は政府之を制し、政府の行動は議会之を監督し、議会の行動は人民之を監視するの制度」で、その真髄は「責任内閣の制度」にあるとするものであった（「本邦立憲主義の現状」『吉野作造選集』一　六、九頁）。そして政党内閣は責任内閣の一種で、「議会の十分にして有効なる監督は政党内閣の制度に依りてのみ完全に行はれる」との見地から「理論問題として熱心に政党内閣を歓迎する論者」であった。しかし、政友会に代表される政党の党勢拡張政策、特権勢力と妥協して政権を掌握し、政権を利用して利益政治を展開して政党地盤を固める地盤政策は、議会を人民が監視する立憲制の本旨を歪めるものに他ならなかった。この地盤政策を打破して、政党内閣制を確立するために普通選挙制の採用が主張される。また政党内閣が立憲的に機能するには「二大政党の対立」を要件とすると考えていたから、官僚勢力との妥協提携による西園寺政友会内閣は政党内閣でないとされ、政友会に対抗する非政友諸党を基盤とする大隈内閣の成立をもって「政党内閣の端緒」と評価されたのである（「山本内閣の倒壊と大隈内閣の成立」『吉野作造選集』二　五九―七一頁）。

こうした吉野は、原内閣の成立当初こそ特権勢力に顧慮せず「純然たる政友会内閣」を組織したことを評価したが、地盤政策を進め、解散総選挙で政友会の絶対多数をつくりあげたことは、憲政の発達とは評価されなかった。原内閣の倒壊後、政党内閣を「憲政の常道」とする主張が政界のなかでさかんに唱えられはじめる。民衆の意思を政治的に代表するものは政党であり、「従って憲政は政党政治でなければならぬ。故に一政党が失脚したとすれば他政党が之に代るのが憲政の常道」との声が、主として憲政会の方面からあげられた。しかし吉野はこの議論を一蹴し、高橋是清内閣倒壊後には前海相の加藤友三郎内閣の成立を容認する。吉野にいわせれば、「今日政界の実状は憲政の常道が踏みにじられて居るのではなくして、憲政の常道がてんで出来て居ない」のである。政党は民衆の良心を反映すべきものであるのに、こうした意味での「政党と認むべきものは一つもない」。したがって「憲政の常道」を適用する状況にないというのがその評価であった（「最近政変批判」『吉野作造選集』四　三六―四一頁）。

さらに加藤内閣崩壊の頃に、憲政常道論はよりさかんに唱えられる。次の内閣は政党によって組織されるのが常道だと、政友会の方面からも加わって、政党内閣論が主張されたのである。これに対し吉野は、第二次山本権兵衛内閣の成立を容認する。「現今の政党にはこの常道に由る権力の附託を受くるの資格がない」。なぜなら現在の政党の勢力は、公正な選挙が行われず、「不正の手段により民意を蹂躙することによって強てもぎとった勢力」に他ならない。「憲政常道論の根本基礎が政治と道徳の階調にありといふを許すなら、我国に於て今の所政党内閣を否認するのが常道」とまでいうのである（「憲政常道論と山本内閣の使命」同前　五八―六二頁）。当時、衆議院が政友会の絶対多数支配下にあったことを念願におけば、この吉野の主張は、政友会の一党優位制の打破を最優先の課題とし、山本内閣に「公平」な選挙の実施によるその実現を期待したものであった。こうした見地は、清浦奎吾内閣の成立でも変わらなかった。吉野は、今期議会の切り抜けのための妥協よりも「政友会との戦闘」「勇敢に政弊と闘ふこと」を要望したのである（「山本内閣の倒壊から清浦内閣の出現まで」同前　八〇―八一頁）。

吉野が現実の政党政治を評価しはじめるのは一九二四年の加藤高明護憲三派内閣からであった。憲政会の第一党、護憲三派の優位は「選挙に対する民衆良心の積極的活躍のあつた」ものと評価されたのである（「新内閣に対する期待」同前　八三―八五頁）。そして一九二六年には、御下問奉答機関についての西園寺談話の新聞報道を素材に次のように論じた。まず「政界には政党内閣主義という原則並に慣行がある」。第二次加藤内閣、若槻内閣の成立をもって、政党内閣制の慣行は成立したと評価したのである。そして元老のみが首相奏薦権を有するものになったにもかかわらず、西園寺が御下問奉答機関の必要を認めず内大臣の責任としても充分だ、と述べたことは、「今後は内閣組織」を「或特定の慣行又は原則に拠らしめよう、実質的に或る個人の責任にしないといふ趣意だと解さねばならぬ」。すなわち西園寺には「元老なる制度を不必要とする確信が出来たもの」とみられるのであり、彼は「まがう方なき政党内閣論者」である（「西園寺公の元老無用論」同前　一七四―一八一頁）。吉野は、護憲三派内閣以降、元老西園寺の下で、政党内閣は慣行化し、西園寺によってそれは推進されていると評価しているのである。だがそれは、はたして的を射た評価だっただろうか。

### 憲政常道論と元老

元老西園寺は、決して原則的な政党内閣制論者や、憲政常道論者ではなかった。一九二二年、政界で憲政常道論がさかんに唱えられはじめた時、次のように語った。「憲政純理論とか常道とか云ふて、政友会内閣が仆《たお》るれば憲政会に、又憲政会が可《い》けなければ国民党と云ふ順に総理大臣を出さなければならぬと云ふが、私は政友会内閣と云ふも政友会の内閣に非ず、陛下の内閣と思ふ」（ＭＧＤ　一四二頁）。

一九二四年、前述の平田内大臣と西園寺の間で、「縮小した天皇大権」代行体制の運営方法が確認された時、平田の「次は中間内閣で宜い」という伝言に対し、西園寺は次のように返答している。「又平田の云ふ中間内閣抔の事も種々考へ居るゆゑ、此等のことは総て平田と同意見である旨序《ついで》に伯へ伝へ呉れ」。そして松本剛吉には「政党員や新聞記者抔には絶対極秘に付さねばならぬが、政変の場合は其時の事情に依り中間内閣でも可なり」と述べたのである。また一九二七年、若槻内閣が行きづまり総辞職が予想された時には、「自分は二大政党論を他に語り、又政党の党首に非ざれば大命を拝すること六《む》ケ《つか》しき様言ひ居るも、君だから御話するが、其時の模様にて中間内閣も已むを得ざることあるも計り難し」と述べている（同前　三三〇、五五七—五五八頁）。西園寺は一貫して中間内閣の組織の可能性を念頭においているのであり、「陛下の内閣」＝大権内閣論者なのである。この点は、一九二七年、田中義一政友会総裁を若槻内閣後継として奏薦する時、下問を伝えにきた河井弥八侍従次長に、念のため「過刻奉答仕候第三は、陸軍大将田中義一え仰付られたりとの意味に之れ有り候。政友会総裁え仰付られたしとの意味を申上候義には之れ無く候」と追いかけて書簡を送っている点からも確認できる（KD六　二三二—二三三頁）。政党の党首であるからという理由で、政党の党首の資格で、総理大臣に奏薦されたのではないのである。陸軍大将田中義一への天皇の信任の結果として、首相は任命されねばならない、これがこの書簡の物語るものであり、それは大権内閣の考え方以外のものではなかった。

では、そうした考え方の西園寺が、なぜ政党総裁を奏薦したのか。一九二二年に西園寺は「自分は過日も申せし如く、憲政の常道又は純理論等は分らぬ議論と思ふが、兎に角今日は時勢の上より政党を基礎とせざれば内閣組織は六ケ敷い」と語っている。一九二四年、加藤高明内閣の奏薦も、松本剛吉の「政局安定人心の安定を図るには万難を排して第一党たる憲政会総裁加藤高明に大命の降るが途なりと思ひます」との意見に同感の意を表してのものであった。一九二六年、若槻内閣が動揺し後継内閣が考えられはじめた時、西園寺は田健治郎や平沼騏一郎説に対し「然し憲政擁護会抔を恐れる訳ではないが、何《ど》うも政党の方が受けが良い様だ、田中としては甚だ危い感じがするが、何うも自分一人の考としては田中が良いではないかと思ふ」と発言している（MGD　一五一、三〇一、五一〇頁）。すべて、政党を基礎とせざれば内閣組織は困難であるという状況判断から出た発言なのである。

そもそも元老の後継首相奏薦が、天皇大権＝親政の代行行為なのであるから、元老が原理的には大権内閣主義であるのは当然のことであった。議会の多数の支持――「議会主義」は元老にとっては原理ではなく、政治統合が可能かどうかの状況判断の材料の一つであった。分立的な天皇制国家の諸国家装置、輔翼諸機関という構造にあって、それらを誰ならば統合しうるかという点が元老にとっての関心の焦点だったのである。そして議会・政党の勢力の伸長が著しい状況では、また組織的社会運動が展開し、ジャーナリズムも大衆化している下で、国民統合上の正当性も考慮にいれなければならなくなった状況では、政党の党首以外に、統合の中心点をみいだすことは困難になっていたのである。西園寺が二大政党論を語り、政党党首でなければ首相になりがたいように語ったのも、まったくの虚言ではなく、むしろ政界の統合の中心点を形成させようとする戦術的発言とみるべきであろう。

だが、第一党総裁の加藤高明が奏薦され、元老がこのように語った時、政党内閣・憲政常道論は確立したかのように誤認される。陸軍大将から政友会総裁へ就任した田中義一は、苦節三年と称していたが、「其実強き政党内閣論者にして、中間内閣抔は夢にも問題にせず、若し現内閣にして仆る、時は当然田中男自身に政権は来るものと盲信し居る」と観察されていた（同前　四二四頁）。このように、国民の信託にもとづく多数ではなくとも、とにかく議会の多数により政権を掌握しうるという「憲政常道」論からは、政権党を傷つけ倒壊させて第二党が政権掌握をはかろうという策謀、議員の数をあわせて人為的に第一党をつくりだそうという策謀、これらによる離合集散といった、魑魅魍魎《ちみもうりょう》の世界が議会に現出する。

しかし、とにかくこうして政党内閣制の慣行が定着したかに一般には思われた。天皇親裁のたてまえはたてまえとして維持しつつも、政策決定は内閣に集中させ、後継首相任命は元老西園寺の「輔弼」と責任において行使され、政治統合の中心として政党内閣が組織されるという体制、すなわち政党内閣制は天皇個人の権力、親政の名目化を極限に近い状態に推し進めた体制ではあった。だがそれは、西園寺の後継首相奏薦権が天皇大権の「代行」であることに象徴されているように、天皇親政の名目化の進行であって、天皇制機構の名目化では決してなかった。そのことは逆にまた、天皇親政の出現可能性をたえずはらませるものであった。一九二七年、若槻内閣が勅令案を枢密院で否決されて総辞職したあと、吉野作造は、「政府は議会以外に於て政治的責任を負ふべきものでない」との議会主義擁護の立場から、「若槻首相は枢密院の異議に拘らず之を陛下に奏上してその裁可を請ふべきであった」と主張した（「枢密院と内閣」『吉野作造選集』四　二一七頁）。だがこれは、事実上天皇の親政の発動を要請することである。天皇の統治権総攬を規定し、天皇親裁を国家意思の最終決定とした天皇制国家機構の正統性は、政党内閣に重たくかぶさっていたのである。

## 天皇の権威回復策と「国体問題」

大正天皇の病状公表と摂政設置の経過発表は、天皇の権威を傷つけざるをえないものであったが、政治支配層は、いち早く皇太子裕仁を押しだし、天皇の権威回復をはかる方策にとりかかる。一九二〇年四月に皇太子は天皇の代理として英国大使らと会見、国書を受理したが、これを始めとし諸儀式で天皇の代理を務めはじめる。さらに元老や原首相は、皇太子の洋行を、新時代の君主たるべき教育の重要問題として推進し、渋る皇后を説得して実現にこぎつけた。一九二一年三月、皇太子は横浜から出港、欧州各国を訪問して九月に帰国した。

この皇太子の洋行は、事実上の君主としての皇太子を押しだすキャンペーンの絶好の機会とされた。五月の英国国王との会見を新聞各紙は号外を発行して報道する。そこでは「東宮殿下には、日本語にて陛下が態々茲《わざわざここ》まで御出迎ひ下されましたることは感謝に堪へませんと明瞭に述べ給ひ、珍田伯之を通訳したり」、沿道では「窓に倚る愛しき乙女の日章旗を翻せるあれば、彼女の母は白きハンカチ一つを打振りて殿下を迎ふ」（『大阪朝日新聞』五月一〇日）と、国際親善とナショナル・シンボルとしてのイメージが強調されていた。帰国の際の報道でも、「本社の活動写真班は頻《しきり》と殿下の御英姿を撮影申上げると、殿下は態々右に左に玉体を動かされて特に撮影の便宜に資せられた」、列車に乗りこむと「自ら車窓の硝子戸を排されてそこに御身体を稍《やや》前方にかがませられて奉迎の人々の真心を受けさせら」れ、「数万の学生は其の平民的な御態度に感泣した」とある（同前　九月四日）。第一次大戦後の国際協調とデモクラシーの風潮に適合した皇太子の人格のイメージが打ちだされていたのである。つづいて一一月、陸軍特別大演習の「統監」にのぞんだ皇太子についての報道では、「午後七時半に至り殿下には漸く握り飯の晩食」をとったこと、「常の軍服に外套のみ」で「天幕」で露営したことが見出しに掲げられる（『中央新聞』一一月二〇日）。一般兵士と同様に行動し、困難に堪えうる次代の大元帥というイメージの形成がはかられていた。こうして摂政就任以前から、皇太子裕仁の人格を押しだして、天皇の権威を維持・回復しようとするイデオロギー操作が展開されていた。

このように、摂政裕仁の「崇敬」「欽慕」すべき具体性をもった人格を押しだし、儀式や行幸におけるその「英姿」を通じて、権威を回復しようとする戦略は矛盾をはらまざるをえなかった。第一次大戦後には不敬罪事件が増大し、とりわけ儀式にともなう不敬罪事件が増加する。それは「君主の売り込みのために、儀式や行幸をくり返さざるをえないからその結果警衛警備は厳重を極めることになる。けれども、かかる物々しい警備は、又それに対する反感を増す」という悪循環の産物であった（渡辺治　一九七九）。こうした問題をはらんでいたところに虎の門事件が発生する。一九二三年一二月、開院式に出るため議会に向かっていた摂政の自動車を、難波大助が仕込銃で狙撃したのである。事件は政治支配層に甚大なショックを与えた。宮内大臣牧野は「近来思想の推移益々甚しく、国体に関係する観念さへ驚くべき変化を一部国民に懐かしむるに至りたるは事実」だが、「此大不敬事を目撃するに当りては人心度を失ふの恐るべきを痛感し、幸ひ天佑に依り何等御障りなかりしも、前途実に憂慮限りなき次第なり。後に到り追想するも余まりの大逆行為にて事実なりしとは思はれず、夢にてはあらざりしかと念想する位なり」と当日に記した（MD 一〇七―一〇八頁）。時の山本権兵衛内閣は、摂政からの慰留があったにもかかわらず総辞職し、警備責任者らには厳しい処分が実施された。

この事件は、天皇の権威強化策についての一つの転機になったと思われる。牧野は翌年の一〇月にドイツ大使の、「日本の強味は皇室の特種《ママ》なる伝来的の権威にあり、就ては天皇は余まり世間に近（づ）かず歴史的尊厳を出来（る）丈け保持し神秘的の崇敬心の衰退せざる様心掛る事必要ならん、一般人間並の観念を以て皇室を視る様なりては、一方に於て権威を殺ぐ恐れあり」との談を聞いて、「心ある外人の感想として参考するに足る」と書きとめた（同前 一六〇頁）。摂政裕仁の人格を積極的に売りこみ、「吾等の東宮殿下」という、いわば民衆への接近による権威回復という路線は、後景に退いていった。もちろん、一九二四年の東宮結婚式、一九二七年の大正天皇大葬、一九二八年の昭和天皇即位大礼と、大きな皇室儀式が挙行され、その他の儀礼などを通じ、摂政・天皇の「英姿」「高徳」の強調はやむことはなかった。しかし、難波大助のような「狂児」「不敬漢」を出したことは「国民の一大恥辱」で「吾々は先づ国民として一天万乗の聖天子に其罪を謝せねばならぬ」（『大阪朝日新聞』一九二三年一二月三〇日）という世論状況のなかで、「国体」観念を押しだし、教化政策と治安法制の再編による「国体」批判者への抑圧で天皇の権威を回復するという路線が前面に出てくることになる。

教化政策は、一九二三年の関東大震災後に出された「国民精神作興に関する詔書」に依拠しつつ、一九二四年に中央教化団体連合会が結成され、思想善導・精神作興が推進される。一九二五年に学校軍事教練の実施、一九二六年青年訓練所の設置とつづき、一九二九年からは教化総動員運動が展開された。時代状況の変化から有効性を減じたイデオロギーを、そのまま主軸にしたこれらの教化政策が、どの程度民心をとらえることができたのかは疑問である。国家の末端の行政村では、詔書の奉読といった儀式はなされたが、実際には勤倹奨励の実行運動に矮小化されていったのが実状だったように思われる（安田浩　一九九一　三五六頁）。ただ在郷軍人会分会や村青年団といった底辺の受皿の活動のひろがりをつくったこと、各種の国家主義団体の活発化を始動させたことなどが新しい状況といえるかもしれない。したがって、天皇の権威は、内実をもって強化されたのではなかったが、治安政策の展開とあいまって、外形的な権威強化の効果をもたらした。

治安法制の再編を象徴するのは、周知のように一九二五年の治安維持法の制定であった。治安維持法は、「国体の変革」または「私有財産制度の否認」を目的とする「結社」の取締法として制定された。法律用語に多様な意味をもつ「国体」という言葉が登場したのは、これが初めてであり、「国体の変革」とはどのような行為をさすのかは曖昧で、法案審議過程では、さまざまな疑問が出された。議会での政府答弁は、万世一系の天皇の統治それ自体を否定することと、かなり限定的な解釈を行い法案は成立する。しかし、イデオロギッシュな「国体」観念を法益とする治安法の成立は、最初から拡大的な適用の傾向を示すことになる。一九二六年、京都学連事件への治安維持法の適用にあたり司法省は、反体制政治結社取締法という本来の趣旨からはなれ、学生団体の「学連の中心人物を刑事制裁でたたきつぶすことにより、〝左傾〟学生運動全般に冷や水を浴びせよう」とする意図での運用をはかった（奥平康弘　一九七七　六九頁）。しかも、この事件に適用された治安維持法の規定は「私有財産の否認」であったにもかかわらず、報道が解禁されるや新聞はセンセーショナルに事件を「国体破壊の陰謀」につながるものとして書きたてた。

さらに一九二八年、再建された共産党に向けられた治安維持法の本格的発動が実施される。三・一五事件であるが、その新聞記事報道の解禁とともに、それまでは合法団体として認められていた労働農民党、全日本無産青年同盟、日本労働組合評議会の三団体が、治安警察法の規定にもとづき結社禁止とされる。この措置は治安警察法によるものだったにもかかわらず、鈴木喜三郎内相は禁止理由を次のように談話した。「奇矯過激なる思想乃至《ないし》主張に基き社会革命を企て国体の変革を計らんとする運動」は「我国民精神の真髄たる国家国体の尊厳を冒瀆するこれより甚しきは無いのでありまするが故に断然としてこれを排除しなければならぬ」（『東京朝日新聞』一九二八年四月一一日）。「国体」観念の動員によって社会運動の左翼三団体の結社禁止は正当化がはかられたのであり、天皇と君主制国家機構への批判のタブー化が、こうして再び進行することになる。

このように「国体」観念の神聖性・絶対性が強調されるようになると、政治支配層のなかでは「国体」が政権・政敵打倒の切り札として使用される傾向が拡大する。一九二六年にまず朴烈怪写真事件が政界を騒がした。大逆罪によって死刑判決をうけ、恩赦で無期懲役に減刑された朴烈が、妻の金子文子を取調室で膝に抱えた写真と、このような待遇を許したとして「国体観念」に欠けるとされた司法大臣江木翼らを攻撃する怪文書が配布される。政友会・政友本党がこれをとりあげ、減刑措置をも含めて憲政会内閣への攻撃を行った。一九二八年には、普通選挙法による最初の選挙にあたって、田中政友会内閣の鈴木内相が、野党民政党の政綱の議会中心主義は、「我国体とは相容れない」と攻撃する。一九二九年の第五六議会では、今度は民政党が田中内閣が調印したパリ不戦条約の「人民の名に於て」という字句をとりあげ、天皇大権の干犯であると攻撃した。「国体」が批判を許さぬ正統性であるとされるなかで、それは政争に濫用されはじめる。天皇の権威は、「国体の尊厳」として名目的には強化されつつ、政治支配層の間では安易な政治的手段として用いられていたのである。

# Ⅳ章　昭和天皇の即位と〝転向〟
## ——親政君主の再登場と「立憲君主」化——

## 1　昭和天皇と政党内閣

### 田中義一内閣と昭和天皇

天皇の権威や「国体観念」がイデオロギー的に強調されてくる一九二〇年代半ばは、すでにみたように、天皇の権力行使の名目化が最も進行した時期であった。大正天皇にかわり、皇太子裕仁が摂政として親裁を行っていたとはいえ、それは実質的政治決定には基本的にかかわらないものとみなされていた。摂政への就任の際、東宮大夫の浜尾新は、学問の未了と健康の二点から摂政就任に強く反対し、その結果、「極力政務の御繁劇を省略」するよう、当時の原首相、陸海軍大臣などが相談し、「御陪食、行啓、御署名等を減少、制限する事に決着」したから（MD　六六六頁）、政務への関与は最小限に引き下げられたのである。しかしその後、牧野内大臣など宮中側近は、大正末期の内閣交代などに際し、「殿下政治御練習の為め時々経過を言上」し、また「時々首相等を御召にて政局に関する御下問あるべき事」を元老西園寺とも合意し（同前　二〇五、二四〇頁）、摂政への政治教育を進めた。大正天皇の死去によって践祚《せんそ》して半年後の一九二七年六月、昭和天皇は「近頃事務官の進退頻繁にて、然かも其人の能否に依らず他の事情にて罷免する場合多き感ありて面白からず」との感想をもらし、警保局長・警視総監などの人事をその例としてあげ、また台湾銀行問題の処理で職責をつくした上山満之進台湾総督の更迭などは、不穏当との意向も示す。政党内閣の交代による党派的人事への批判と自らの「大権に関する事御責任に付御自覚」を示したのである（同前　二六八—二六九頁）。

ところが、「国体観念」を高調し、三・一五事件、四・一六事件と共産党弾圧を実行し、治安維持法改正を強行した田中義一政友会内閣は、その実質では天皇を名目的君主として最も軽く取り扱った内閣であった。まずこの党派的人事によるひんぱんな官吏更迭への天皇の懸念を、元老や内大臣から伝え聞かされた田中首相は、「一定の期間における事務官の更迭は従前に比し特に員数を増加し居らずとの弁明」をなし、天皇の「趣意を能《よ》く了解し居らざる」との感想をもたせる。この件は、さらに牧野内大臣が首相に注意を与え、「全く田中が誤解仕りたり、仍《よっ》て今後は聖旨の在るところを遵奉致すべし」と上奏することで落着したが、牧野は「只首相、閣僚の統御上御思召通り実行出来るや否や、気遣る、次第」と早くも先行きを懸念していた（同前　二八二、二八四頁）。

さらに、田中首相は天皇の「御言葉」の安易な政治的利用と非難される事態を引き起こす。一九二八年五月、田中首相は内閣改造を行い久原房之助を逓信大臣にすえたが、この人事には、与党の政友会や内閣からも強い異論が生じる。水野錬太郎文相は、この人事に反対して辞表を提出するが、天皇から留任の「優諚《ゆうじょう》」があったとして留任の意思を五月二三日に言明した。この発言は、一閣僚の進退への「優諚」は稀有の事態である、閣内不統一の救済を「優諚」によってはかるものとの非難を生む。田中首相は事態について、水野文相とは「既に隔意なき懇談を遂げてある」と上奏するとともに、文相の辞表をとにかく「御覧に入れた」にすぎない、また「文相に対する陛下の有り難い御言葉の内容等は私は知らない」と説明した（『東京朝日新聞』一九二八年五月二四日）。すなわち、水野の留任の承諾をとり留任の措置を自分の責任で上奏したと、弁明したのである。水野文相が辞意をひるがえしながら、辞表撤回の名目として単独拝謁・「優諚」の形式を欲したのが問題の根因であったが、田中首相はその水野の意図を知りながら、単独拝謁・辞表の取り次ぎの手続きを行い、さらには「文相（水野）拝謁の場合には何とか御言葉賜はり度──仮令《たと》へば安心せり抔《など》の──との希望を侍従長へ洩らし」、侍従長から「御一言を御願致したり」との事態を生みだしたのである（ＭＤ　三一七頁）。事件は水野文相の言明の取消し、辞職となるが、田中首相への批判もやまず、第五六議会で貴族院の首相非難決議案が可決される。また事件直後、田中首相は天皇に「進退伺」を提出したが、「進退伺」の可否の輔弼者は首相となるとの議論をふまえ、牧野内大臣は「総理大臣たるもの進退伺を為すべきものに非ず、夫れ程の場合には断然辞表を奉呈すべきものなりとの議論」を「正論」と評価していた（同前　三四二頁）。

さらに一九二八年六月には、台湾総督更迭問題が生じた。五月に、台中において久邇宮が一朝鮮人により襲われる事件が発生し、上山台湾総督はその責任により辞表を提出した。その辞表はいったんは却下されたが、六月一三日、上京した上山総督に対し田中首相は、「更に同文の辞表提出方を要求し」、上山は「首相の切なる要求により更に辞表を認め提出」し（『東京朝日新聞』一九二八年六月二〇日）、台湾総督の更迭が行われる。『田中義一伝記』は、この事件を「改めて久邇宮事件に関係なく辞表の提出を求め」たものとしているが（下巻　八七七頁）、前陸相の宇垣一成は次のように記述した。「田中首相は台湾不祥事発生当時に個様なる事情の為総督を更迭するは面白からざる俑《よう》を作るとの理由にてお許しを願ひ置きながら、今次は同一事件を口実として辞職の御徳許を奏請し、お上のお咎《とがめ》を蒙《こうむ》りて退下、更に同日夕刻再参内理由の補足をして漸く御徳許を得たり、との噂あり。事実とすれば失体言語同断《ママ》也」（『宇垣一成日記』一六六六頁）。真相はこの「噂」に近いところにあったと考えられる。

こうした田中首相の言動に、摂政としての五年間の政務の経験を積んで践祚し、一九二八年一一月には即位礼も挙行した昭和天皇の不満は昂じざるをえなかった。天皇は、すでに一九二九年二月には、「第一は総理より時々の言上に付兎角違反多き事、第二は済南交渉事件は必ず決裂させずと一再ならず首相より申上居るところ、其後の経過に顧み御心配遊ばさるゝに付、此際に処する見込」について、牧野内大臣の意見を求めている（MD　三四三頁）。田中首相の上奏のしばしば前後矛盾する事態への不満と、その対中国政権への不安をあげ、それへの対処策を求めるという、首相不信任に近い表明を天皇は行うにいたっていたのである。

他方、牧野内大臣をはじめとする宮中側近も、こうした田中首相の行動様式に批判と不満をつのらせていった。牧野は一九二九年の四月、第五六議会の終了後、田中首相が拝謁で主要法案の多くが貴族院で審議未了となったことを弁解して、法案内容に欠陥があったため議論のあることも当然で法案成立は成り行きに任せた、と述べたと聞いて、次のように書いている。「自分が輔弼の責任上、上奏、裁可を経て両院へ提議したる法案が、然かも政府の最も重きを置たる三法案に、欠陥ありたれば貴族院の反対は無理ならず云々を言上するに至つては、其心得に於て総理の資格全然欠如し居るのみならず、恐れながら上を軽んじ奉るものと云ふも言葉なかるべし。固《もと》より別に意味なく出鱈目に軽々しく申上たるに過ぎざる可きが、そこに総理の無資格を顕はすものと云ふ可し」（同前　三五二頁）。牧野内大臣も、田中に対し首相失格の烙印を与えていたのである。

## 田中首相叱責・総辞職事件の意義

天皇および宮中側近の、田中首相への批判と怒りは、張作霖爆殺事件問題処理で爆発する。田中首相は、元老西園寺からの督励をうけて、一九二八年末に、張作霖爆殺は日本軍人の関係した疑いの強いこと、調査して事実であるなら法に照らし軍紀を正すための処分を行うことを上奏していた。また西園寺や牧野内大臣に対しては、軍法会議開催による責任者処分までを言明していた。ところが事実の公表をも意味せざるをえないこの処理方針は、陸軍と閣僚の強い反対をうける。けっきょく真相は公表せず、関係者を満鉄線守備地域放棄の行政処分に付することで処理するとの方針が採用されることになった。以前の上奏が食言となる田中首相は、苦慮のあげく問題を陸軍部内のこととし、内容は白川義則陸相より報告ずみであるから、発表についての裁可をえる形でなくたんに「上聞」するだけとの形式をとることで、その責任問題の発生を避けようとした。ところがこうした処理方針の形成を知らされた天皇は、「陸相若しくは首相より本件を行政事務として内面的に処置し、然して一般には事実なしとして発表致度趣意を以て奏聞の場合には、責任を取るか云々の御反問を以て首相へ御答え遊ばされ度」との意向であったから（同前　三五九頁)、こうした問責の行動を天皇にさせるか、とめるかが問題となる。

牧野内大臣は、「前後の内奏相容れざる事ありては聖明を蔽ふ」こととなるとの立場から、天皇のこうした行動を当然とした。その意味は、日本軍人の犯行との真相が上奏されていながら、「部内の者の之に干与したる事実を確認せず」との発表を行うとの上奏も行われては、虚偽の発表を天皇が認めたこととなり、その徳を傷つける、とくに「目下は極秘の取扱にて少数者間に止まるも、近来の経験にては『優諚問題の如き』早晩真相漏泄の恐れあり、其場合実に首相一人の面目に止まらざるを如何」(同前　三五一頁)とするところにあった。牧野はこうした立場から、西園寺に相談し、一度はその同意をとりつける。ところが西園寺は、田中首相の上奏の前々日になって天皇による問責に反対の意思を示す。それは天皇の「御言葉の点に付明治天皇御時代より未だ曾て其例なく、総理大臣の進退に直接関係すべしとし反対」とするものであった(同前　三七四頁)。つまり西園寺は、明治天皇以来その任命した首相に対し天皇が能動的に不信任の意思を表示した前例はない、として反対したのである。ここに牧野と西園寺の間に明確な方針の対立が生じた。翌日の内大臣、侍従長、宮内大臣の会合では、この西園寺の反対もあってか、政府が「発表案及処分案を御報告的に奏上」するというなら、天皇からは以前の上奏と「合致せざる点につき御指摘」し、「篤と考るべき旨を以て厳然たる態度」をとるとの、不信任の明示を避け問責の程度を緩めた対応を行うことにする。西園寺も、田中の上奏が「たんなる上聞」と聞いて、「政府が其責任に於て処置することならば、これ以上はなし」と安心する(『岡部長景日記』一四一頁)。

けっきょく、六月二七日の田中首相の上奏に対し、天皇は「夫れは前と変はつて居る」と指摘し、弁明しようとする田中首相に対し「其必要なし」と話をさえぎったのみで、直接的に不信任を表明する言葉は発しなかったと思われる。しかし、その夜に陸相から、田中首相が陸相の言上不充分のため「御聞済み」とならなかったと述べていると聞いた鈴木貫太郎侍従長は、天皇の態度の意味を「夫れは田中総理の誤解なり、陸軍の問題にあらず、本件に関する田中の前後に於ける態度の豹変、夫れに付是迄一回も止むを得ざる事情を上聞したる事さへなく、突如陸軍の事として申上げたる事、又最近宮田警視総監の進退に付、直ちに処分致しますと傷が附きますからすぐには致しませんと申上げ乍《なが》ら、内部の事情に迫られ手の腹を返へすが如く依願免官を内奏し、其外類似の事例重さなり来り、陛下には固より寛容に御看過遊ばされたるも、満州問題は重大なる事件にて前後の事情余まり顕著なる杜撰《ずさん》さに叡慮の一端も洩れたる事なるべく、首相誤解ありとすれば之を解け置く然る可く」と説明し、天皇の首相不信任であること、それを田中首相に伝えるよう要請したのであった（MD 三七七―三七八頁）。翌日、陸相からの関係者行政処分の上奏はそのまま裁可され、また陸相から不信任の意を聞いた田中首相は、辞職の意思を示す。こうして田中内閣は総辞職することとなった。

この事件の意味については近年、牧野など宮中側近の反田中首相の行動の能動性を強調して、「天皇・宮中グループの田中内閣倒閣運動」と特徴づける見解がある。しかし天皇は首相の任免権者であるから、天皇の「倒閣運動」などというのは論理矛盾である。事態の本質は、天皇の首相不信任表明、事実上の首相罷免という、天皇の親政的権力行使の復活ということにあった。そしてそれが曖昧な形ながら発動されたのは、それまでの首相不信に加え、この問題が天皇の権威をそこなう事柄と考えられたことによる。後に天皇が鈴木侍従長に語ったように、「田中首相が自分で先づ発表したる後、『政治上余儀なく斯く発表致しました。前後異なりたる奏上を為し申訳なし。故に辞職を請ふ』と申出づるに於ては、『夫れは政治家として止むを得ざることならん。而るに先づ発表其もの、裁可を乞ひ、之を許可すること、なれば、予は臣民に詐りを云はざるを得ざること、なるべし』」と問題が捉えられたときに（『本庄日記』一六一頁）、事実上の不信任表明が実施されることになったのである。したがって、陸軍の行政処分による責任者処罰方針はそのまま裁可されるが、「政府は同事件の調査内容はこれを発表せず、たんに責任者の処罰のみを発表する」（『東京朝日新聞』一九二九年六月三〇日）措置となる。

西園寺は、こうした事態展開に不満であった。「今度のことは侍従長が御言葉を其儘《そのまま》総理に内話したる訳にて総理が之れを閣僚に漏らすとは心外のことなるが、内府、侍従長等の人物はあれ位のものなるべしと可なり酷評」までもらしている（『岡部長景日記』一四六頁）。事態は、西園寺の懸念していた問題の拡大の方向に転回しはじめる。まずこの昭和天皇による田中首相叱責・総辞職事件は、天皇の権力と輔弼諸機関の権限・責任を明確に理解しうる、したがって輔弼諸機関の対立について実質をもち、決裁を行う能力と意思をもつ、すなわち限定された親政的権力行使の能力をもった天皇の再登場を鮮明に印象づける事件であった。少なくとも、事件の経過の概要を知りうる政治支配層にとってそうであったことは疑いない。

このことは、一方では輔弼諸機関の天皇決裁に対する自己抑制をとりはずす結果となった。すでにみてきたように、天皇制下の政党内閣制とは、天皇が実質的な決裁能力をもたないことを前提条件に、輔弼諸機関が天皇の「親裁」以前に内閣において相互調整をはかることで成り立っていたが、その必然性は存在しないことが明確になったのである。このことは、次の浜口内閣で明確になってくる。他方でこの事件は、まだ若い天皇に宮中側近が入れ智恵し操作しているとの、「君側の奸」の観念の肥大化の出発点にもなった。政権を失った森恪《つとむ》政友会幹事長は、「今回の政変が宮中の陰謀により、陛下が満州重大事件につき此上聞く必要なしと宣せられしは、内大臣侍従長等の輔弼其宜《よろしき》を得ざる為にて、これは憲政上の重大事件にて側近は断然改革せざるべからず。適当の時機に臨まば轟然天下に呼号すべし」と話していたのである（『岡部長景日記』一四四頁）。

## 浜口内閣とロンドン軍縮条約への宮中の支持

田中内閣総辞職後、後継総理大臣には民政党総裁の浜口雄幸が、西園寺・牧野によって奏薦され、一九二九年七月内閣を組織した。昭和天皇はこの浜口内閣に対しては、きわめて好意的であった。浜口は組閣を命ぜられると、その日のうちに閣僚名簿を提出する。天皇は牧野に名簿を示し、「良い顔触れなりと御満足なり。宇垣（一成・陸軍大臣――著者補足。以下同）、井上（準之助・大蔵大臣）等が能く出たとの御言葉なり。松田（源治・拓務大臣）、俵（孫一・商工大臣）等は親しくは知らざるも相当経歴はある様なりと仰せられ」（MD　三八〇頁）という様子を示した。首相の組織した閣僚の顔ぶれに対しても、満足の意を表したのである。

浜口内閣は、内政では経済競争力再建のために産業合理化と緊縮政策を推進し、金解禁をめざした。この緊縮政策の一環として、一〇月に官吏俸給の一割減を閣議決定する。ところが、翌日には司法官が減俸反対を声明するなど、官吏のなかから強い反対の声があがる。浜口の認識したところでも「各新聞紙上、官吏減俸に対する批判満載頗る不評なり」という状況で、貴族院議員の上山満之進や伊沢多喜男など民政党系の有力政治指導者も「減俸案撤回を勧告するもの踵を接して来訪す」という状況になる（『浜口雄幸日記・随感録』二四二、二四三頁）。早くも内閣は難関に直面したのであるが、この窮地を救う手を差しのべたのは天皇であった。一〇月一九日に天皇は侍従長に対し、「減俸問題に付深く軫念《しんねん》遊ばされ、浜口の境遇にまで御推察あらせられ、自分に対する内奏の行掛りより今更再考を難ずる様の事ありては不本意なり、其等の気兼には及ばず、折角種々尽力中の事故、此際蹉跌するは惜しゝ」という意思を示した。翌二〇日に牧野内大臣を訪問した民政党系貴族院議員の松岡均平は、浜口に減俸案撤回を勧告したところ「決心堅き態度を一貫したるも、議論としては根拠薄弱」、不思議に思ったが「或は本件に付ては予じめ内奏したる行掛りありて、所謂宮中関係のため今更撤回出来ざるにあらずやとの疑念を生じたるに付、其辺の事を御内話」している（MD　三八八、三八九頁）。おそらく浜口がこだわっていた事情は、松岡の推察していたとおりに違いなく、天皇もまた同様に観察して「思召」を侍従長に示したのである。

「思召」をうけて宮中側近も敏速に反応した。一九日の夕刻には、内大臣・宮内大臣・侍従長・侍従次長が協議し、「侍従長は重要人物を訪問す」（KD三　一八一頁）。浜口は、海相、外相を通じてこうした宮中の意向を知らされたと思われるが、一〇月二〇日には「減俸案撤回に決意」、各閣僚の了解もとりつけ、二二日の閣議で満場一致で撤回を承認、ただちに声明を発表した（『浜口雄幸日記』二四四―二四五頁）。後に浜口は天皇に「御詫《おわび》」を言上しているが、天皇・宮中側近の好意が、こうした処理を可能にしたのである。

また、摘発された私鉄疑獄事件は、前内閣の閣僚の召喚からさらに拡大し、浜口内閣の文部大臣であった小橋一太の文相辞任、一九三〇年三月にはその起訴にいたる。浜口内閣にとっては大きな失点となる事件であったが、浜口首相の「御詫言上」に対し天皇は、「心配するなとの御諚。政務官、事務官区別に付考あるかとの御下門（問）」を行ったにとどまり、さらに「侍従長御召し、重ねて伝へる様御沙汰。首相感激」となっている（MD 三九九頁）。官吏の任免にあたっての党派的人事への懸念から、政務官と事務官を区別する工夫については下問しているが、小橋事件についてはむしろ首相を激励するような「有り難き御言葉」が「直接及更に侍従長を経て」（『浜口雄幸日記』三〇八頁）、伝えられていたのである。天皇は浜口内閣に対し、きわめて好意的だった。

さて、浜口内閣が当面した外交上の最大の課題は、ロンドン軍縮条約の締結であった。この問題は、外交上の課題から転じて内政上の政治対立の焦点となるが、その政治過程についてはすでに多くの研究があるので、ここでは、その経過は行論に必要な限りでふれるにとどめ、天皇・元老・宮中側近の問題への対応に焦点をあててみておこう。ロンドン軍縮会議は、日・英・米・仏・伊五か国の参加で一九三〇年一月から開催され、海軍補助艦艇の保有量の制限を主目的としていた。浜口内閣は一九二九年一一月の閣議で、国際平和の確保、国民負担の軽減のため軍備縮小をめざすとの基本態度とともに、①水上補助艦総屯数対米七割、②大型巡洋艦対米七割、③潜水艦自主的保有量七万八〇〇〇トン、との「三大原則」を決定した。ロンドンでの交渉は難航したが、三月一三日、日本の対米比率を総括的には六割九分七厘五毛とする妥協案が成立する。若槻礼次郎全権らは、これ以上の交渉は無理とし、この妥協案での妥結を請訓する。ここで、妥協案での条約締結か、それとも「三大原則」維持で交渉決裂を辞さずとするかをめぐって、深刻な対立が発生する。浜口内閣、海軍省首脳は妥結やむなしとの見解をとるが、海軍軍令部首脳は「三大原則」維持を主張して請訓案に反対する。

元老西園寺は、英米との協調関係の確保という観点から、軍縮会議の決裂の責任が日本に来るようなことは絶対に避ける、協定をまとめるために「浜口ももう少しなんとか決断して奮発してもらひたい」「宮内大臣と侍従長とが、内大臣と共にこの事柄をよく諒解しておいてくれることが非常に大切」と発言しており（『西園寺公と政局』——以下、『政局』と略記——一 一八、二〇、二八頁）、条約締結の強力な推進論者であった。牧野もまた、前海相の軍事参議官で、海軍のとりまとめ役を期待されていた岡田啓介に対し、「日本の故に決裂となるを困る」と伝えており（『岡田啓介回顧録』二六二頁、以下、「岡田日記」と表記）、締結を推進していた。浜口首相は三月二七日に天皇に単独拝謁し、ロンドン軍縮問題についての経過と所信を上奏したが、天皇からは「世界の平和の為め早く纏める様努力せよ」との言葉をうけ「於是自分の決心益々鞏固《きようこ》となれり」と書いている（『浜口雄幸日記』三一八頁）。浜口が請訓案での妥結の決意をますます固めるほど、天皇も条約締結の方向への激励の発言をしているのである。

こうして、天皇・元老・宮中側近が条約締結を支持する下で、浜口首相は四月一日に妥結を指示する回訓案の閣議決定をはかった。これに対し、加藤寛治軍令部長は天皇への上奏を企図する。ところが鈴木貫太郎侍従長は、加藤の前任の軍令部長でもあり、軍縮条約問題については西園寺の見解に「極めて御同感」であって、強硬論を唱えた海軍大将伏見宮に忠告を述べるなど、原田熊雄が「頗る懸念に堪へなくな」るほどの動きを示す（『政局』一　三二、三五頁）。三月二七日には加藤に対し「上奏に付早まらざらん事を希望」、三一日には、上奏の都合を伺った加藤に対し「本日の上奏は社会的に影響する所大なるを以て差扣《さしひかえ》を勧め」、加藤に翌一日、政府発表と同時の上奏へと思いかえさせる（『続・現代史資料(5)　海軍加藤寛治日記』――以下、「加藤日記」と表記――九四頁）。さらに四月一日、加藤からの拝謁願出に対し、「又侍従長よりの申込に依り延引し、同日午後陛下に伺ひしに翌二日午前十時半拝謁を賜はる旨御沙汰あり」との措置をとらせた。これが後に、侍従長による軍令部長の帷幄上奏阻止として、国家主義者や軍人から宮中側近攻撃の材料とされた事件であるが、奈良武次侍従武官長も「侍従長の前日来の取計ひは余大に不同意なるも、侍従長は非常に熱心強硬に希望せらるゝ故其意見を容れたれとも侍従長の此処置は大に不穏当なりと信す」としていた（「奈良武次侍従武官長日記」――以下、NDと略記――昭和五年四月一日）。

この鈴木の行動は、内閣と海軍軍令部との正面衝突、天皇による裁定という事態をおもんぱかって、それを回避するためのものだったと推測されるが、後に大きく語られたほど現実の政策決定過程に影響をもったものであったとは考えがたい。まず四月一日、回訓案を決定する閣議前に浜口首相は、岡田啓介・加藤寛治・山梨勝之進海軍次官に回訓案を示したが、その際加藤は「米国案の如くにては、用兵作戦上軍令部長として責任は取れません」と言明したにすぎず、「回訓案は閣議前山梨の手に渡し、大臣官邸にお いて海軍首脳部に示し協議せしめたるに加藤、末次（信正・軍令部次長）それに異議を申し立てざりし」との経過であった（『岡田日記』二七三、三〇二頁）。さらに四月二日の加藤の上奏も「回訓に不同意の旨を奏上せるも、其結論としては米国提案に同意するときは国防の遂行不可能なりと言ふにあらす」「大正十二年御策定の国防に要する兵力及国防方針の変更を要すと云ふに過きさる故、此上奏は陛下唯聞き置くに止めらるへき御思召」となるものであった。軍令部が統帥機関として「国防の遂行不可能」というなら、回訓を実施するか否かは問題となるが、国防方針の変更を必要とするという上奏ではあまりに当然のことで、回訓という内閣輔弼の外交権行使の停止を要求する理由にはならない。奈良侍従武官長の評価でも、「軍令部長にも上奏せし理由を尋ねたるに、唯御聴き置かれたき積りにて上奏せし旨答へありたり、此上奏に属する取扱としては仮令回訓前に上奏せるとするも唯御聴き置きの外なかるへし」とされており（ND昭和五年四月二日）、ほとんど無意味の上奏であった。この四月初めの時点では、加藤軍令部長も内閣との対決を決意していたわけではなかったとみるべきであろう。ただ慣行化しはじめていた、内閣において輔弼諸機関の調整を行う方式は破られ、反対意見を天皇に上奏する方式が打ちだされたのである。これが、四月二十一日からの臨時議会をひかえ、政友会などによって内閣による「統帥権干犯」として非難攻撃の材料とされるなかで、問題は拡大し対立は激化した。加藤軍令部長も、四月二一日、山梨海軍次官宛の末次軍令部次長の条約不同意の覚書通牒によって、内閣との全面対決の意思を確定したとみることができ、二七日には「平沼男訪問、意見を交換す。最後迄踏止る責任ありと云ふ。予の上奏に対する結果は枢密院にて決すと云はる」（「加藤日記」九六頁）との記述にもみられるように、枢密院副議長平沼騏一郎と反浜口内閣での連携にも踏み出すのである。

## 条約批准問題の処理

ところでロンドンで条約調印を行った財部彪海相は、五月に帰国すると条約の実現と統帥権問題の処理を推進する。五月末には、兵力量決定には海軍大臣と軍令部長との意見一致を求むとの省部協議の覚書をまとめ、六月三日には、加藤も「統帥権は解決せり」との言を岡田に示す（「岡田日記」二九七頁）。しかし、他方で加藤・末次らは回訓の経過をあくまで不当とする立場から、「聖上の誤りは臣下これを正さざるべからず、側近者宜しからず」「すなわち今実情を上聞に達すること必要なりと思う」としていた（同前二九三頁）。六月五日、末次軍令部次長は海軍軍事学の天皇への進講の際、「倫敦会議の経過並に軍令部の主張を有《あり》の儘《まま》御進講申上ぐ」という行動に出、一〇日に加藤軍令部長は、財部海相に取り次ぎを拒否されていた、政府弾劾の意をこめて「軍縮経過を上奏」する辞表を提出した。これからみると、彼らは本気で天皇が正しく経過を知らされておらず、直奏の必要があると考えていたと思われる。しかしもちろん天皇は、これらの上奏にとりあおうとはしなかった。それどころか、加藤の辞表を海相に下付する処置をとり、財部海相が加藤更迭、後任に谷口尚真を内奏すると、奈良侍従武官長に東郷平八郎元帥を「極力説て同意せしめ来れ」と命ずる（ＮＤ　昭和五年六月五日、六月一〇日）。天皇は、加藤更迭が海軍内の新たな紛糾のたねにならないための措置をとらせたのである。

六月二三日には、海軍軍事参議官会議が開催され、後の省部業務互渉規程の骨子とみなされる「統帥権覚書允裁案《いんさいあん》」が決定されて、海軍内部の統帥権問題はいちおう決着する。つづいて、ロンドン条約兵力量に関する諮詢についての海軍軍事参議官会議がもたれ、七月二三日、兵力の欠陥を生ずるが、制限外艦艇の充実・航空兵力の整備充実などの対策を講ずれば、国防用兵上およそ支障なしとの奉答文が決定されて、ロンドン条約締結への海軍の意見の一致もはかられた。この奉答文の作成にあたっては、兵力量の欠陥だけを奉答すればよい――したがって条約批准には反対である――とする東郷平八郎元帥の説得・了承が鍵になった。その過程では、内閣から鈴木侍従長のもとに、「江木（翼）鉄相来訪東郷元帥を召され御諭しありたき様の話しありたり依て模様を陛下に申上けたり」という事態、奈良侍従武官長がそれに反対して「余はそれは不可なるへしと答へたり」という事件も生じている（ND　昭和五年七月九日）。天皇が東郷を召集して諭示するという事態は、実際には生じなかったが、海軍奉答文の作成でも、内閣には天皇の直接的行動への期待が生じていたのである。現実には、海軍補充費の獲得の優先という方針のために、補充案の起草者でもあった加藤寛治も、補充条件付を主張することで、奉答文は全員一致で可決されることになる（増田知子　一九八四　一七〇頁）。こうして海軍に関しては問題は一応かたづき、ロンドン条約批准の焦点は、枢密院の審議へと移る。

七月二四日、ロンドン条約は枢密院に諮詢された。枢密院では、倉富勇三郎議長、平沼騏一郎副議長、伊東巳代治顧問官などが、反浜口内閣の態度をとり、条約の調印経過を批判する態度をもっていた。倉富議長は、審議のため海軍の奉答書の提出を要求し、また審査委員会の委員長についた伊東は、回訓当時の事情を明らかにするために、加藤前軍令部長の出席を要求する。統帥権干犯による違憲問題、兵力量に関しての国防上の是非、さらに条約による財政負担軽減の実否を審査することがめざされたのであり、枢密院は批准阻止をはかっているものと多くの方面から考えられた。これに対する浜口内閣の対応方針も強硬なものであった。枢密院が審査の対象とするのは「国務大臣の説明」であるとし、奉答書の提出も、前軍令部長の出席をも拒否したのである。

のみならず、九月三日、枢密院審査委員会で、前軍令部長の電信が問題になり、その出席が要求されると、浜口首相は全面対決を覚悟し準備しはじめる。浜口は枢密院の「今後の出様次第にて若し憲法に抵触するが如き正当なる条理の立つ理由あらば、政府は断乎たる態度を取り、枢密院正副議長及伊東委員長を免官する様な処分に出ざることとなるやも計り難く、前軍令部長等も軍機漏洩の廉《かど》にて免官処分に処する必要あるべく、一種のクーデターなるも此際已むを得ず」と、西園寺と牧野内大臣に伝言するよう依頼する（『岡部長景日記』四三三頁）。さらに九月一四、一五日頃には、江木鉄相が、鈴木侍従長と一木喜徳郎宮内大臣に、審査委員会が奉答文をはじめ全体的計画の内示を正式要求するならば、正副議長、委員長の免官を上奏するとの内話を伝えた（MD　四〇八頁）。

この枢密院正副議長の免官による突破方針は、もともとは元老西園寺がいいだしたものであった。西園寺は八月一一日頃、「もし万一枢密院が不条理なことで政府に対抗して来た場合に、総理はその職権を以て、政府の都合により議長副議長を罷免し、新しい議長副議長を以て御諮詢に答へさせてもいゝ」と原田熊雄に述べ、それを浜口首相、江木鉄相に伝えさせていた（『政局』一　一四五頁）。またすでにこの年の一月、西園寺と牧野との会談において、「現議長の選任につきては西園寺公も失策した」と発言、「伊東巳代治其他の専横」などを正すべく、「政府が総選挙後、相当有力のものとともならば先づ議長更迭を試みたく」と話しあい、また西園寺は「副議長につきても失敗した」といっていたのである（『岡部長景日記』二七二―二七三頁）。Ⅲ章に先述したように、西園寺も牧野もすでに枢密院が政策決定過程に積極的に関与してきていることを、苦々しく思っていた。彼らの見解が、この時点では、枢密院議長の更迭論として具体化されるまでにいたっていたことが、このような動向の背景には存在していた。

こうした経過があったから、牧野もまた、浜口内閣の方針を、「内閣の決心は近来の勇断」「浜口の人と為りの顕はれ」と高く評価する。のみならず天皇も次のように発言する。「侍従長より聞取りたるが、若し枢府に更任を視る如き場合出現せば人選は大切なり、他日内閣の更迭を視るとき又々更任する事ありては最高顧問府として面白からず、仍《よっ》て此点に付て当局の注意を要したし」（ＭＤ　四〇八、四一〇頁）。内閣がかわるたびに枢密顧問官もかわるようでは、おもしろくないので「人選」に注意すべしとの注文はつけているが、天皇もまた、枢密院の更任の人事を前提に発言している。浜口内閣が上奏した際には、当然裁可するつもりになっていたのである。

枢密院側では、ひそかに入手した奉答書写をみた倉富、平沼は、海軍が了承した以上は条約批准に反対する理由なしと判断するが、奉答書が提出されないため、軍の判断を求める上奏を決議する方針をとる。しかし枢密顧問官のなかには政府の方針を支持する者が増大していた。強硬方針をふりかざしているかにみえた伊東審査委員長は、一転し、審査委員会でも本会議でも反対意見を許さず、全会一致で批准を是とする結論を可決させる（増田知子　一九八四）。この手のひらをかえすような伊東の態度変更には、内閣の強硬方針とそれに対する宮中の支持という情報が影響したと推測される。

こうしてロンドン軍縮条約は、一〇月一日に枢密院本会議で可決、翌日に裁可、批准された。浜口内閣は、天皇・元老・宮中側近に強力に支持されることにより、海軍軍令部を、そして枢密院を内閣方針の下にしたがわせたのである。天皇・宮中の支持する政党内閣の下に、国家意思決定過程は統合されるかにみえた。だが、それゆえにこそ政党内閣に屈服させられた軍部などの諸勢力の怨念と危機感は昂まる。一九三〇年一一月一四日、浜口首相は東京駅頭で右翼青年に狙撃され重傷をおった。国家革新運動の急進化、テロとクーデタ、戦争の時代への転換が現れはじめたのである。

## 満州事変の開始と不拡大方針の崩壊

一九三一年九月一八日の柳条湖事件から始まる満州事変は、国家意思決定過程という点からみると、原田熊雄のいう「陸軍のクーデターの序幕」(『政局』二　八一頁)ともみなしうるものであった。その軍事行動は、満蒙問題解決の戦争計画確定を「国家の状況之を望み難き場合にも若し軍部にして団結し戦争計画の大綱を樹《た》て得るに於ては謀略により機会を作製し軍部主導となり国家を強引すること必すしも困難にあらす　若し又好機来るに於ては関東軍の主導的行動に依り回天の偉業をなし得る望絶無と称し難し」(石原莞爾「満蒙問題私見」昭和六年五月、『太平洋戦争への道　別巻　資料編』一〇一頁)という発想によって、すなわち関東軍の意思決定と行動が主導し、陸軍中央部が追認し、政府が追随するという経過で進行したからである。もちろん、関東軍のこうした行動が可能であったのは、陸軍中央部において「軍事行動の已むなきに到る」との決意と、その了解工作を「来年春迄」を期して実行する、すなわち一九三二年の春頃には軍事行動に出るとの方針が存在し(陸軍省部五部長会「満州問題解決方策の大綱」『現代史資料　七　満州事変』一六四頁)、九月一九日には「次長次官本部長会同し本事件を契機として満蒙問題の解決を期するや否やを議し結局之を以て満蒙問題の解決の動機となす陸軍の方針を確定」(「参謀本部第二課機密作戦日誌」『太平洋戦争への道　別巻　資料編』一一五頁)したからであった。

満州事変の開始に際し、若槻礼次郎内閣が打ちだしたのは不拡大方針であり、天皇もまた不拡大方針を支持した。一九日の閣議前に陸相に対し、奈良侍従武官長は「関東軍は其条例に指示せられたる任務の範囲内行動は軍部専断し得へきも其以上のことは閣議の決定に待つへく、尚大なる出兵を要するか如き場合には或は御前会議を要すへし」と注意しており（ND　昭和六年九月一九日）、天皇が内閣決定を優先した政策判断を行うこと、重大な国家意思決定には自らの関与を重視していることを伝えたといえよう。朝鮮軍の独断越境出兵の処理が問題になった九月二一日、閣議での承認をえられなかったにもかかわらず、措置にあせる金谷範三参謀総長は、自己の責任で増兵の上奏をし裁可をえようとするが、「聖上は首相の承認なく允許せらるゝことなかるべき」として奈良侍従武官長にとめられ、「軍司令官の独断専行」越境出兵の事実とその「善後処置」の猶予を請う上奏をするにとどまる。この段階では、国外出兵という政策決定は、参謀本部のみの帷幄上奏では裁可がありえないこと、つまり天皇も宮中側近も内閣を政策決定の中心機関として考えており、統帥機関に対し上位に置いていたことをこの経過は意味する。違法行為である朝鮮軍独断出兵をきちんととがめ、その撤兵を命ずることが不拡大方針を貫徹する上での最大の機会であったこと、しかし若槻内閣は翌二二日には、出兵の事実とその経費支出を承認、上奏し、天皇も出兵の「追認允許」を与えたことで、その可能性がほぼ消滅したと、これまでに多くの研究が指摘してきた。たしかに最大の機会は失われたが、なお、一〇月の初めまでは内閣に対する軍部の優位は確立していなかった。九月二六日には外相の抗議により、参謀総長が関東軍に吉林からの撤兵を指示する事態があり、三〇日の枢密院会議では石井菊次郎顧問官から、「朝鮮軍司令官の独断出兵は大権干犯にあらさるやとの質問」

が出され、陸相の答弁に納得せず「質問を保留」する事態が存在した（「参謀本部第二課機密作戦日誌」前掲一二九、一三二頁）。軍部の行動への批判と責任追及、参謀本部の動揺という状況は、なお存在していたのである。

天皇も、一〇月四日発表の「関東軍司令官の声明及布告」に対し、「稍《やや》穏当を欠く」と若槻首相が心配していると述べて「何とか軍の行動を制限し得さるやの御思召」の様子を示していた（ND　昭和六年一〇月四日）。ところが、一〇月九日、二宮治重参謀次長に対し奈良侍従武官長は、天皇より「錦州附近に張学良軍隊再組織成れは事件の拡大は止むを得さるへきか　若必要なれば余は事件の拡大に同意するも可なり　依て参謀総長の意見を聞き置くへしとの意味の御話ありしこと」を伝える（同前　一〇月九日）。この日の状況はまた、「陛下は次長に対し『関東軍の錦州爆撃は当時の情況上当然のことならん』との御言葉あり、又同日奈良侍従武官長より次長に対し、陛下より同武官長に関東軍目下の兵力は少くはないかとの御下問（昨日——八日武官長か錦州爆撃に関し言上に及ひたる際なるか如し）ありし」といわれる（「参謀本部第二課機密作戦日誌」一〇月一〇日、前掲　一三八頁）。日本に対する国際的非難を強めた関東軍の錦州爆撃を契機に、天皇はそれまでの不拡大志向の態度を一転させ、軍事行動の拡大への同意、関東軍の軍備強化への配慮を示したのである。これはどういう理由によるものだったのだろうか。天皇の発言そのものに即して、その理由を説明する資料はみあたらないが、宮中側近の動向から、その態度転換の理由を推測することはできる。

### 宮中の態度の転換

満州事変の始まる以前に、軍人などの間に不穏な動きのある情報はつかまれており、それゆえ、天皇から陸相・海相に対し軍紀の維持についての下問も行われていた。しかし問題の深刻さが宮中関係者に痛感されるのは、満州事変の開始後になってのこととみられる。内大臣秘書官長の木戸幸一は、八月に三月事件の情報をえていたが、原田熊雄、近衛文磨らと事変開始後の九月二二日に会合し、軍部方面の満州に対する決意は強く、「中央部よりの命令徹底し能はざる虞《おそれ》あり」、天皇の不拡大方針支持の「御諚ありしこと等も、側近者の入智慧と見て、軍部は憤慨し居れりとの情報あり。之等に徴し、今後は止むを得ざる場合の外は御諚等はなき方よろしかるべく」、また元老の上京も「軍部を硬化せしむるの虞」があるためやめにする方がよいとの判断で一致し、内大臣、侍従長にその意見を伝えている（『木戸幸一日記』――以下、『木戸日記』と表記――上巻　一〇一頁）。ここでは、軍に対する統制が有効に機能しなくなっていること、天皇の「御諚」自体が反感の対象となっていることが明確に自覚されており、宮中・元老が積極的に行動に出ないことの必要性が考えられていた。さらに木戸は近衛とともに、一〇月五日、一木宮内大臣を訪ね「軍部の硬化策謀等につき情報を話し、善処を希望」、翌六日には内大臣に同様の件について話し、善処を希望する。七日に鈴木貞一陸軍中佐から「大中少尉辺りの少壮連中の勃発せむとする勢」について聞いているところからみて（同前　一〇三―一〇四頁）、十月事件として現れるクーデタの動きの情報をつかんだと推測される。侍従次長の河井弥八は、一〇月六日に宮内大臣より「侍従長と共に重要なる大事に付内話」され、翌七日「武官長を訪《おとな》ひ、軍部と政府との関係、宮中要部に対する一部の疾視、軍人不平爆発の危険等に付、情報に依りて其意見を問ふ」ている（KD五　一六八―一六九頁）。

こうした情報による宮中側近の態度変更は、宮内次官関屋貞三郎の行動に端的な形で現れる。関屋は奈良侍従武官長を自宅に訪ね、陸相や荒木貞夫、小磯国昭、幣原外相などを歴訪した話をして「暗に宮内省の陸海軍に対する態度の申訳然たることを語り」辞去したのである（ND　昭和六年一〇月一二日）。参謀本部も憲兵情報として、こうした宮中側近の態度転換をつかんでいた。「宮中方面に於ても時局に関し動揺しあるか如し　宮内官の一部（下級の者）の間に時局に対する宮中の重臣の態度適当ならすして陸軍か宮中の重臣に反感を抱くに至るか如きは帝国の国体上由々しき大事なりとの意見を漏しありと　又牧野内大臣は帷幄上奏問題に関し《（ママ）》要するに宮中の重臣等も漸く時局を正視し自覚の気運に向ひつつあるものの如し」（「参謀本部第二課機密作戦日誌」一〇月一三日、前掲　一四一頁）。宮中側近が内閣―外務省寄りから軍部寄りにスタンスを変更したことは、明確につかまれていた。天皇が一〇月八日、九日になって突然、軍事行動の拡大への同意、関東軍の軍備への配慮を示したのは、これらの宮中側近の態度転換と無関係であったとは考えられない。また、十月事件の発覚、主謀者の検束後、陸相の上奏に対し天皇は、「満州の方は大丈夫かとの御下問」を行い、陸相は「大丈夫なり、唯満州軍部独立行動を採るとか関東軍司令官か部下に抑制され居るとかの噂あるも何れも事実にあらさる旨奉答」している点からすると（ND　昭和六年一〇月一九日）、関東軍独立の噂もすでに天皇に伝わっていたのかと思われる。

こうして、天皇・宮中側近は軍部と妥協し、関東軍の軍事行動を追認することを基本線としたのである。この線上に、かつ関東軍の軍事行動の〝成功〟という条件の下で一九三二年一月八日、関東軍への「勅語」が出されることになる。「勅語」は「事変の勃発するや自衛の必要上関東軍の将兵は、果断神速、寡《か》克く衆を制し」と関東軍の軍事行動を全面的に正当化、賞讃し、「朕深く其の忠烈を嘉《よみ》す」としたものであった。のみならず、上京した板垣征四郎関東軍参謀は、拝謁を命ぜられ「御下問を賜る由、異例の御諚」という栄誉をうけた（「満州事変機密政略日誌」昭和七年一月八日、『現代史資料　七　満州事変』三三七頁）。その一か月ばかり後には、今度は「石原（莞爾）関東軍参謀、天皇陛下に拝謁」が行われるのであり（KD　一九三二年二月二四日、六巻　三七頁）、謀略によって満州事変を引き起こした中心人物の板垣・石原が、異例の「拝謁」という形でその〝栄誉〟をたたえられる。関東軍の行動が勅語によって全面的に賞讃され、謀略で戦争を引き起こした人物にとくに〝拝謁〟が許されるという状況は、宮中が関東軍の行動を支持し栄誉を与えたことを意味するものであり、関東軍の路線――「満州国」建国とその関東軍による実質支配――の貫徹は事実上保障されたものになっていたのである。

## 政党内閣の崩壊

軍部の動向に翻弄された若槻内閣は、一九三一年一二月に総辞職する。牧野内大臣は、内閣の統制力強化を望んでと思われるが、政友会・民政党の協力内閣論に好意的であり、後継内閣は「協力の精神に基き組閣」されることを希望するが、けっきょく元老西園寺の意見により犬養毅政友会内閣が組織される（MD　四九二頁）。一九三二年の一月四日に牧野は、犬養首相に対し「統帥問題に付参謀本部と内閣側との間に十分連絡を取り、両者の間に意見の相違（なく）、若しくは上奏振りの一致する様特に注意」を希望する。その理由は統帥問題については「憲法々《ママ》文の解釈に付」「従来異なりたる意見あり」「今日に至るまで決定するに至らず」という状況があり、「統帥問題に付内閣と正面衝突する事」が「陛下の大元帥として又大権御行使の上より非常に困難の御立場に直面遊ばさる、事と相成」ることを危惧したからであった（同前四九五―四九六頁）。軍部が、内閣からの「統帥権独立」の主張に立っていることを承知しながら、統帥問題についても、内閣と軍部の間で事前調整することを求め、天皇の実質をもつ親裁が生じないよう要求しているのである。この主張は、天皇個人の親政を抑え、内閣輔弼による一元的政治決定を求めるというその論理においては、きわめて立憲主義的な性格をもちながら、現実には軍部が「統帥権独立」によって独自の政策決定・実施を進めている現実を追認するものであった。天皇親政を抑える立憲主義の論理が、「統帥権独立」の主張と軍部の内閣に対する優位化をささえるというパラドキシカルな構造が現れてきたのであり、それは内閣による一元的国家意思決定機構という整合性をもたなかった明治憲法体制の矛盾の産物であった。牧野の発言は次のような評価、「政党内閣時代には、天皇の直接的な発言をおさえることは立憲主義的意味をもっていたが、軍部の政府を無視した侵略的行為にたいしても、天皇の発言をおさえざるをえなかった天皇制最上層部の態度は、立憲的なのではなく、ただ自らの政治力の喪失をしめすだけであった」（長谷川正安　一九六一　七七頁）の一定の妥当性――政党内閣時代でも天皇の親政がまったく排除されていたわけではないという保留をつけて――をよく示すものであった。

「満州国」の建国路線には妥協しながら、その国家承認には消極的姿勢をとる犬養内閣は、一九三二年、五・一五事件で倒される。後継内閣の奏薦にあたり天皇は、西園寺に注文をつける。それは「協力内閣、単独内閣は敢へて問ふところにあらず」「ファッショに近きものは絶対に不可なり」「憲法は擁護せざるべからず、然らざれば明治天皇に相済まず」「外交は国際平和を基礎とし、国際関係の円滑に努むること」

を主要内容とするものであった（『政局』二　二八八頁）。西園寺は、元首相らの重臣・元帥の意見を聞き、斎藤実海軍大将を奏請した。天皇の「協力内閣、単独内閣は敢へて問ふところにあらず」という注文にもみられるように、天皇・元老・宮中側近は「憲法擁護」の態度は維持しながら、政党内閣は見捨て、軍部を含めた国家諸機関をなんとか統合しうる内閣の組織をはかったのである。

## 2　天皇と軍部の確執

### 天皇の御前会議開催論と西園寺の反対

軍事行動への追認に転じたとはいえ昭和天皇は、軍部・関東軍の満蒙問題軍事解決路線へ全面的に同調したわけではなかった。天皇が、軍事行動の拡大に強い懸念を示し、その抑制のために自らのイニシアチブの発揮を本格的に考えたことが、満州事変期には三度は存在した。第一回は、一九三一年の一〇月二六日頃からのことである。二六日に天皇は牧野内大臣をよび、その後、内大臣は侍従長に「西園寺公御召の御希望あらせらるる旨を伝」え、西園寺へ連絡がとられる（KD五　一八四頁）。奈良侍従武官長は牧野内大臣より「聖上経済封鎖を受けたるときの覚悟、若し列国を対手として開戦したるときの覚悟其準備等に就き武官長をして陸海軍大臣に問はしめなんとの御話ありたり」と聞いており（ND　昭和六年一〇月二七日）、一一月二日に拝謁した西園寺のうけた下問も同趣旨のものであった。一〇月二四日に国際連盟理事会は、日本に対する期限付の満州撤兵勧告案を一三対一の評決で可決しており、国際的孤立に対する天皇の不安は自ら行動することを望むまでに昂まっていたのである。西園寺への下問は、「総理大臣なり、陸軍大臣なり、外務大臣なりを一緒に呼んで、一つ訊ねてみようか」というものであった。これは、「御下問」という形式ではあるが、政治・軍事・外交の輔弼責任者を集め、実質上の〝御前会議〟を開くことを意味するものであった。しかし、牧野内大臣も「これら責任者に対してあまり立入つた御指図はよくない」という意見であり、西園寺は「直接の責任者を呼ばれても、おのおのの責任者の意見が違ふ場合は、かへつてよくないと思ひますから、おきゝ、になることはおやめになつた方がよいと思ひます」と奉答、ごく非公式の座談的「お訊ね」を外相に行うにとどめるべきとした(『政局』二　一〇八、一一五頁)。元老・内大臣は、内閣と軍部の対立が存在するなかで、「下問」という形式でも天皇の意思表示――裁定とうけとられるものが出されるのは、適当でないとしたのである。

天皇が次に軍事行動への懸念を強め、御前会議の開催をいいだすのは、一九三二年二月、上海事変の際である。二月二日、上海への一個師団の出兵が決定されるが、その翌日には英・米・仏三国の駐日大使が、日中双方の不増兵、中立地帯設置、中立地帯の中立国警備などを内容とする共同勧告を行う。そして五日には内大臣に「陛下、時局に対する深き御軫念あり、御前会議御催のことを御下問」となり、犬養首相への「三国の対日態度に付御下問」、首相のこれ以上悪化しない見込みとの奉答で、ようやく「陛下、御前会議御召集を暫く御中止あらせらる」ことになる(KD六　二三―二四頁)。さらに上海事変の発生は、国際連盟での列国の日本への批判をいっそう激しくさせ、二月一九日の理事会は中国側の要求をいれて、国際連盟規約第一五条により日中紛争問題を連盟総会に移すこと、その開会日程を三月三日と決定する。天皇は強い憂慮にとらわれ、再び御前会議開催をいいだしたと思われる。奈良侍従武官長に対しては「稍御疲れの御模様にて上海の陸軍を連盟総会の期日たる三月三日までに引揚る様との御話あり、依て御諌め申上け且つ御安神（心）遊さるゝ様願ひ申上く」という姿を示している（ND　昭和七年二月二一日）。ところが事態は撤兵どころか、増兵決定が問題となる状況であり、牧野内大臣は侍従長・宮内大臣らと協議の上、増兵に際しては「元老重臣会議の開催、枢密院へ御下問、重臣等会同の上、進言を為す等の手段を講する」点について、協議のため西園寺を訪問する（『木戸日記』上巻　一四一頁）。宮中側近は、御前会議開催の方向で動きだしたのであり、それは天皇の意向をうけたものと考えられるが、西園寺はそれに反対であった。西園寺訪問を終えた牧野は、西園寺の意見を二三日に上奏しているが、それは「⑴上海増兵は已むを得ず。⑵国家危急の対策を決する場合、枢府に御諮詢あるを可とす」というものであった（KD六三五頁）。牧野との会見の直後に、西園寺は元老拝辞をいいだしており（『木戸日記』上巻　一四二―一四三頁）、会見では両者の意見の衝突もあったと推測されるが、西園寺はあくまで、御前会議の開催や、天皇の直接の指示や裁可の出現の阻止を主張したのである。この御前会議問題は、西園寺の反対、そして犬養内閣による二個師団増兵の決定により、また中国軍総退却と三月三日の日本軍の停戦声明により、表面には浮かび上がることなく終了する。

天皇が三度目の御前会議開催論をいいだすのは、前年の一二月六日から国際連盟臨時総会が開催されて満州問題が審議されているなか、一九三三年一月初めに山海関事件が発生した後である。天皇は牧野内大臣に対し、「政府も軍部も積局《ママ》の行動を取らずとの方針なるも出先きの不時の出来事より事端を発するの恐れあり、此事関心するところなれば一層政府に於て徹底的に方針の遵奉せらる、様之れ有り度、或は御前会議を開く事も有効ならんかとの御思召し」を示す（ＭＤ　昭和八年一月九日　五三四頁）。牧野も「重臣会議とか御前会議とかを開いて」、熱河問題の危険を回避することを考え、西園寺にその開催を首相に勧告するように依頼伝言を行う。鈴木侍従長も、天皇の「思召」のあることから、西園寺より政府へ「御配慮」の伝言の依頼を行う。宮中側近は再度、天皇の「思召」をうける形で御前会議開催を考えるが、西園寺は反対であった。「御前会議で決まったことがその通りに行かなかった場合には、陛下の御徳を汚す」「陸軍がおいそれと言ふことをきゝやしまい」というのがその理由で、首相には元老から「政府としての責任をとるやう注意はしよう」という態度であった（『政局』二　四二七—四二八頁）。二月になって、国際連盟脱退問題決定や熱河作戦中止の手段として重臣会議の開催が問題になる。内閣からの提起の形をとったこの会議の開催に対し、牧野は積極的な対応をとるが、西園寺は二月一四日には「熱河討伐をやめるための重臣会議ならもう到底望みがない」との意見を示し、さらに一七日には、国際連盟脱退も免れえぬとして「重臣会議は寧ろやめた方かいゝ」との意思を示し（『政局』三　二四—二六頁）、けっきょく重臣会議は開催されないままとなる。西園寺は、内閣と軍部での決定に問題を委ねる方向をとり、流れのままにまかせ、天皇・元老・重臣の介入を回避する選択をしたのである。

### 天皇の親政的権力行使への抑制

他方、この時期天皇は苛立ちを示し、自らの意向を政策決定に反映させたいとするさまざまの発言を行っていた。一九三三年一月の半ばには、参謀総長閑院宮載仁《ことひと》に対し、「満州に付ては此れまで都合好く進み来りたり、誠に幸なり、今後一簣（簣）を欠く様の事ありては遺憾なれば、熱河方面に付ては特に慎重に処置すべし」との注意を与える（MD　五三八頁）。奈良侍従武官長がその日記に、「実に聖上より総長殿下に公然左様の御注意ありたり」とわざわざ書きとめているように（ND　昭和八年一月一四日）、「御下問」という形式でもその意思を表示すべきではないという西園寺の上奏意見に反して、天皇は自らの意向を参謀総長に示したのである。さらに熱河作戦の実施が問題になると「聖上は対熱河作戦は万里の長城を超て関内《かんだい》に進入することなき条件にて認可する旨」を参謀総長にいいわたす（同前　昭和八年二月四日）。

ところが斎藤実首相は、「熱河攻略は連盟の関係上実行し難きことなれは内閣としては不同意」と上奏（同前　二月八日）、さらに「熱河作戦を敢行すれは連盟規約第十二条に依り日本は除名せらる丶恐れあり、夫故中止せしめんとするも既に軍部は御裁可を得居るとて主張強く中止せしむるを得すと申居れり」と上奏してくる（同前　二月一一日）。天皇は参謀総長に対し、作戦を「中止し能はさるやとの御思召を御話し（同前　二月一〇日）、さらに「統帥最高令に依り之を中止せしめ得さるや」との下問を奈良侍従武官長に行う（同前　二月一一日）。天皇は内閣決定以前に熱河作戦実施の了承を与えたことを後悔し、統帥権を直接発動して作戦を中止することも考えたのである。しかしその発動は奈良侍従武官長によって阻止される。奈良は「国策上害あることなれは閣議に於て熱河作戦を中止せしめ得さる道理なし、国策の決定は内閣の仕事にして閣外にて彼是れ指導することは不可能のことなれは熱河作戦の中止も内閣にてなさ丶るへからす、陛下の御命令にて之を中止せしめんとすれは動《やや》もすれは大なる紛擾《ふんじょう》を惹起し政変の因とならさるを保し難し」と主張し、なかなか納得しない天皇に対し「遂に書面にて意見を奉答」までして（同前　二月一一日）、天皇を「万里長城を越ることは絶対に慎むへき旨注意し之を聴かされは熱河作戦中止を命せんとす」との態度にまで妥協させた（同前　二月一二日）。

この奈良侍従武官長の意見を、「憲法論議としてはむしろ正論」「筋論としては的確であったが、現実の政治における政府と軍部の力関係を無視した『あるべき』論であった」とするのは（山田朗　一九九四　五二頁）、見当違いの評価である。前述したように奈良は、ロンドン軍縮条約問題での加藤寛治軍令部長の帷幄上奏に対する鈴木貫太郎侍従長の取り扱いを「不穏当」としていたのだから、内閣に対抗して統帥機関が親裁を求める「統帥権独立」を当然のものとして認めていた。そうした憲法解釈からすれば、天皇が内閣の輔弼なしに「統帥最高令」を出すことも当然認められるべきものであった。ここで奈良が述べたような、国策決定は「内閣の仕事」で「作戦の中止も内閣にてなさゝるへからす」との主張は、出撤兵も国務大臣輔弼の事項とみなすとともに、帷幄上奏による裁可も「尚軍部限りの設計として、計画案として決定せられた」にすぎず「決して国家の意思として決定せられたのではない」という美濃部達吉流の憲法解釈（『議会政治の検討』一〇四頁）をとらないかぎりは、一元的な国家意思決定を不可能とするものであった。そして帷幄上奏に対するこうした解釈は、軍部はもちろん政党内閣すら公的には打ちだしえなかったものであった。奈良の意見は、内閣輔弼の重視という立憲主義的な形式をとりながら、内閣と軍部の対立には天皇を裁定者としては登場させないという、この時期の元老・宮中側近の路線にそったものであったと評価されるべきであろう。

満州事変期の天皇の在り方について、まとめておこう。天皇はこの時期も自らを、限定されながらも親政的権力行使の権限をもつ君主と考えていたし、親政的権力行使に乗り出そうともしたのである。その昭和天皇の行動の判断基準は、国際的孤立の回避、とりわけ対英米関係の悪化の阻止にあった。天皇が軍事行動への懸念を強め、御前会議の開催をいいだした三度が三度とも、国際関係とりわけ対英米外交関係の悪化が強く懸念された時期であることは、その点を例証している。他方、満州事変期の軍事行動については、「満州国」建国の前に「南（次郎）大将は九国条約を全く知らさるか如し注意しては如何」と発言しているから（ND　昭和七年二月六日）、国際法違反の恐れの自覚はあったと思われる。しかし、軍事行動が成功に終わるとそれを追認していったのであるから、こうした権益拡大の追求は当然のものとしており、軍事行動への懸念というのも対外関係悪化への配慮からであったと考えられる。ところがこの時期、天皇の親政的権力行使はまったくといってよいほどにその発動を抑えられた。元老や宮中側近が抑制したのである。とりわけ元老の西園寺は、「御下問」の形式によってですら天皇の裁定や指示とみなされるような行動は実施すべきでないとしていた。牧野内大臣や鈴木侍従長などの宮中側近は、天皇の意向におされる形で御前会議の開催を考えるなどの動揺も示すが、全般的には天皇の行動の抑制に努める。とくに軍部との関係が問題であったこの時期、奈良武次侍従武官長は天皇の意向を緩和された形で軍部に伝達することにより、天皇の不満をなだめる一方、熱河作戦中止の「統帥最高令」の発動を阻止するなど親政的権力行使の抑制に重要な役割をはたした。奈良侍従武官長も、軍部の方針との対立があらわになるような天皇の行動を抑制するという、元老・宮中側近のこの時期の路線のなかで重要な役割をはたしていたのである。

## 軍部による昭和天皇批判

元老や宮中側近がこの時期、天皇の親政的権力行使――政策決定の実質裁定――はもちろん、なんらかの指示とみなされるような「御下問」も抑制しようとしたのは、天皇の権威が軍部、とりわけ急進派軍人の間で著しく低下していたからであった。すでに宮中側近を「君側の奸」とみなして非難する動向は、田中義一内閣倒閣事件から強まっていた。ロンドン軍縮条約問題の後になると、条約反対派からの宮中側近・元老に対する批判・非難がいっそう強まるとともに、こうした処理を認めてきた――現実には自らの意思で推進してきた――昭和天皇に対する非難が、クーデタも辞さずとする軍部の急進派軍人の間では半ば公然と語られるようになる。

満州事変が始まる以前に、政友会幹事長の森恪は、「陸軍の一部の者が『今の陛下は凡庸で困る』と言つてゐるさうだが、その意味は、つまり陸軍の言ふことをおきゝ、にならないからだらう」「最近軍部内には非常に暴動的な気運が起つてゐて、就中《なかんずく》宮中に関しては頗るけしからん言動が多い」と近衛文麿に談話する（『政局』二　四七頁）。関東軍や軍部中央を抑制して、不拡大方針を実施することが不可能らしいことが判明してきた一〇月六日に、西園寺は自分の所にきている情報として「近衛の勤番の兵隊が御所の中を廻つてゐる時に、陛下の御部屋に遅くまで灯がついてゐる。これは陛下が政務御多端の折から非常に御勉強のことだと思つて畏れ入つてゐると、豈図《あに》らんや皇后様等をお相手に麻雀をやつておられたとか、或はまた、陛下の幕僚長である参謀総長や陸軍大臣が御前に出た時に、また来たか、といふやうな嫌な顔をされたとか、或は今度のこの結社の行動には皇族方も御賛成である、所謂血判をしてをられるとかいふことを以て、在郷軍人あたりは宣伝してゐる。かういふやうな種がすべて陸軍側から出てゐる」と語り、陸軍の若い士官の結社の状況とあわせると「或は陸軍の中に赤が入つてはゐはしないか」「これは極左が動かしてゐるように感ずる」との判断を示した（同前　二　八八頁）。政務に不熱心で遊戯にふけっている、軍務に理解がなく幕僚長を遠ざけている昭和天皇というイメージを形成する噂が流されていたのであり、クーデタをめざす結社の行動には皇族も参加を誓っているとの宣伝ともあわせ、天皇の権威と権力を否定しようとする「赤」「極左」の仕業かと西園寺は疑惑したのである。

十月事件でクーデタ主謀者らが検束された直後の一〇月二〇日、天皇の警視庁行幸の日には「非常な流言蜚語があり、行幸のお留守中に宮中に爆弾を投げて焼いてしまふとか、内大臣が殺されたとか、安達内務大臣もやはり殺されたとかいふ説がさかんに伝はつた」（同前　二　一〇二頁）。国際連盟理事会での期限付撤兵勧告が採択され、天皇が最初に御前会議をいいだした頃、満蒙視察から帰った貴族院議員八田嘉明は「満州における軍部の噂として『最近、陸軍大臣が御裁可を仰ぐために参内したところ、三時間待たされた。どうしてそんなに待たされたかと思つてきいたところが、陛下は内大臣、侍従長を相手に麻雀をしてをられた。実にけしからん話だ』と言つてゐる」と話している（同前　二　一二一―一二三頁）。関東軍のなかでも、昭和天皇の軍務無視の噂が流布していたのである。こうした昭和天皇を誹謗する噂の流布については、侍従次長の河井弥八も「陛下の御聖徳を傷くるもの」「不敬なる流言」「宮中麻雀の風説」とその日記に書きとめていた（KD五　一七一、一九八頁）。

こうした昭和天皇への非難は、満州事変の初期にクーデタを志向するような急進派のなかにのみあったわけではない。一九三一年一二月二八日に鈴木侍従長は、「軍部は陛下の外交に重きを置かるる結果、軍の行動に支障あるの感を抱くにあらずやとの心配」をもらしていた（同前 五 二二八頁）。一九三二年七月二九日に陸軍少将の東久邇宮稔彦《なるひこ》は、リットン調査団中の中国側参与員顧維均だけは「満州国」入国を拒絶するというのが関東軍の決心だったのに「陛下が『顧維均は入国さしてやれ』と仰せられた」ので入国させた、「犬養内閣の当時『奉天を張学良に還してしまへば問題は簡単ではないか。一体陸軍が馬鹿なことをするからこんな面倒な結果になつたのだ』と陛下が私語された」「上海軍司令官が出発に際して拝謁を賜はつた時に、『できるだけ速く片付けて帰れ』といふお言葉を賜はつた」ことをあげて、「かくの如く、一々陛下がいろんなことに容喙《ようかい》されるといふのは、一国の君主としてあるまじき御言動」、軍司令官を親任後に「『早く帰れ』だの『なるべく事柄を小さく片付けろ』などとおつしやるのは、余計なこと」と昭和天皇への批判を語った（『政局』二 三三八―三三九頁）。奉天を張学良に還してしまえば云々というのは、荒木陸相・真崎参謀総長代理に対する「張学良を満州に復活（勿論新政権主《ママ》脳者として）せしめたるには陸軍は何処までも不同意なるへきやとの御下問」（ND 昭和七年二月六日）がもとになった噂であろう。上海軍司令官が出発に際しての拝謁で賜わったお言葉云々というのは、「上海派遣軍司令官白川大将の出発の際は、通常の御沙汰の外に、特になるべく速に停戦すべき旨の御言葉ありし由」（鈴木貫太郎侍従長の談『木戸日記』上巻 五四二頁）の件であろう。この東久邇宮の発言にみられるように、昭和天皇の「御下問」や「御沙汰」は、陸相や参謀総長、軍司令官からさらに外へ伝えられ、その天皇の発言が非難の材料となっていたのである。

西園寺は、熱河省での軍事行動が問題になりはじめる一九三三年一二月頃、「参謀次長の真崎の如きは、自分の意見を申上げて、それに対する陛下のお顔色が悪いと、帰つてから『非常に御不機嫌《ママ》だつた』とか、『かうだつたからどうだ』とか、すぐ幕僚に洩らす。そのために陸軍の幹部は、自分達の思ふやうにならないと、『陛下はあまりに平和論者であられる』とか、『神経質過ぎる』とか、かれこれ不平を洩らして、結局側近や元老が悪いからさうなる、と言はんばかりに言ひふらしてゐる」と状況を語り、「陛下からかれこれお言葉があつても、到底陸軍はきくまい」と判断して、直接の御下問を行うことにも、御前会議にも反対していたのである（『政局』二　四二〇―四二一頁）。天皇の意思表示や指示が、軍部の新たな反発の材料になり、天皇の軍部内での権威がいっそう低下する傾向、これが西園寺などが最も懸念し、天皇の発言をも抑制しようとする考え方の基本になっていた。

## 天皇と軍部の相互不信

西園寺が懸念していたこうした状況は、現実として存在した。熱河作戦の実施において、関内にまで進出した関東軍の軍事行動を憂慮した天皇は、武官長を通じたびたび参謀本部に注意を与える（ND　昭和八年三月二五日、『本庄日記』一五九―一六〇頁）。この天皇の態度について、真崎参謀次長は東久邇宮に対し、「近来、陛下には、参謀本部や陸軍からの上奏に対してはなかなか御裁可がない。外務や総理からの上奏に対するのとは、おのづからそこに違ひがあるやうに思はれる。どうかしてもう少し陛下が参謀本部から申上げることに対して御嘉納あらせらるるやう、殿下のお力添を願ひたい」と依頼し、東久邇宮に断られると憤慨して帰るという反応をみせていた（『政局』三　六四頁）。

ここで注目されるのは、真崎が参謀本部からの上奏は天皇によって当然裁可されるもの、という前提で発言していることである。先にあげた一九三二年七月の東久邇宮の発言、天皇が上海派遣軍司令官になるべく速やかに停戦すべしとの注意を与えたことを、いちいち細かい点にまで「容喙」する「君主としてあるまじき御言動」という非難も、天皇は参謀本部の上奏を当然裁可し、その後の軍行動は任命した軍司令官に委ねるべきとの「委任君主」としての君主観を前提とするものである。

統帥権については、国務大臣の「輔弼」と軍令機関の「補佐」は意味が違う、国務大臣の輔弼は「輔弼事項に関し全責任を負う」のであり「不法不当と判断する大権が行使されないように職を賭してもこれが阻止に当」たるもの、これに対し「参謀総長・軍令部総長は、大元帥としての天皇を頂点とし兵卒を底辺とする上命下服（絶対服従）の規律の一環をなす最高幕僚長にすぎないのであるから、天皇と意見を異にすることがあってもその命令には服従する義務を有する」との指摘がなされている（家永三郎　一九七七　六九—七〇頁、家永三郎　一九八五　四四頁）。これは明治憲法のありうる一つの解釈、最も徹底した立憲主義的解釈であるが、ここでの真崎や東久邇宮の発言にみられるように、軍令機関の「補佐」を国務大臣の「輔弼」と区別するような発想は、現実にはほとんど存在していなかった。それどころか、外部勢力に対しては「天皇親政」を掲げ、「統帥権独立」の広範囲適用を主張する軍部が、天皇自身に対しては参謀本部の「輔弼」にしたがって行動し、上奏を裁可するのが当然と考えていたのである。後の一九三五年、美濃部達吉の天皇機関説が問題にされたとき、天皇が「軍部にては機関説を排撃しつゝ、而も此の如き自分の意思に悖《もと》る事を勝手に為すは即ち、朕を機関説扱と為すものにあらざるなき乎」「軍部が自分の意に随はずして、天皇主権説を云ふは矛盾ならずやとの御下問」をなすような（『本庄日記』二〇八、二一一頁）、奇妙なパラドキシカルな事態が、こちらでも生じていたのである。

だが昭和天皇自身は自分を、国務大臣にしろ参謀総長にしろ、その「輔弼」にもとづいてのみ行動すべき存在であるなどとは考えていなかった。後の発言としてであるが、この熱河作戦期の真崎に対し天皇は、「自分としても、真崎が参謀次長時代、熱河作戦、熱河より北支への進出等、自分の意図に反して行動せしめたる場合、一旦責任上辞表を奉呈するならば、気持宜しきも其儘にては如何なものかと思へり」と語っている（同前　二二一頁）。この論理は田中義一首相に対する不信任の論理とまったく同一である。さらに天皇は、真崎の教育総監からの辞職に際し、「真崎は加藤の如き性格にあらざるや、前に加藤が、軍令部長より軍事参議官に移るとき、自分は其在職間の勤労を想ひ、御苦労でありし旨を述べし処、彼は、陛下より此の如き御言葉を賜はりし以上、御親《ママ》任あるものと見るべく、従て敢て自己に欠点ある次第にあらずと他へ漏らしありとのことを耳にせしが、真崎に万一之に類することありては迷惑なり」との下問を本庄繁武官長に行っている（同前　二二二―二二三頁）。天皇は加藤寛治の行動を許しておらず、また真崎を信任していなかったのである。これらからみて天皇は、国務大臣や参謀総長など「輔弼者」に対し、自分の意図をくんで行動すること、天皇の意図や裁可をうけた決定事項に反するような事態に至った場合には、その責に任ずることを要求していたのである。したがって、自己の意図に反する行動を進める陸軍の一部分子に対しては、そしてそれを統制しようとしない、あるいはできない陸軍首脳部に対しては、不満と不信をつのらせていった。一九三三年三月、国際連盟からの脱退について、天皇にとってはきわめて不本意な事態であるとの意をこめた詔勅を発表したにもかかわらず、「連盟脱退に付き下せる陸軍大臣の訓示に詔勅のことに言及せさる件に付き尚種々御下問」があるという状況は（ND　昭和八年三月二九日）、天皇と軍部の相互不信を象徴していた。

## 皇族クーデタの構想と策動

元老西園寺や牧野内大臣など宮中側近が、天皇の個人的意思の発動の抑制に転じたのは、なにより軍部内での昭和天皇個人の権威が低下しており、その親政の発動が軍部との確執を強めることを懸念したからであったが、このことと表裏一体の関係で存在した問題が、皇族をかついだクーデタ勃発への懸念、あるいは政治対立が天皇対皇族の対立の形式をとることへの懸念であったと思われる。

政党内閣・元老宮中グループを排除し、対英米協調外交路線を打破して国家革新をはかろうとする急進的グループのクーデタ構想には、皇族をかつぐ計画がみえかくれしていた。海軍将校国家改造運動の先導者であり、王師会の組織者で五・一五事件実行グループに影響を与えた藤井斉は、一九三〇年八月の書簡で「小生の方針は　民間に於ては、北、西田氏を中心とし　海軍に於ては、末次、小林を中心とし　陸軍は　真崎、荒木（この二人はよし）を中心とし、而して　○○○○　を戴き（○○○は○○○○と最もよし、○○○には御帰朝後手を伸さむ）　この団結を以て断行せむとす」と書いていた（『現代史資料　四　国家主義運動一』五六頁）。この○○○○および○○○はその敬語の使い方からみて皇族と推測される。また藤井は一九三一年三月一七日の日記に、「四人田中軍吉中尉を訪ふ。頭のい丶、好丈夫なり。思想は全然吾人と同一、東久邇宮の聯隊旗手たりしことあり。最も親密の由。近歩三は大丈夫動くと。他の三ケ聯隊には極力

働きかけてある由　宮城の奪取はどうしても近衛師団そのものを動かさゞるべからず。而して宮内省方面に人を入るゝ必要もあり。来々年殿下が師団長として来らるゝは殆んど確実なり。その時が時機なり。（中略）斯くて来々年殿下近衛に師団長たる時クーデタを行ふべし」と、六月二一日には「又高松の御附と宅野氏は仲が良くて互に連絡取りつゝあり。又殿下に最《ママ》も御信頼申上ある由。殿下を奉ずる運動も亦必要なるべし」と記述している（『検察秘録　五・一五事件Ⅲ　匂坂資料三』六六九―六七〇、六八七頁）。その現実性はともかく、東久邇宮、高松宮というこれらの皇族工作を考えていたことは確かである。

昭和天皇の次弟でこの時、皇位継承第一候補者であり陸軍士官学校で西田税の同期生、後に二・二六事件に参加する部隊となり急進的青年将校を多数抱えていた第一師団歩兵第三連隊に配属された秩父宮雍仁《やすひと》には直接の工作があり、そうした事実は、元老や宮中側近の耳にもとどいていた。一九三一年八月には、牧野内大臣が西園寺に「陸軍の若い連中のどの団体だか知らないけれども、秩父宮が汽車に乗って何所に行かれる時に、その汽車に陸軍の大佐が入つて来て、殿下を担ぎたいといふことをぢかに申上げたといふ事実」を伝える。原田熊雄は「大川周明の一派は、秩父宮に喰入らうとしてあらゆる術策を弄してゐるらしい」と談話している（『政局』二　三九、四三頁）。加藤寛治は十月事件の計画者の検束を記述した日の日記の欄外に、「関屋、秩父宮様帝位簒奪《ママ》の恐る可き評判を立つ。恕《ゆる》す可からず」と書いている（『加藤日記』一四八頁）。

こうした噂の結果と思われるが、秩父宮自身が御付武官によって事の真偽をただされるという事態も生じる。「秩父宮御側日誌」の一九三一年一二月四日には、「青年将校間に桜会一派の策動標語として『秩父宮殿下にも御了解あり暗々裏に御同志として云々』と。而して之は西田某始士官学校同期生の間より発したるものなり。即殿下に対し奉り敢て事の真偽を伺ひ上げ奉る。回答『士官候補生時代、一夕同期生数名校庭に於て〝吾人の契約を聞て下さい〟と誘ひたることあるも、其際予は何等発言せしことなし』右参考の為（岡田武官）」と記述されている（『雍仁親王実記』四五五頁）。この士官学校の時、西田税から北一輝の『日本改造法案大綱』と『支那革命外史』が献上された。それは御付武官が処分したらしく、典拠は明らかにされていないが、秩父宮が『日本改造法案大綱』を一読するのは、陸軍大学校卒業後、歩兵第三聯隊の中隊長となった一九三一年末頃であったという（『秩父宮雍仁親王』二〇八頁）。

## 天皇と秩父宮の衝突

皇族を擁してのクーデタ論とは脈絡を別にするが、満州事変後には皇族に政治的役割を期待し、それを利用しようとする動向が強まる。一九三一年一二月には参謀総長に元帥閑院宮載仁が、一九三二年二月には軍令部長に大将伏見宮博恭《ひろやす》が就任した。その就任事情を史料的に明らかにすることはできないが、まだ若い天皇、しかも元老や宮中側近の助言に動かされているとみなされていた天皇に対し、こうした長老皇族軍人の就任によって影響力を増大させうるとの期待が働いていたことは、充分に推測しうることである。また一九三二年二月には、近衛文麿から「側近方面の改革」として内大臣に秩父宮を就任させるという案が出され、牧野内大臣にも元老西園寺にも伝えられる。宮中側近攻撃の空気を転換するためにも、伏見宮をかついで内大臣を担う平沼系勢力の動向への予防のためにも、こうした案が考えられるというのである（『木戸日記』上巻　一四二頁、『政局』二　二二六頁）。さらに、一九三三年になると挙国一致内閣の実をあげるためとして、「皇族を戴く内閣を目論《ママ》もの」が相当現れる状況も生まれる（『木戸日記』上巻　二二六頁）。

　こうして皇族の動向への注目が強まる状況の下で、天皇と秩父宮の衝突事件が発生する。本庄武官長は、「満州事件発生の昭和六年の末より同七年の春期に亘る《ママ》頃の事」として、「或日、秩父宮殿下参内、陛下に御対談遊ばされ、切《しき》りに陛下の御親政の必要を説かれ、要すれば憲法の停止も亦止むを得ずと激せられ、陛下との間に相当激論あらせられし趣」と書いている（『本庄日記』一六三頁）。これは、その後の天皇の侍従長への感想の記述からみて、鈴木侍従長からの談話の伝聞と思われる。

　この激論の時期であるが、五・一五事件発生直後の五月一八日と考えられる。侍従次長河井弥八の日記には、五月一八日に「秩父宮殿下四時御参、両陛下御対面遊ばさる。時事に付御雑談あらせられしが如し」、六月二三日に「侍従長より、秩父宮殿下の聖上へ御申上げられたる事項に付、内話あり」、七月八日に「四時、秩父宮両殿下御参内あり。両陛下御対面遊ばさる。陛下と殿下との御対談に付、格別のことなかりし由を拝聞す」との記述がある（KD六　九八、一二五、一三五頁）。七月八日以前に「格別のこと」があったのである。また五月二八日に奈良侍従武官長は、天皇より「朝香宮、秩父宮（雍仁親王）両殿下の御話に依れは青年将校の言動意外に過激なるやに感せらる、秩父宮殿下を他に転補の必要なきや陸軍大臣にも相談せよとの御思召」を聞いている（ND　昭和七年五月二八日）。『雍仁親王実記』によると秩父宮は、七月八日の参内以前には五月一八日しか参内しておらず、それ以前に明確に参内と記されるのは一九三〇年一〇月五日のことである。その間で天皇と個人的な議論がありえたのは一九三一年七月一九日の、葉山御用邸での「天皇・皇后と御会食」の機会ぐらいしかなく、いずれも考えがたい。したがって、五・一五事件の発生直後、斎藤内閣の組閣前の五月一八日に、秩父宮が天皇親政・憲法停止まで極論し、天皇との間に激論となったと考えてよかろう。

こうした経過が存在したとすると、一九三二年の八月に西園寺が、「かねて近衛あたりから、秩父宮を内大臣にしてはどうかといふ話が出たときに、自分は、必要な場合には已むを得まい、と答へたことがあるけれども、いま考へてみると、もう絶対にそんなことはよくない。秩父宮は、場合によつては、皇位を継がれる方でもあるし、またもし内大臣にでもなつていろいろな勢力が附くと、容易にそれがぬけないから、非常に危険である。皇族を――勿論一般の皇族もさうだけれども、殊に秩父宮を内大臣にすることは絶対によくない、といふことを西園寺が言つてゐたと近衛に話しておいてくれないか」(『政局』二　三四五頁)と談話した意味も明確になる。西園寺は、かつては天皇を中心とする政治統合力の強化の手段として秩父宮内大臣もありうると考えたのであるが、天皇と秩父宮の意見衝突という事件をふまえ、政治勢力間の対立が天皇と皇族の対立となって現れる事態の危険性を考えたのであろう。それは、皇族を擁したクーデタほどの悪夢ではないにしても、天皇の権威の決定的低下、天皇への求心力の解体を想像せざるをえない悪夢であったことは間違いない。こうして西園寺の政治論は、天皇親政論も皇族内閣論もそれを強く退ける「立憲政治」論としての色彩をますます強くすることになるのである。

皇族に対する不安の念をかきたてられるような事件は、その後も絶えなかった。一九三二年に東久邇宮は、五・一五事件参加者を生んだ愛郷塾を訪問し、それをとめられなかった茨城県知事の辞職問題を引き起こす。一九三三年の神兵隊事件では中心人物の鈴木善一が、クーデタ後の「首班は勿論宮様だ。秩父宮か、或は東久邇宮か、いづれかお一方をする」と語ったとの供述が出、三宅正太郎大審院判事は「予審中に、皇族方のお名前がさかんに出て来る。彼等の言ふところでは、単に東久邇宮殿下ばかりでなく、伏見元帥宮、或は秩父宮等のお名前が出る」として公判の在り方への懸念を語っている（『政局』二　三四九、三五五頁、三　一四〇頁、四　一五五頁）。

元帥や宮中側近のみならず、天皇自身にとっても皇族の思想問題は懸念の一つになっていた。一九三三年三月に天皇は、侍従長を通じ牧野内大臣に「秩父宮心境好転」を伝える。このことについて牧野は、秩父宮に関しては「兎角青年将校の気分を多分に御懐抱」であったが参謀本部転任により視野が広くなったと観察し、同時に天皇の「皇族方、殊に御直宮方の思想問題に御軫念」の現れ、とみていた（MD　五五六頁）。また天皇は、軍隊教育の在り方に関連して「秩父宮殿下、賀陽宮殿下の御言動に徴するに、とうも軍隊に居ると過激になる様に思はる」との感想をもらしている（ND　昭和八年四月三日）。右翼急進革新運動とのかかわりで、皇族の思想問題は、天皇自身の懸念事項の一つになっていたのである。

## 皇族クーデタの悪夢の継続

一九三六年の二・二六事件の発生とその鎮圧は、クーデタによる国家改造を企図する急進的右翼革新運動に打撃を与え、こうした国家改造の潮流は、これ以降主導権をとれなくなってゆく。だが、二・二六事件の経験は、元老や宮中関係者にとっては、皇族クーデタの悪夢をより強く感じさせることになったと思われる。事件を起こした歩兵第三連隊は、秩父宮が元所属していた部隊で、決起将校にはかつての部下を含んでおり、かつ決起将校は、秩父宮を決起部隊＝反乱軍は戴いているのだと公言したからである。二・

二六事件の発生の時、第三十一連隊大隊長として弘前市にいた秩父宮は、「天機並御機嫌奉伺」のために、二七日に帰京する。その翌日が翌々日、秩父宮は宮家の元事務官に「一般ではどういう事を言っているか」「一般ではどういう風に見ているか」を質問する。そして「山王ホテル附近の叛乱軍の第一線で、その青年将校の二三がやっていた街頭演説をきいたその内容」として「彼等は『秩父宮殿下が御帰京になったので、愈々《いよいよ》我々の頭目として戴き、我々の立場は好転して、昭和維新の成功も近い』という様な演説を堂々とやっている事」、また事件の首謀者・黒幕についての巷の噂としては「当時一番多い噂であった荒木・真崎両大将という専らの噂の外、稀には『宮様が関係がある』という一部の説」を聞いている（『雍仁親王実記』五二九—五三〇頁）。

秩父宮の上京希望を伝えた高松宮に対する宮中側近の回答は、「御見舞の為に御帰京の思召と云ふことであれば、吾々としてそれを御止め申すべき筋合ではありませんが、高松宮は東京の現在の状況は御承知のこと故、然る可く御判断を御願ひする外ない」という、いかにも迷惑そうなものであった（『木戸日記』上巻　四六六頁）。また、上京した秩父宮は、宮内省職員の大宮駅までの出迎えをうけ、直接宮中へ参内することになるが、それは「宮中側近者等に於て、若し、殿下にして其御殿に入らせらるるが如きことありし場合、他に利用せんとするものの出づるが如きことありてはとの懸念にありしが如し」と観察されていた（『本庄日記』二七五頁）。秩父宮の動向には、宮中側近からは警戒的視線があてられていたのである。

秩父宮を一つの焦点とする皇族クーデタの悪夢を二・二六事件の後に最も露骨に口にしたのは元老西園寺であった。一九三八年に西園寺は「こんなやうな今日の空気が永く続けば、一体どうなるか判らない。

日本の歴史にも随分忌はしい事実がある。たとへば神武天皇の後を承けられた綏靖《すいぜい》天皇は、実はその御兄君を殺されて、自分が帝位につかれた。それはほんの一つの例で、さういふ事実は日本の歴史にも支那の歴史にもまだたくさんある」「まさか陛下の御兄弟にかれこれいふことはあるまいけれども、しかし取巻きの如何によつては、日本の歴史にときどき繰返されたやうに、弟が兄を殺して帝位につくといふやうな場面が相当に数多く見えてゐる。（中略）今の秩父宮とか高松宮とかいふ方々にかれこれいふことはないけれども、或は皇族の中に変な者に担がれて何をしでかすか判らないやうな分子が出てくる情勢にも、平素から相当に注意して見てゐてもらはないと、事すこぶる重大」と談話している（『政局』六　二六五、二九七頁）。こうしたことをもらすようになったこと自体が、老齢化による西園寺の体力・気力の衰えを示すものであるが、その一生を近代天皇制国家とともに歩んできた人物の死期を間近に迎えた段階での最大の懸念、想念であったことも間違いあるまい。

元老や宮中側近を捉えていた皇族クーデタの悪夢は、近代天皇制国家が抱えていた君主制の非合理的側面、宮廷政治的側面を象徴的に示すものであった。二・二六事件後に摘発される宮中に関連する新興宗教取締事件も、近代天皇制のこうした側面を示すものである。一九三六年八月に元皇太后宮職女官長の島津治子らが不敬罪容疑で検挙される。島津らは霊媒により神託をうける「特別法座」を一九三五年から開いているが、そこには、海軍の山本英輔大将、志岐守治陸軍中将なども参加している。この法座は「国体明徴維神《ママ》の道」を立てることを目的とするもので、「天皇陛下は前世に御因縁あり、国体明徴維神の道は立て得させられず、早晩御崩御は免れず」とし、摂政として「高松宮殿下を擁立しなければならぬ」とするものであった。また東久邇宮が入船観音を信仰し、小原龍海（唯雄）に祈禱を依頼した事件も問題となる。その依頼とは「○○が最近頭の工合《ママ》がすぐれない様です。そう云ふ病気は観音さんの力で、四十二才を越える迄健康を保って戴けるかどうか」というもので、○○とは天皇を指すと考えられる。この小原が警察にとられた聴取書について、事実の有無を問われた東久邇宮は、大体事実と答え、木戸幸一から注意をうけることになる（『木戸日記』上巻　四五六、五〇五、五〇九、五二七—五三〇頁）。社会不安と天皇の権威の低下の下で、宮中に関係する部分で天皇の健康不安や寿命が問題にされ、摂政云々の神託が語られていたのである。元老や宮中側近らのもった皇族クーデタの悪夢の底流には、こうした宮廷政治の非合理的雰囲気が存在していたのである。

### 天皇の権威の回復

とりわけ軍部において低下していた昭和天皇の個人的権威は、国際連盟からの脱退という対外路線上での一つの区切りがつくことによって、ようやく回復過程に向かいはじめる。一九三三年の八月、西園寺に対し木戸幸一は天皇の近状を報告するが、そこでは「熱河問題等に就ても参謀総長の宮は全然陛下の命令を遵奉せられ事に当られ」、また「関内進出の問題、日米戦争の不可なること等に就ては軍令部長の宮は陛下と全く意見を一にせられ居り、此点は真に天佑」と述べており（『木戸日記』上巻　二三七頁）、閑院宮、伏見宮という長老皇族軍人の統帥機関の長官への就任は、統帥機関と天皇との直接的・心理的な軋轢を緩和する役割は、はたしたようである。

奈良武次の後任として一九三三年四月侍従武官長に就任した本庄繁と天皇の関係は、「満州事変の功績」

というその推薦理由に天皇が「不同意」の意をもらし（ND　昭和八年二月二一日）、本庄も「初め『どうも陛下が軍事に御熱心でない』といふ風な口吻を洩らして、不満のやう」であって（『政局』三　一三二頁）、当初は必ずしも円滑なものではなかったと思われる。しかし、この年の年末には原田熊雄が本庄に向かい、「貴下が侍従武官長に就任されたことは非常によかつた」「近来陸軍の若い連中達が、それとなく陛下の御聡明なことをだんだんに伝へきいて、陸軍省や参謀本部の幹部どころの連中が、しきりに陛下の御聡明な点を話し合ふといふことになつて来て、我々の耳にまで響いて来る。恐らく貴下あたりが、大臣や参謀次長あたりに折に触れて言はれることが伝はるんだらうと思ふ。もしこれが他の人だつたら、なかなか本当にしない。まことに有難いことである」と談話する状況が生じる（同前　三　二〇八頁）。後の一九三四年一〇月、本庄は牧野内大臣に対し、「自分が現職を拝したる以来君側の現状を拝するに、世間の想像とは大に相違し、実際は内大臣は今少し立入り種々御申上げ相成る方宜敷《よろしく》は之れ無き哉位に拝見致す次第にて、時々の流伝等は誠に根拠なき甚だ不都合なる作り事なるを痛感し、其意味にて必要の場合には説明致し居れり云々の打明け話」をしている（MD　五九一頁）。天皇が軍事に無理解・無関心な君主であるとか、宮中側近のいうがままに動かされている君主であるとかのイメージは薄らぎ、国家機関頭部の構成員のなかでは、天皇自身の納得了承をえられるような上奏を行うことの重要性が再認識されてきたと考えられる。

　また、岡田啓介内閣の組閣後、大角岑生海相は、伏見宮の近状について「この頃は陛下に対して御理解が深くなられた。殊に最近、この間の政変の時の西園寺公の奉答ぶりを御覧になつて、流石《さすが》は元老であると言はれて、西園寺公に対する認識を新にされ、以前と違つて来た」と談話する（『政局』三　三三一―三四頁)。これの背景になっていたのは伏見宮軍令部総長が、加藤寛治・末次信正に対する信任を失うという事情であった。加藤は一九三四年七月九日、伏見宮によばれ「艦隊側建白書に付種々御下問」されている(「加藤日記」二六三頁)。ワシントン軍縮条約の速やかな廃棄を要求する連合艦隊の上申書が提出されたが、その作製を指示したのは加藤であり、かつその際、自分を首班とする挙国一致内閣を必要とするとの言動があったとし、「総長の宮は加藤を召されて厳重に叱責」「今後は策動がましき政治的の行動は厳重に警戒せらるゝ御方針」となったのである(『木戸日記』上巻　三五〇頁)。かつてロンドン海軍軍縮条約問題で意見上奏をはかり、軍令部総長に就任してからは艦隊派の主張にくみして、海軍首脳人事や省部業務互渉規程の改正を強行した伏見宮が、艦隊派の加藤・末次の政治的策動を知って、信任しえずとの態度に転じていた。

こうした状況報告を聞いた西園寺は八月、「陛下は最早幼冲の天子と云ふ訳にもあらず、今少し陛下の御意向の外部に顕はれても差支ならずや」と語り(同前　三五一頁)、さらにワシントン軍縮条約廃棄問題にかかわり「陛下から両元帥宮に、日本の今日の国際的地位及び現在の空気等について大まかな御注意」の実施をいいだす(『政局』三　四九頁)。だが牧野内大臣ら宮中側近は反対し、その実施は見送られる。

他方、牧野はワシントン条約廃棄後の一九三五年一月、「軍縮も廃棄にて一段落に付、行掛りの問題も解決したるを以て人心も稍々落付き、特に海軍方面の空気も緩和すべきを以て、此れを機会として近年紊乱《びんらん》したる軍規の引締りに転向する事望ましく、気付のまゝを言上」する(MD　六一一頁)。牧野は、この時点では対英米協調の外交路線の現況維持よりも、天皇や宮中側近の権威の回復と、それを前提とした軍部に対する統制の回復を優先していたのである。陸軍による華北分離工作への統制にかかわって、一九三五年六月にはまた天皇が御前会議の開催をいいだす。六月一八日に牧野と西園寺が会談するが、そこで牧野は「御前会議云々の事に及び、陸軍の首脳部も必ずしも近時の出来事に満足せざる情報もあり、今後周囲の事情或は御前会議の可能性を考慮し得べき時機到来する事もあるべし」と主張したが、西園寺はなお御前会議には消極・慎重論であった（同前　六三七頁）。

一九三五年には、天皇・元老・宮中側近とも、天皇の権威の回復を感じ、また岡田内閣の下で軍部への統制も回復することを期待していた。七月に伏見宮が「北支事件」への統制のために「聖断」を期待するような上奏を行ったことに関連し、牧野は岡田首相に御前会議について打診する。これに対する岡田首相の返答は、「組閣後陸軍大臣と軍部の統制、乃《ママ》軌道に戻す事に付ては第一に協議を重ねつつあり」、林銑十郎の陸相就任の直後は手足少なく手を伸ばすことができなかったが、「今日に至り漸く憲兵を掌中に収め」、陸相は「手足を固めたる後統制を回復したき方針と談示したるに付、自分も全然同意し置きたる」というものであった（同前　六四二―六四三頁）。すなわち首相と陸相の連携で、統制を回復しつつあるとの自信を示したのである。この三日後の七月一六日、真崎が教育総監から更迭される。また、岡田首相は八月の天皇機関説排撃の政府声明の発表に際し、「其影響は自然枢相の進退にも及ぶべきを予想し、断然之には取り合はざる決心なる旨をも加へて奏上」しており（同前　六四七頁）、天皇機関説問題が一木枢相＝宮中側近攻撃にまで拡大することは阻止するとの決意を表明していた。いわゆる軍部の皇道派と統制派の対立のなかで、宮中側近は統制派によってまさに統制が回復されることを期待していたのであり、したがって永田鉄山軍務局長斬殺事件・林銑十郎陸相の辞任は衝撃であったと思われる。しかし、後任の川島義之陸相に対し天皇は、「近頃若い者は少し行き過ぎて居る様であるから大臣は此の際犠牲になりて処置する様にとの御言葉」を与え、さらに「総長宮の参内せられたる際、大臣に右の旨を申して置いた故、力を添へる様にとの御話」がある（『木戸日記』上巻　四三二頁）。天皇は陸相・総長を通じての統制回復を期待していたのである。

一九三六年の二・二六事件の発生とその鎮圧は、天皇と元老・宮中側近の両者の権威への影響という点では対照的な結果を生じさせたと思われる。周知のように天皇は事件発生に激怒し、終始一貫、反乱の鎮圧を命じつづけた。事件当初、軍部首脳部に曖昧な対応が存在したなかで、天皇の一貫した態度は鎮圧方針決定に大きな影響を与える。そのことによって天皇は、国家の最終意思決定者としての個人的権威をも確立するのである。他方、二・二六事件は、これまで西園寺が信頼をよせていた重臣層を失わせ、その指導力の弱化を生じさせた。事件後、近衛文麿の組閣辞退により後継内閣は一木枢相がいいだした広田弘毅が組閣することになり、またついに西園寺が忌避しつづけてきた平沼騏一郎の枢相への昇格が実現することは、元老の力量低下をよく示している。また、前年末に牧野が内大臣を辞職しており、この事件で後任の斎藤実内大臣が死亡、事件後に一木枢相が辞職、負傷した鈴木貫太郎侍従長もやがて辞職して、田中内閣倒閣・ロンドン軍縮条約問題以来の宮中の人的体制はほぼ消滅する。湯浅倉平内大臣、松平恒雄宮内大臣という新体制が組まれるが、その権威・役割は低下し、実際には近衛文麿や木戸幸一らの役割が増大して、「宮中勢力内部での世代交代を促進」していくことになる（『西園寺公望伝』第四巻　三五八―三五九頁）。

## 3　昭和天皇における天皇像の転換

### 軍事君主としての権威化

昭和天皇が個人的権威を回復したにもかかわらず、その後も日本の軍事行動は拡大をつづけ、ついには「米英両国と釁端《きんたん》を開くに至る　洵《まこと》に已むを得ざるものあり　豈《あに》朕が志ならんや」(「米英両国に対する宣戦の詔書」一九四一年一二月八日)と、天皇の本意ではないといいつつ、対英米戦にまで突入する経過は、それではどのように説明できるのであろうか。端的にいうと、昭和天皇の権威の回復と高まりの在り方のなかに、その歴史的展開の形成要因がはらまれていたのである。その第一は、天皇における軍事君主としての側面、いわば統帥権的天皇＝大元帥としての性格が肥大化し、この側面で昭和天皇の個人的権威も回復・昂進していったという事情にある。

その基礎過程としては、天皇・元老・宮中側近が、満州事変以降軍部との正面衝突を避け、天皇の権威回復のために国家の対外路線設定で軍部の主張に妥協していったことがある。ロンドン軍縮条約締結までの天皇・宮中勢力の対外路線は、西園寺の「日本は英米とともに釆配の柄を握つてゐることが結局世界的地歩を確保する所以」「東洋の問題にしても、やはり英米と協調してこそ、その間におのづから解決し得る」(『政局』二　三七七頁)との発言に象徴されるように、対英米協調によって国家権益の維持・伸長をはかろうとする協調帝国主義路線であった。ところが満州事変以降の軍部の突出のなかで、「満州国」建国・国際連盟脱退にまで事態は進展する。この事態を前提にした時、国際関係のなかでの日本国家の位置どりと国家目標は変容せざるをえなかった。英米との対立を生じても「東洋の盟主」として独自の権益圏を確保するという対外路線への突入は、英米との対立に耐えうる国家の実現、「国防国家」の建設という国家目標の設定を不可避とした。このことから外交政策に対する軍事政策の優位化が必然的になる。

このことが、天皇の在り方も変えていく。対外関係への配慮にもとづき国家路線を考える外交大権保持者としての役割を中核とする天皇、内閣輔弼にもとづきつつ統治権総攬者として存在する天皇という性格よりも、軍事君主、統帥権的天皇＝大元帥の側面が肥大化するのである。この転換は、国際連盟の脱退の前と後での、熱河作戦の統制問題への天皇の対応の相違として、まず明確に現れた。前述のように昭和天皇は、国際連盟からの脱退以前には「最高統帥令」を発して熱河作戦を中止させることを考えた。さらに一九三三年三月八日、国際連盟脱退通告文についての外相の上奏の後にも、牧野内大臣に対し「連盟の方面も除名の如き極端の処置も心配なかるべく、熱河も一段落済みたる以上、脱退に付更に一応の再考を加ふる余地なきやに付御下問」をしている（MD　五四八頁、『木戸日記』上巻　二二四頁）。この時点では「最高統帥令」の発動を口にしても、昭和天皇のなかで軍事作戦への統制が外交的見地の優位の下で考えられていたことは明白である。

国際連盟からの脱退通告後も、天皇は熱河作戦の実施において関内まで進出する関東軍の行動に規制をかけるよう指示する。その結果、長城線までの撤退命令とその実施も行われるが、再度の関東軍の関内進出への天皇の発言は次のようなものになっていた。「関東軍は長城線を越へ引続き関内に進出しつゝあるが、元来参謀総長が熱河に軍を進むべきを請ひし時、『一　関内に進出せざること　二　関内を爆撃せざること』を条件として許可したるものなり。然るに、何時までも関内に進軍するは、情況の変化と云はゞ夫れまでなるべく、外交問題と雖《いえども》深く懸念にも及ばざるべしと雖、一旦総長か明白に　予が条件を承は
り置きながら、勝手に之を無視したる行動を採るは、綱紀上よりするも、統帥上よりするも穏当ならず」（『本庄日記』昭和八年五月一〇日　一六〇頁）。この発言は、外交上の懸念が小さくなった下で、作戦の必要上やむをえない場合があるにせよ、関東軍の行動は「統帥の精神に悖る」と批判し、つまり大元帥としての天皇命令に服することを要求するものであった。ここで昭和天皇は、統帥権的天皇としての自己の権威を主張しているのである。

一九三六年、二・二六事件の鎮圧で明確になった天皇の権威も、基本的には輔弼なしに行使された統帥権的天皇としてのものであった。一九三七年七月、盧溝橋事件が発生すると、昭和天皇は、湯浅内大臣のまず首相に会うべきとの助言に反し、「満州事変の時、総理に先に会つたところが、後から陸軍から統帥権云々といふことを言はれて、総理も非常に迷惑したやうなことがあつたから、この際近衛には後で会はう」として、まず参謀総長を召集する（『政局』六　三〇頁）。軍事紛争の発生にあたって統帥部との調整を優先したのである。八月、戦闘が上海にも拡大し、全面戦争の状況に突入することが明確になると、天皇は参謀総長と軍令部長に対し、「重点に兵を集め大打撃を加へたる上にて我の公明なる態度を以て和平に導き速に時局を収拾するの方策なきや」と下問する（『戦史叢書　支那事変陸軍作戦（一）』二八三頁）。早期決戦による短期での事態収拾という戦略の実施を希望し、その方策を問うたのである。一一月になると

天皇は、北支は大体かたづいたという戦局の進展からみて講和の申し出の可能性があるが、用意ができていない、「その用意のために御前会議でも開いたらどうかといふことを、近衛に話してみようかと思ふ」といいだす。他方、内閣の状況は「作戦について、近衛総理は統帥府或は陸軍大臣から何にもきいてをらないで、寧ろ陛下から伺つた。なほその伺つた後にまた作戦の様子が変つて来てゐるが、それも総理として少しもきいてをらない。たゞ軍人は軍人で勝手に行動をし、国家の財政なり外交と併せて考へなければならないのに、少しも協力する余地もない状態」といわれる有様であった（『政局』六　一三六―一三八頁）。天皇の役割がさらに大きくなってきているのであるが、それは軍事君主＝統帥権的天皇の側面に基礎をもつものであった。この月、大本営が設置され、内閣と大本営の統一・調整のために大本営政府連絡会議も設置されるが、統帥権的天皇と統帥機関の役割の拡大、内閣の役割の減少は戦時体制の進行のなかで変わることはなかった。

昭和天皇の「御下問」「御言葉」が強力な影響力を発揮し、軍事方針を変更させることもあった事例は、天皇の絶対的権威を示すものとして多くの研究でよくとりあげられている。一九三八年の張鼓峰事件では、武力行使許可の上奏を行った板垣征四郎陸相に対し、「元来陸軍のやり方はけしからん」「今後は朕の命令なくして一兵だも動かすことはならん」と叱責し（同前　七　五一頁）、現地軍の進撃は許されず、短期間で停戦協定が成立する、一九三九年のノモンハン事変でも、天皇の裁可なしに進攻したことについて参謀次長を強く叱責し、その結果、戦闘の制限がはかられ停戦となる、などである。山田朗（一九九四）は、天皇の発言が作戦計画あるいは具体的な作戦内容を左右する大きな影響を与えた事例として、一九三三年の熱河作戦の一時差し止めから一九四五年の朝鮮軍の関東軍への編入とりやめまで、一七の事例をあげている。重要な点は、その一七の事例のうち一六までが二・二六事件鎮圧方針の指示以降のものであることにある。昭和天皇が個人的にも絶大な権威をもち、大きな影響力を発揮するのは、二・二六事件以降、なによりも軍事君主＝大元帥としての側面においてなのである。

## 国家機関の均衡点としての「立憲君主」

昭和天皇は自らを「立憲君主」と考えていたであろうが、それは輔弼にしたがってのみ行動する君主を意味していなかったこと、統治権の総攬者として基本的方向について自らの意向を示し、諸国家機関、諸政治集団の間で調整ができなければ、最終裁定者として限定された親政権力を行使する君主と考え行動したことは、田中義一内閣、浜口雄幸内閣の時期の天皇の在り方として先述した。満州事変以降は、そうした裁定はもちろん、「御下問」「御言葉」による意向の指示も抑制することを元老や宮中側近から求められてきたのであるが、こうした経験を通じて、昭和天皇の君主観には変容が生じる。天皇の個人意思の表明を抑制することを求めた宮中側近の具体的な天皇像は、天皇への不満をもらした本庄繁武官長に対して一木喜徳郎宮内大臣が一九三三年に説いた次の談話によく表現されている。「元来、陛下は、文武両方のことを御心配なさるのであつて、文武はあたかも車の両輪のやうなものである。文武の上に立つてすべてを遊ばされる。だから或は陸軍の希望を充しておやりになることができない場合もあらうし、或はまた一面から言へば、文官の申出ることにも満足を与へておやりになることができないかもしれない」（『政局』三一三二頁）。ここでの天皇像は、あらゆる国家装置、とくに内閣＝国務機関と統帥機関から一定の距離をとり、その国家諸装置間での競合のなかから生じる均衡を体現する君主としての天皇像である。西園寺が、裁定はもちろん、御下問なども抑制することを求めていたことをあわせるなら、均衡が生じるまでは待機する受動的君主としての「立憲君主」像が要請されていたといってもよい。

昭和天皇は、その欠点として「落附の足らざる事」「少しく極端に御奔《はし》り易き御意向」を側近から指摘されていたように（MD　二六、四五頁）、本来は性急な性格であった。ところが元老・宮中側近から意思表示を抑制され、またただちに自分の意思どおりに政策決定がなされるものでもないことを体験した昭和天皇は、「立憲君主」とは、こうした均衡を体現する受動的君主であるという理解を受容していった。二・二六事件の鎮圧後、後継内閣の諮問にあたって天皇が、「今度の内閣の組織は中々難かしいだろう、軍部の喜ぶ様なものでは財界が困るだろうし、そうかと云って財界許《ばか》りも考へて居られないから」との言葉をもらしたのは（『木戸日記』上巻　四六九頁）、五・一五事件の後にまず「首相の人格」を問題にしていたことくらべるなら、政治勢力間の均衡の重視へという天皇の志向性の変化をよく示していた。

とはいっても天皇は、御下問・御言葉で自らの意向をしばしば示していたし、御前会議開催の意向をもらしていたことは前にみたとおりである。盧溝橋事件後には、内閣閣議への親臨論が天皇からも出され（『政局』六　三八頁）、さらに講和の体制整備のための御前会議の開催論も出される。以前から天皇がもらしていた御前会議開催の希望は、天皇の意向と参謀本部の推進とで、一九三八年一月一一日に、大本営政府連絡会議の構成員（参謀総長・軍令部総長・参謀次長・軍令部次長、首相・外相・陸相・海相・内相・蔵相）に枢密院議長を加えたメンバーでの御前会議として開催されることになった。この御前会議は「政戦両略の一致」のために、「政戦相関聯する重要案件」について「関係閣僚と統帥部首脳との会談」を行い、「特に重要なる按件に関しては謹で御前に会議を奏請して聖断を仰がんとす」というもので（戦時大本営条例廃止と大本営令制定に関する上奏）、後の御前最高戦争指導会議を含めると、一九四五年の敗戦までに合計一五回の国策決定のための御前会議が開催される（大江志乃夫　一九九一　一〇一、一八八頁）。

法的には大本営政府連絡会議は、「内閣と統帥機関である参謀本部（陸軍）・軍令部（海軍）との協議の場にすぎない」ものでありながら、「統帥権に属しないことの明白な事項をふくむ重要な国策・国家意思が実質上決定されることとなり、特に重大な案件については、その結論を天皇の出席する御前会議に付して正式に決定する」ことになったのである。このことは「本来国務の全体にわたって大権の行使を輔弼し、直接には帝国議会に対し、さらに議会を通して間接に国民に対して責任を負うべき国務大臣の立憲主義的機能」の喪失を意味すると指摘されてきた（家永三郎　一九八五　四二―四三頁）。

内閣における国家意思決定の一元化を放棄するのなら、この御前会議においてまさしく〝親裁〟によって最高国家意思決定を行う以外には、意思決定の一元性を保証する方法はない。ところが、西園寺は御前会議の開催自体にはもはや反対しなかったが、なお天皇の個人親政による決定には反対した。一九三七年一一月に「とにかく第一に総理に意見を立てさせてみて御前会議をやられるよりしやうがないぢやないか。なほ陸軍あたりで言つてゐるやうに、陛下の思召といふことで出先を抑へるといふことだが、もし実際にそれができなかつたらどうするか。一度出た陛下のお言葉は取戻すことはできないし、陛下がデマの中心となるようなことになつては大変である」「陛下からの御下命で出来るやうな御前会議では困る」「もし今度の御前会議をお開きになるにしても、いはゆる枢密院に常に御親臨になる意味の御前会議であつて、御勅裁とか御親裁とかいふことにならないやうにしなければいけない」と談話したのである（『政局』六 一四〇頁）。ひきつづき首相―内閣が輔弼責任をとり、天皇は「立憲政治」の原則の下で受動的君主であることを主張したと理解してよい。

こうした元老の見解にもかかわらず、昭和天皇は迷ったようである。一九三八年一月、御前会議開催の直前になっても、軍令部総長伏見宮から「なんとかお言葉を賜はりたい」との希望があることをあげて、「一体どうしたらよいか。元老にその意向をもう一遍きいてくれないか」と湯浅内大臣に下問する。湯浅の回答は「要するに政治の責任が直接陛下に来るやうな結果を導くやうなことはおつしやつてはならんといふこと」であった（同前 二〇二頁）。けっきょく、近衛首相の「何にも陛下からお言葉のない方が宜しい」との意向もあり、この御前会議では、天皇はなんの発言も行わなかった。その後に開催された御前会議においても、一九四一年九月の御前会議で明治天皇の和歌を引用した他は最後に開催されたポツダム宣言受諾決定の御前会議を除いて、基本的に天皇は受動的君主としてふるまい、直接の個人的親政権力の行使をこの場では行わない。敗戦後になって昭和天皇は、「所謂《いわゆる》御前会議といふものは、おかしなものである。枢密院議長を除く外の出席者は全部既に閣議又は連絡会議等に於て、意見一致の上、出席してゐるので、議案に対して反対意見を開陳し得る立場の者は枢密院議長只一人であつて、多勢に無勢、如何ともなし難い。全く形式的なもので、天皇には会議の空気を支配する決定権は、ない」と、輔弼にしたがって裁可する「立憲君主」としての自らの立場を弁明する述懐を行っている（『昭和天皇独白録』四七頁）。

だが御前会議の本当の〝おかしさ〟はどこにあったのか。まず第一に、大本営政府連絡会議、その御前会議が成立し、それが国策・国家意思決定機関とされることで、内閣＝国務機関による輔弼の統一性がまったく否定されたことである。これは明治憲法が暗黙に想定していた、内閣による国家意思決定の調整・一元化が解体したことを明確に示すものであった。第二に、大本営政府連絡会議の成立にも示されるように、統帥機関が国家意思決定の基幹部分になり、天皇はここでは大元帥として、直接の個人的親政をしばしば行い、強大な権威を確立していったことである。ところが法的形式としては、大元帥―統帥機関に国家意思決定権限が一元化されたわけではなかった。第三に、対英米戦宣戦の詔書やポツダム宣言受諾の詔書が、国務各大臣の副署による詔書であったことに象徴されるように、法的形式では天皇は国務大臣輔弼にしたがって裁可する「立憲君主」であった。御前会議においても、天皇は補弼にしたがって裁可する「立憲君主」として基本的にはふるまったのである。だがその実質は、政治責任の生じないように受動的君主として対応したにすぎない。その結果、一方に、大元帥としてしばしば親政的権力行使を行う権威ある能動的君主としての天皇と活発に活動する統帥機関、他方に、統一的国家意思決定能力を失いながら輔弼責任だけは負う内閣、その内閣と統帥機関との間の一時的妥協にもとづく決定をそのまま裁可する受動的君主としての天皇、という極端な無責任構造が出現することになったのである。内閣という基本的輔弼機関――自己の無責任性を保証する装置――の無力化を進めて立憲主義を形骸化させながら、国家諸機関の間での力関係の一時的均衡点としての決定をそのまま裁可する受動的君主としてふるまうことをもって、天皇は「立憲君主」として存在したという、奇妙な誤解が成立したのである。

### 対英米協調路線の崩壊の開始

国家諸機関の力関係の均衡点を体現する天皇という君主像は、あるときは能動的君主、あるときは受動的君主といった二面的な君主の相貌をみせながら、昭和天皇の君主としての基本的な立脚点を転換させていくことになった。昭和天皇の君主としての基本的な立脚点は、対英米協調の外交路線を基軸とすることにあった。それは、国際連盟で対日勧告が採択され、日本代表が退席した直後の一九三三年二月二七日にもなお、「外相拝謁の折、此迄の事は止むを得ず、然し今後の事は一層外交慎重にす可し、特に英米と親善協力に努力すべき旨御言葉」を与えるということに象徴される（ＭＤ　五四七頁）。二・二六事件鎮圧後にも、後継内閣組織にあたっては、元老西園寺に、「次の内閣は憲法の条章を尊重すること、外相と蔵相にはしっかりした軍部に引摺られない人物を配することが必要」との天皇からの条件が示され、広田弘毅の組閣の際には憲法の条章の遵守、財界に不安を与えぬという条件に加え「三、国際関係に無理をせざること」との注意が与えられた（『木戸日記』上巻　四七四、四七八頁）。

軍部主導で東アジアに独自の勢力圏——日満ブロックをつくりあげようとする外交路線が優位化する下でも、こうした天皇・元老・宮中側近の英米との対立を回避しようとする路線は継続していたのであるが、それを突き崩そうとする動向は、日独伊三国同盟路線として現れてくる。すでに日中全面戦争の開始前の一九三六年一一月に、日独防共協定が結ばれ、翌年にはイタリアも加入する。この協定は、ソ連を対象とする準軍事同盟といいうる性格をもっていたが、一九三八年になると、ドイツはソ連以外の第三国をも対象とする軍事同盟の締結を提案してくる。これに対し近衛内閣では、五相会議で防共協定の強化方針が承認され、外交交渉に入るが、その日本側方針の理解をめぐって対立を生じ混迷におちいる。外務省・海軍省などは協定の対象にはソ連と結ばない場合の英仏等は含まないと主張し、陸軍省はソ連を主とするが従としては英仏をも対象とするのが方針と主張して対立する。しかも、出先の大島浩駐独大使などは、英仏をも対象とするとの見解で交渉に入ってしまったのである。この混迷を主要因にして、陸軍の支持をうけていたにもかかわらず近衛首相は辞職してしまう。

近衛内閣のあとをうけた平沼騏一郎内閣では、一九三九年一月一九日の五相会議で、協定の対象には英仏を加えるが、その場合武力援助を行うか否かは状況によるとの秘密了解事項を加えることで妥協がはかられる。しかし大島駐独大使はこれでも不充分であるとし、英仏対象の武力援助の明確化のために秘密了解事項の削除を要求してくる。昭和天皇は、近衛首相が辞職をいいだし、陸軍がその辞職をひきとめた段階で、「近衛総理を引留める代りに、例の防共強化の問題を最初の五相会議で決定した通りに決めて、今日陸軍が主張してゐる、謂はば五相会議の全般と喰違ひのあつた点を取止めたらどうか。最初の五相会議の決定通り、ソヴィエトのみに対する純然たる防共協定といふことにしてはどうか。参謀本部に行つてさう言へ」と宇佐美興屋侍従武官長に伝える。さらに一月一九日の五相会議決定とそれへの大島駐独大使の対応について、湯浅内大臣は「元来陸軍はけしからん。一体大島大使のとつた態度は全くけしからん。陛下の外交大権を干犯してゐる、といつてもよい」とまで発言する（『政局』七　二八〇―二八一頁）。この湯浅内大臣の発言は、後の昭和天皇の対応からみて、天皇の意思を代弁したものであったとみてよいであろう。

元老の西園寺はもはや政局への積極的関与を行わなくなっていたが、こうした状況を聞いて、「陛下が或は大元帥として、或は統治の主体として強く意思を主張されるやうな場合には、やはり側に強い柱がないといかん。或はお直の宮さんあたりも一つの考だけれども」といい、さらに「陛下は天皇であると同時に大元帥である。よく大元帥＝天皇といふやうに考へてゐるやうだけれども、大元帥は天皇の有せられる一つの職分であつて、大元帥＝天皇などといふことはないのである」とも発言した（同前 七 二九六頁）。この西園寺の発言での天皇像は、満州事変以降に西園寺が主張してきた受動的君主としての天皇、均衡を体現する君主としての天皇とは別の天皇像である。統帥機関の主張も部分的主張として扱い、国家諸機関の主張のなかから方針を天皇が裁定選択すること、限定されながらも直接親政を実施する君主としての天皇像が語られ、そのために皇族＝直宮を含めた宮中側近体制の強化が考えられているのである。西園寺の発言の意図は不明である。天皇の権威回復との判断と、英仏との軍事対立にまで踏みこむ路線の登場に危機感をつのらせての発言であったとするなら、西園寺の本音での天皇像は、やはり限定された親政を実施する君主ということになる。しかし天皇は、そこまでは踏み出さない。

大島大使の要請をうけて、平沼内閣は三月二二日、さらに五相会議を開き、武力援助を原則とするも現在および近き将来においてはこれを有効に実施しえずとの趣旨を秘密了解事項とするという妥協案をまとめた。この妥協案の上奏に対し天皇は、(1)防共協定強化の問題について、大島大使、白鳥敏夫駐イタリア大使が政府訓令にしたがわない場合はどうするか、(2)これ以上協定の内容を変えることはないかをたずね、平沼首相から、両大使が訓令を奉じない場合は召還などの措置をとる、これ以上の変更の場合には交渉打ち切りもやむをえないとの奉答をうけると、この二点を、五相の署名した念書として提出させたのである（同前　七　三二五―三二六頁、念書は『太平洋戦争への道』第五巻　一一一頁所収）。こうした念書を提出させるのは異例のことであり、天皇が英仏などソ連以外の第三国への軍事対決に踏みこみかねないこれ以上の妥協にストップをかけようとしたことは明らかである。だが、大島、白鳥両大使は交渉で日本の参戦義務を認める言質《げんち》を与えてしまう。天皇は「出先の両大使が何等自分と関係なく参戦の意を表したことは、天皇の大権を犯したものではないか」との発言を外相・陸相へ行う（『政局』七　三三三―三三六頁）。しかし両大使をかばい、交渉の継続を求める陸軍の主張により、大使の召還も行われず、交渉は継続したのである。天皇が、対英仏の軍事同盟に反対であったことは疑いないが、その行動は、出先の大使の独断をとがめる以上には出ず、日独伊交渉の展開は、陸軍省と海軍省・外務省との対抗と協議に委ねる受動的君主としての対応をとるにとどまったのである。

## 昭和天皇における〝転向〟

この天皇の行動様式が一転するのは、一九三九年八月、突如独ソ不可侵条約が締結され、ドイツの背信行為によって三国軍事同盟推進派が打撃をうけてからであった。平沼内閣は「複雑怪奇なる新情勢」の語を残して総辞職した。後継には、阿部信行陸軍大将が任命されるが、その親任の際、天皇は陸相について、「新聞に伝へるやうな者を大臣に持つて来ても自分は承諾する意思はない」「どうしても梅津か畑を大臣にするやうにしろ。たとへ陸軍の三長官が議を決して自分の所に持つて来ても、自分にこれを許す意思はない」（同前　八　六二頁）と述べて、事実上陸軍大臣を指名した。また同時に「外交の方針は英米と協調するの方針を執ること」「治安の保持は最も重要なれば内務大臣、司法大臣の人選は慎重にすべし」との「御諚」も出される（『木戸日記』下巻　七四三頁）。こうした天皇の発言をうけて、陸軍三長官は、このときの侍従武官長として天皇の信任をうけていた畑俊六を陸相に推薦する。自分の信任できる人間を陸相にして「陸軍の革正」をなさしめること、外交方針は、対英米協調を基本とするとの指示を出し、能動的君主として行動したのである。天皇はその後も、「陸軍も手間がかかるかもしれないけれども、だんだん統制を回復することはできる」「さうして陸軍と外務の陣容が整つて来れば必ずよくなるだらうと思ふ」と内大臣に述べ、外務大臣を兼任していた阿部首相に対してはいきなり「どうしても東亜局長は代へなければ困る」と告げる（『政局』八　七八頁）。官僚人事の刷新にまで口をはさんでいたのである。

だが阿部内閣は最初から弱体内閣とみなされ、貿易省設置問題でつまずき、町田民政党総裁の入閣交渉にも失敗、陸海軍からも見放され、議会勢力からも不信任案をつきつけられ一九四〇年一月に総辞職する。後継首相は、前総理大臣の前官礼遇者の意見を聞き、西園寺の意見も求めた上で湯浅内大臣が米内光政前海相を奏薦した。しかし後に天皇は、「米内はむしろ私の方から推薦した、米内のことを日独同盟反対の伏見宮に相談した処、差支ないといふ意向だつたので、日独同盟論を抑へる意味で米内を総理大臣に任命した」と語っている（『昭和天皇独白録』四九頁）。米内内閣の奏薦の経緯では天皇の意向が大きく働き、それが米内内閣組閣にあたって畑陸相をよんでの「新内閣に協力せよ」という「優諚」にもなったと思われる（『政局』八　一七四、一七六頁、『木戸日記』下巻　七六六頁）。ところが、これが宮中側近に対する反発を強める結果となった。畑陸相への大命降下と考えられていたのに対し、「陛下が十四日に陸軍大臣を召されて『新内閣に協力せよ』と仰せられたことについて、陸軍は非常な不満をもつてかれこれ言つてゐる。また右翼は『今回のは、また重臣の陰謀である』と言つてゐる」事態が生じ、湯浅内大臣が非難の焦点となったのである（『政局』八　一六六―一六七頁）。また後継奏薦のための内大臣との会見後、宮中を退出してきた近衛文麿は「僕が宮中に行つた時には、もう湯浅と岡田の間で話が決つたんだ」と語り、「大いに心平らかでない」様子を示した（内田信也『風雪五十年』二五六頁）。こうして湯浅の健康問題もあり、六月には内大臣を辞職、内大臣には木戸幸一が就任した。

この時期に国際・国内情勢も大きく変動する。五月に西部戦線での総攻撃を開始したドイツは破竹の進撃で、六月一四日にはパリを占領する。ドイツとの提携、三国同盟締結をめざす勢力は、急激にその力を強める。またナチスに範を求め一党制を実現しようとする新体制運動も急激な高まりをみせ、六月二四日には近衛が新体制運動推進の決意を表明する。さらに仏印や蘭印など、ドイツ占領下諸国の植民地の分割への関心、南方進出論が急激に高まる。英米との協調を維持しようとする米内内閣への非難は急激に強まり、陸軍は米内内閣倒閣のために畑陸相の辞職を要望、畑は七月一六日に辞表を提出、後任陸相の推薦の首相要求に対しても「撰定至難なり」との回答を与え、内閣は総辞職した（『続・現代史資料　四　陸軍　畑俊六日誌』――以下「畑日誌」と表記――二六六―二七〇頁）。この倒閣過程において今度は天皇は、積極的対応をとろうとしない。七月一四日に「米内々閣を今日も尚御信任」と述べながら「内外の情勢により内閣の交迭《ママ》を見るは止むを得ずとするも、自分の気持は米内に伝へる様にとの思召」を木戸内大臣に示しただけで、米内内閣の辞表提出後には、内閣組閣の際の畑陸相への言葉は「優諚」ではない、「陸軍は之に協力するかと質問」したのであり、協力するとの奉答に「それならよろしいと云ったので、決して命令したのではない」との弁明をもらしている（『木戸日記』下巻　八〇四―八〇五頁）。

天皇はすでに六月一九日、参謀総長と陸相の上奏の際に、自分の側から「蘭印及仏印に兵力を出すといふことがあるかとの御下問」を行っている（「畑日誌」二五八頁）。その翌日、木戸内大臣に「マキアベリズムの様なことはしたくないね」とも語っているから（『木戸日記』下巻　七九四頁）、出兵積極論ではなかったろうが、その可能性を考えはじめていたことは確かである。また七月一〇日には、日中和平工作の一つであった桐工作に関し、これがうまくいかない場合、「第三国を仲介に利用すること、なるが、英は今や力なく支那は信用すまじく、米は実力ありて最適当と考ふるも之を利用し若し条件が不十分なるが如きことあらば国内的に面倒となり、結局独といふことになるがうつかり頼むと後にて難題を持かけらる、が如きなしとせざるを以て、此辺十分準備行動を要すべし」と談話する（「畑日誌」二六八頁）。この翌日、木戸には「英国は援蔣ルート閉鎖の我方の申入を拒絶して来るのではないかと思はる、が、其場合、香港占領と云ふことになり、結局、宣戦と云ふことになるのではないかね、そうすれば米国は少くともエムバーゴ（の）手段に出るだろう」とも述べている（『木戸日記』下巻　八〇二頁）。天皇もまた米内内閣倒閣以前に、南方武力進出・対ドイツ依存・宣戦を含む対英対決の可能性を、そしてそれが米国のエムバーゴ＝通商停止を生ずる可能性をも考えていたのである。

米内内閣の後任として任命され、七月二二日に発足した近衛内閣は、「日独伊枢軸の強化」の方針を共通了解にした内閣であった。その枢軸強化の内容は、松岡洋右外相の主導によって「対英軍事同盟」、さらに「対英米軍事同盟」へと高められる。そして南進論の強まってきた海軍が、三国同盟さらにはソビエトを加えた四国同盟の圧力によってはじめて対米戦の回避も可能になる、との松岡外相の「瀬戸際政策」の論理の下で、三国同盟締結に同意したとき、その成立は確実になった（『太平洋戦争への道』第五巻　一八二―二〇六頁）。九月一六日、閣議は三国軍事同盟案を決定、一九日の御前会議での承認、上奏、裁可で国家意思は確定した。この間、昭和天皇は受動的君主として、閣議・御前会議の上奏をうけいれ裁可しただけである。だがこの裁可が、自分の君主としての基本的立脚点の〝転向〟を意味することは、昭和天皇自身も自覚していた。

一五日、木戸内大臣から御前会議奏請の議のあることを聞いた天皇は、「近衛は少し面倒になると又逃げだす様なことがあっては困るね、こうなったら近衛は真に私と苦楽を共にして呉れなくては困る」と述べる（『木戸日記』下巻　八二二頁）。翌日、上奏に来た近衛に対しては「今回の日独軍事協定については、なるほどいろいろ考えてみると、今日の場合已むを得まいと思ふ」としつつ「万一日本が敗戦国となつた時に、一体どうだらうか。かくの如き場合が到来した時には、総理も、自分と労苦を共にしてくれるだらうか」と直接語りかけたという（『政局』八　三四六―三四七頁）。御前会議決定後の九月二四日にも、三国同盟締結について「今度の場合は日英同盟の時の様に只慶ぶと云ふのではなく、万一情勢の推移によつては重大な危局に直面するのであるから、親しく賢所に参拝して報告すると共に、神様の御加護を祈りたいと思ふがどうだろう」とたずねる（『木戸日記』下巻　八二五頁）。昭和天皇は三国同盟締結の裁可が、自分のそれまでの国益擁護のための対英米協調という基本的立場を転換させるもの、対英米対決に踏みこみ敗戦の危機をもはらむものであることを自覚していた。敗戦後の回想において、近衛がその手記で海軍を責めているのは「之はむしろ近衛の責任のがれ」とか、松岡は「恐らくは『ヒトラー』に買収でもされたのではないか」など、近衛や松岡にきわめて厳しい論評を加えているのも（『昭和天皇独白録』五一、五六頁）、この自分の〝転向〟を輔弼したとの自覚があるからであろう。だがこの天皇の〝転向〟によって、ロンドン軍縮条約問題以来の、軍部との基本的な路線上の矛盾は解消した。対米戦開戦までの紆余曲折が残るとはいえ、政界の主導力たる軍部の上に立ち、絶大な権威をもつ昭和天皇の像は、大元帥としての「職分」に一元化される方向で確立することは明確になった。

# おわりに

## 立憲主義の喪失と天皇

昭和天皇が、自分は「立憲君主」として行動したがゆえに、対英米戦争の開始を阻止することはできなかったのだ、と弁明しているその時期の明治憲法体制の実態は、次のようなものに大きく変質していた。国家意思決定メカニズムについては、森茂樹（一九九五）が第二次・第三次近衛内閣期を対象に、詳しい検討を行っている。それをみると、最も特徴的な事態は内閣閣議の形式化であろう。まず対外政策に関する協議・決定の実質機関は四相会議（首・外・陸・海相）に移り、閣議は最終決定の形式のための会議となる。軍事力行使にかかわる決定は閣議にすらかけられなくなる。さらに、四相会議に参謀総長・軍令部総長を加えた大本営政府連絡懇談会が、一九四〇年一一月に始まり継続的に開催されていく。一九四一年七月には、企画院総裁と平沼国務相を構成員に加え、毎週定期開催される大本営政府連絡会議になる。森茂樹（一九九五）は、「国策決定過程の一元化の試み」についての検討というところに基本視角があるので、「事実上の一元化をかなりの程度まで実現した」が「立案・上奏すなわち『輔弼』と裁可後の執行命令の多元性は克服できず」とする点に主要な結論があるのだが、連絡会議の形成によって「閣議の実質的決定機能は縮小」し、明治憲法に対する「合法」的形式を与える手段となっていったと指摘されている面こそが重視されるべきと思われる。

小磯国昭内閣の時期、一九四四年八月に大本営政府連絡会議にかわって組織された最高戦争指導会議も、構成員は首・外・陸・海の四相と参謀総長・軍令部総長の六名である。また会議の幹事は、内閣書記官長・陸軍省軍務局長・海軍省軍務局長であった。鈴木貫太郎内閣でのポツダム宣言受諾をめぐる会議も、この六者会議の審議から開始されているのであり、敗戦までの一九四〇年代の国家意思決定の中心機関は、この六者会議に移っていたと考えられる。そして、この大本営政府連絡会議、最高戦争指導会議による実質的国家意思決定という事態に対しては、「政府の専管事項」「ことに戦争の開始・終結のごとき軍令機関の権限外の憲法一三条の大権行使」についてまで、参謀総長・軍令部総長を含めた会議で決定しているのは憲法違反である、閣議に付し国務大臣副署による詔書が出されて合憲的形式がとられても、御前会議決定として閣議で変更の余地のない決定である以上は憲法違反である、との批判がすでになされてきた（家永三郎　一九七七）。

国務大臣輔弼という明治憲法に含まれていた立憲主義的側面の一つが喪われていただけではない。一九四〇年の大政翼賛会の結成、すべての政党の解消によって、事実上の一国一党制が成立しており、議会は多様な社会的利害、国民の多様な意思を表明し、代表する機関としての意味を失っていた。また、すでに一九三八年に国家総動員法が公布され、一九四〇年までにつぎつぎとそれは発動されて経済新体制がうたわれるまでにいたった。労務、物資、資金、事業、物価、出版に対し勅令による必要な命令・処理の実施を認める国家総動員法の発動によって、議会の立法権は空洞化していたのである。明治憲法に含まれていた立憲主義的規定の実質が、ほとんど喪われた体制の上に立っていた天皇が、「立憲君主」でありえただろうか。昭和天皇が国務各大臣、そして参謀総長・軍令部長の「輔弼」にしたがって裁可したのだとしても、それは臣下の発議・立案をまって裁可し、責任を負わない受動的君主としての行動様式を示すもの以外ではない。また対英米戦開戦決定の裁可が、「統帥部による戦争指導の見通しと具体的な作戦計画が出そろう」ことによって、「天皇も次第に開戦論に傾斜し」、さらに「独ソ講和斡旋」を鍵とする「戦争終結の場合の手段」についての見通しも連絡会議決定として提示されるという過程をへて、えられたものである事実は（山田朗　一九九四）、軍事君主への外交君主の吸収、統治権総攬者としての天皇が総帥権的天皇のもとに一本化される過程を示している。天皇のなかで、統治権総攬者としての天皇と統帥権的天皇の分裂がまた生じるのは、終戦の決定過程、軍部の切り捨て過程においてであろう。

## 絶対君主制論の問題点

近代天皇制は、成立当初の太政官制のもとで、法的制約をもたない専制君主制として始まり、憲法と議会を成立させて立憲制的形態をとりながら、最後には憲法上の立憲主義的規定――国務大臣輔弼、国民利害の代表機関としての議会、その立法権など――をまったく形骸化させた、事実上の専制君主制として終焉を迎えたことになる。また明治憲法体制のもとでは、親政的権力行使は否定されておらず、実際、限定された形ではあるが重要な権力行使が実施されたことも、本書でふれてきたとおりである。「君主専制」という概念を、厳密な意味で、つまり究極において君主個人の意思が制度的なものをおさえて国家意思として妥当する統治の形態と定義するなら、天皇親裁をもって国家意思決定とする近代天皇制のシステムは、一貫して専制君主制であった。

こうした本質的性格をもつものとして近代天皇制を捉えつつも、本書はそれを絶対君主制の一つとは考えておらず、むしろ近代的専制の一つの類型として捉えている。その理由を説明しておこう。封建社会から資本制社会への過渡期の国家形態である絶対君主制が、支配的ウクラードは資本制に転換した後にも維持されたものとして、近代天皇制を捉える見解はかつては支配的な学説であったし、現在もなお有力な意見である。しかしその絶対君主制論は、資本制社会に立脚する国家であることを認めた結果、大きく変質した。絶対君主制たることの根拠は、国家形態の特質、とりわけ君主主権という主権の原理に求められることになっている。近年においてこうした議論、とくに明治憲法体制＝絶対君主制論を明確に展開した論稿として、岡部牧夫（一九八九）がある。

そこでは、「明治憲法体制が絶対君主制であるという根拠は、国家の主権（統治権）とその淵源を天皇および天皇制それ自体に求めていること、またその行使についての基準が君主の権力に対抗する勢力の存在の反映としてでなく、『君主の自己限定』だったこと」とされている。明治憲法体制の特殊性の成立の根本要因を、その法源の問題に求めることは正しい。明治憲法は欽定憲法として制定されたから、法源は天皇自身にならざるをえず、その天皇の統治の正当性は成文憲法以前的なもの、「祖宗に承くるの大権」（憲法発布勅語）として建国神話と万世一系の皇統支配という虚構に根拠を求めざるをえなくなっている。しかし岡部もいうように、「憲法が憲法外の理念ないしは事実の法的表現であることはむしろ普通」なのだから、このことをただちに絶対君主制であることの根拠にはできない。

主権論あるいは主権原理というものは、国家の性格に強い規定性を与えるとはいえ、きわめてイデオロギー的な構成物である。これによって国家の性格を一義的に規定できるものではない。君主主権を掲げているから、市民革命の歴史的帰結としての立憲君主制とはいえない、絶対君主制であるとするのは、フランス革命後の復古王政の存在一つをとっても成立しえず（中木康夫　一九七五）、市民革命によって成立する政治体制や、立憲君主制についての過大評価を前提とした議論である。天皇自身を法源として憲法が制定され、それが憲法にも組み込まれているという問題は、直接には近代天皇制下の法観念の構造の問題として、日本で成立してくる「立憲主義」の特殊性の問題として取り扱わねばならない。近代天皇制が、摂関制以前の天皇親政への「復古」を正当性イデオロギーとして、律令によって完成された古代専制への「復帰」として成立したこと、また議会開設後も行政権力優位の構造を維持することを目的に憲法が制定されたことなどから、法の創造者としての君主、君主の行政命令としての法といった古代専制的な法観念が再生され、法構造全体に影響していく問題として考えられるべきなのである。

### 受動的君主性の歴史的根拠

こうした法源を天皇自身に求める法構造のもとでは、天皇親政を否定することはできず、天皇の権力行使についての制約は「君主の自己拘束」としてしか説明しようがなくなる。ところが、この「君主の自己拘束」がきわめて広範なものであり、輔弼によって構造化されたものであること、受動的君主、委任君主としての在り方がむしろ一般的であることも、本書でふれてきたとおりである。天皇の個人意思こそ最終の国家意思として、名目上は絶対的権威をもつものとされながら、現実の天皇の個人意思は輔弼によってしばしば制約され、「自己拘束」は基本的在り方とされていた。天皇がこうした存在となったのは、近代天皇制がはじめから「制度としての君主」、非人格的な機構化された権力の一機関としての君主、という君主像を含んでいたからに他ならない。鈴木正幸（一九九三）は、幕末における大久保利通の「非義勅命は勅命に有らず」（『大久保利通文書』一　三一一頁）との言を引いて、倒幕派にとって天皇は「国権確立の手段」として位置づけられており、国家が主、天皇は従という観念が成立していたとする。そしてさらに笠谷和比古（一九八八）に依拠しつつ、「藩あるいは主君の祖先の名において主君の意思を制約」すること、「国家を君主の私物としえないような伝統」がすでに近世において形成されており、「この伝統が、近代における国家と天皇の関係を規定」していると指摘した。

主君という一つの人格が、藩という政治機構体に包摂され、事実上その機関の一つとして制度化される傾向は、近世から生じていたのであり、明治天皇と明治国家の関係もこうしたものと考えられる。「幼冲の天子」としての出発という事情も加わり、明治天皇の在り方には、はじめから、「制度としての君主」が創られる君主としての性格が強く、国家の制度化の進行はこうした側面をさらに強めることになる。ただし明治天皇の時代には、限定的であれその親政的権力の行使はむしろ当然のものとみなされていたから、君主個人の一個の人格にもとづく権力という観念も生きていた、と考えるべきであろう。ところが大正天皇の時代になると、親政的権力行使はむしろありえないものとの観念が支配的になる。昭和天皇に天皇がかわっても、その親政的権力行使はむしろ抑制されるべきものとされたから、外面上は親政君主・大元帥・神格的君主が喧伝されながら、国家権力の内部では「制度としての君主」、事実上は国家機関としての捉え方が暗黙のうちに拡大したといってよい。敗戦直前に東条陸相の部内訓示として噂された、「勤王には二種あり。一つは狭義のもの、二つは広義のものにて、前者は君命是従ふことにて、陛下より和平せよとの勅命あれば是従ふことなるも、後者は然らず、国家永遠のことを考へ、譬《たと》へ陛下より仰せあるも、先づ諌《いさ》め奉り、度々諌言し奉りて御許しなくば、強制し奉りても所信を断行すべし。余は是を取る」（細川護貞『細川日記』昭和二〇年七月三日）という主張の存在、そしてポツダム宣言受諾の際の軍人反乱の発生は、天皇を事実上は国家の機関とみなす傾向が、軍人のなかでも拡がっていたことを示している。

## 無責任の体系としての近代天皇制国家

天皇が法の創出者とされることから、天皇の個人意思は法を超えうるとする観念も、逆に天皇は国家の〝機関〟であるとして国家に制約されるとの観念も、近代の官僚制中央集権国家の構築とそのもとへの国民統合の実現という、国家権力の運動、近代政治史の展開のなかで生じているものである。こうした近代国家の形成と展開の論理を、それ以前の歴史的伝統の制約と利用との関連で把握することこそ、日本近代史の把握を深めることと考えられる。

近代天皇制国家は、「伝統」的君主とされた天皇を中軸とすることによって、急速な権力集中と画一的な国民統合を実現することに成功した。その際、天皇は親政君主にして政治責任を問われることのない絶対的権威として出発するから、専制君主制としての政治的無責任性をまず内包していた。立憲制が導入されても、天皇のこうした位置づけは変わらず、かつ権力内部では親政の抑制が要請され、また議会開設によって国民に対する政治責任の観念も成立するから、事態は奇妙なものになる。すでに明治期から、君命に名をかりた政治責任の回避も生じていたのであるが、天皇がしばしば親政を実施しながら「立憲君主」として輔弼にしたがって行動していると観念し、臣下が輔弼によって天皇をしたがわせようとしながら、天皇の命によって行動していると観念する行動様式が一般化すれば、〝君臣もたれあいの構造〟というべき壮大な無責任の体系が形成されることになる。

# 引用参考文献一覧


飛鳥井雅道　一九八九　『明治大帝』筑摩書房

家永三郎　一九七七　『歴史のなかの憲法』上巻　東京大学出版会

――　一九八五　『戦争責任』岩波書店

家永三郎・永井和　一九九一　「『輔弼』をめぐる論争」『立命館文学』第五二一号

稲田正次　一九六〇　『明治憲法成立史』上巻　有斐閣

――　一九六二　『明治憲法成立史』下巻　有斐閣

井上　勲　一九九一　『王政復古』中央公論社

井上光貞他　一九八七　『日本歴史大系　四』山川出版社

――　一九八九　『日本歴史大系　五』山川出版社

伊藤之雄　一九七七　「元老の形成と変遷に関する若干の考察」『史林』第六〇巻第二号

江村栄一・中村政則・宮地正人　一九六七　「日本帝国主義と人民」『歴史学研究』第三二七号

大江志乃夫　一九九一　『御前会議』中央公論社

大久保利謙　一九六〇　「文書から見た幕末明治初期の政治」『大久保利謙歴史著作集』一　吉川弘文館

大沢博明　一九八七　「明治『統合参謀本部』の生成と解体」大阪市大『法学雑誌』第三三巻第四号

岡部牧夫　一九八九　「明治憲法と昭和天皇」『歴史評論』第四七四号

奥平康弘　一九七七『治安維持法小史』筑摩書房
笠谷和比古　一九八八『主君「押込」の構造』平凡社
坂井雄吉　一九八三『井上毅と明治国家』東京大学出版会
坂本一登　一九九一『伊藤博文と明治国家形成』吉川弘文館
佐々木隆　一九九三「明治天皇と立憲政治」福地惇・佐々木隆編『明治日本の政治家群像』吉川弘文館
鈴木正幸　一九九三『皇室制度』岩波書店
田中惣五郎　一九七一『吉野作造』三一書房
遠山茂樹　一九五〇「征韓論・自由民権論・封建論」『歴史学研究』第一四三号・第一四五号
――――　一九五九「有司専制の成立」堀江英一・遠山茂樹編『自由民権期の研究』第一巻　有斐閣
――――　一九九一『明治維新と天皇』岩波書店
永井　和　一九九三『近代日本の軍部と政治』思文閣出版
中木康夫　一九七五『フランス政治史』上　未来社
中島三千男　一九七七「『明治憲法体制』の確立と国家のイデオロギー政策」『日本史研究』第一七六号
中塚　明　一九九〇「日清戦争と明治天皇」『歴史評論』第四八六号
成田賢太郎　一九九三「政務部問題の位置」前掲『明治日本の政治家群像』
沼田　哲　一九九三「『聖旨』の伝達者・記録者」前掲『明治日本の政治家群像』
長谷川正安　一九六一『昭和憲法史』岩波書店
原口　清　一九六三『戊辰戦争』塙書房

坂野潤治　一九七一『明治憲法体制の確立』東京大学出版会
――――　一九八一「征韓論争後の『内治派』と『外征派』」『年報・近代日本研究　三　幕末・維新の日本』山川出版社
――――　一九八二『大正政変』ミネルヴァ書房
増田知子　一九八四「政党内閣と枢密院」『年報・近代日本研究　六　政党内閣の成立と崩壊』山川出版社
――――　一九八五「明治立憲君主制における枢密院」『歴史と地理』第三五五号
――――　一九八七「政党内閣の登場」前掲『日本歴史大系　四』
升味準之輔　一九六五『日本政党史論』第一巻一九六五年～第七巻一九八〇年　東京大学出版会
御厨　貴　一九八〇『明治国家形成と地方経営』東京大学出版会
森　茂樹　一九九五「国策決定過程の変容」『日本史研究』第三九五号
安田　浩　一九八七「近代天皇制国家試論」藤田勇編『権威的秩序と国家』東京大学出版会
――――　一九九〇「政党内閣期の天皇制」『憲法問題』創刊号
――――　一九九一「行政支配の進展と部落構造の変容」大石嘉一郎・西田美昭編『近代日本の行政村』日本経済評論社
山田　朗　一九九四『大元帥・昭和天皇』新日本出版社
由井正臣　一九七六「日本帝国主義成立期の軍部」『大系　日本国家史　五』東京大学出版会
渡辺昭夫　一九六一「侍補制度と『天皇親政』運動」『歴史学研究』第二五二号
渡辺　治　一九七九「天皇制国家の歴史的研究序説」『社会科学研究』第三〇巻第五号

# 主要参考文献一覧

＊　近代天皇制に関する参考文献を掲げると膨大なものになるので、ここでは本書の叙述とかかわりをもちながら、引用参考文献にあげられなかったものをあげた。


安達宏昭「満州事変と昭和天皇・宮中グループ」『歴史評論』第四九六号　一九九一年

粟屋憲太郎『十五年戦争期の政治と社会』大月書店　一九九五年

猪飼隆明『西郷隆盛』岩波書店　一九九二年

伊香俊哉「昭和天皇・宮中グループの田中内閣倒閣運動」『歴史評論』第四九六号　一九九一年

伊藤　隆『昭和初期政治史研究』東京大学出版会　一九六九年

井上　清『天皇の戦争責任』現代評論社　一九七五年

岩井忠熊「明治天皇論」西川長夫・松宮秀治編『幕末・明治期の国民国家形成と文化変容』新曜社　一九九五年

江口圭一「天皇制立憲主義論」『日本国家の史的特質　近世・近代』思文閣出版　一九九五年

笠原英彦『天皇親政』中央公論社　一九九五年

坂田吉雄『天皇親政』思文閣出版　一九八四年

佐々木克「天皇像の形成過程」飛鳥井雅道編『国民文化の形成』筑摩書房　一九八四年

鈴木正幸編『近代日本の軌跡　七　近代の天皇』吉川弘文館　一九九三年
デイビッド・タイタス『日本の天皇政治』サイマル出版会　一九七九年
中園　裕「政党内閣期に於ける昭和天皇及び側近の政治的行動と役割」『日本史研究』第三八二号　一九九四年
中村政則他編『大系　日本国家史　四　近代Ⅰ』東京大学出版会　一九七五年
中村政則他編『大系　日本国家史　五　近代Ⅱ』東京大学出版会　一九七六年
ねずまさし『天皇と昭和史』上　三一書房　一九七六年
原口　清『日本近代国家の形成』岩波書店　一九六八年
坂野潤治・宮地正人編『日本近代史における転換期の研究』山川出版社　一九八五年
藤田省三『天皇制国家の支配原理』未来社　第一版一九六六年　第二版一九七四年
藤原彰・吉田裕・伊藤悟・功刀俊洋『天皇の昭和史』新日本出版社　一九八四年
藤原　彰『昭和天皇の十五年戦争』青木書店　一九九一年
増田知子「明治立憲制と天皇」『社会科学研究』第四一巻第四号　一九八九年
松尾正人「明治初年の宮廷勢力と維新政権」明治維新史学会『幕藩権力と明治維新』吉川弘文館　一九九二年
丸山真男『現代政治の思想と行動』未来社　一九五七年　増補版一九六四年
――――『忠誠と反逆』筑摩書房　一九九二年
宮地正人『天皇制の政治史的研究』校倉書房　一九八一年
毛利敏彦『明治六年政変』中央公論社　一九七九年

安田　浩「近代天皇制研究への一視角」『歴史学研究』第五八六号　一九八八年
――「第一次大戦下の議会」内田健三他編『日本議会史録』二　第一法規出版　一九九一年
安丸良夫『近代天皇像の形成』岩波書店　一九九二年
吉田　裕『昭和天皇の終戦史』岩波書店　一九九二年
渡辺　治「日本帝国主義の支配構造」『歴史学研究』一九八二年度大会報告別冊特集　一九八二年
――『戦後政治史の中の天皇制』青木書店　一九九〇年

# 引用史料略記表

『紀』　『明治天皇紀』第一～第一二　吉川弘文館　一九六八～一九八五年

ＳＤ　佐佐木高行『保古飛呂比』一～一二　東京大学出版会　一九七〇～一九七九年

ＨＤ　『原敬日記』一～六　福村出版　一九六五～一九六七年

ＴＤ　『財部彪日記　海軍次官時代』上・下　山川出版社　一九八三年

ＭＤ　『牧野伸顕日記』　中央公論社　一九九〇年

ＭＧＤ　『大正デモクラシー期の政治――松本剛吉政治日誌』　岩波書店　一九五九年

ＫＤ　『昭和初期の天皇と宮中――侍従次長河井弥八日記』第一～六巻　岩波書店　一九九三～一九九四年

『政局』　『西園寺公と政局』第一～八巻および別巻　岩波書店　一九五〇～一九五六年

「岡田日記」　『岡田啓介回顧録』　中公文庫版　一九八七年

「加藤日記」　『続・現代史資料（五）　海軍　加藤寛治日記』　みすず書房　一九九四年

ＮＤ　「奈良武次侍従武官長日記〈抄〉」『中央公論』一九九〇年九月号、同一九九〇年一〇月号

「木戸日記」　『木戸幸一日記』上・下巻　東京大学出版会　一九六六年

「畑日誌」　『続・現代史資料　四　陸軍畑俊六日誌』　みすず書房　一九八三年

# あとがき

「先生、〇〇書店の本も出ましたね、××出版の本にも書きましたね」と、青木書店編集部の角田三佳さんに詰められたのは、一九九七年の七月の末頃のことである。無理もない、この本の本来の締切を一年も過ぎていたからである。Ⅰ章の原稿をほぼ書き終えたところで、この本の執筆は中断していた。共同研究の著作で、第二次大戦後の日本の平和運動と平和意識の検討という不慣れなテーマに取り組まざるをえず、その執筆で疲弊し、その後は、後から引き受けた短い論稿を書くくらいの気力しか起きてこなかったのである。しかし角田さんの一言は効いた。やるっきゃない。夏休み中に残りを書き上げるつもりで取り組み、Ⅳ章が残ってしまったが、これも一〇、一一、一二月と週末の休みをなしにして書きつづけた。しかも大学では教務委員長という名の諸事雑用係をしながらである。月月火水木金金の日々であった。書き終えて再び疲弊の極致にある。今後しばらくは、また少々の不義理をお許し願いたい心境である。

この本で私が書こうとしたのは、いわば国家論的政局史というべきものである。微視的視点を要求される政局史の分析のなかから、近代天皇制国家の特質を浮かび上がらせること、それにどれほど成功しているかの評価は読者に委ねる以外にはない。ただ私がこうしたものを書こうと考えたのは、最近の日本近代史研究の政治史離れの傾向への不満からである。社会史的研究が意味がないというのではない。本来、社会史には新しい全体史への志向が存在したはずである。だが現状では、社会史的研究と称するものの一部には、全体的な歴史的把握への見通しを喪失し、断片化した好事家の仕事としか思えないものがある。そうした傾向を生じている要因の一つに、もはや政治史では新史料の発掘がなかなか望めず、新しい研究を進めることが困難だとの判断があると思われる。だが実際は、膨大な近代政治史史料には分析されるべき問題でありながら、手がつけられていない領域が大量に残っているのである。有名な刊行史料であってすらそうなのであって、本書で『西園寺公と政局』をできるかぎり使ってみたのも、そうした点を例示する意図からである。

書き終えてみると、やり残したことは多い。研究蓄積のある明治十四年政変も、刊行史料全部にあたり直しさえすれば再構成できそうに思えてきたし、大正政変の経過も自分なりに書いてみたい、太平洋戦争開戦以降の経過も分析できなかった、などなど新たな欲も出てきた。だが、これでも大幅に予定枚数を超えてしまった以上、断念する他はなかった。またそうした方が、健康のためでもある。

「徳大寺実則日記」など早稲田大学図書館の渡辺幾次郎文庫の写本の利用・閲覧にあたっては、安在邦夫、佐藤能丸氏の御教示、御配慮をうけた。末筆ながら記して厚くお礼申し上げたい。最後に、青木書店編集部の諸氏、締切に大幅に遅れている筆者を、寛容に見まもり励ましてくれた島田泉、原嶋正司氏と、叱咤激励して執筆に取り組ませてくれた角田三佳氏の、絶妙のチームワークに感謝申し上げる。

一九九八年一月一五日　大雪の夜に

安田　浩

# 『天皇の政治史』を再読して

茶谷誠一

本書は一九九八年に青木書店のＡＯＫＩ　ＬＩＢＲＡＲＹ日本の歴史シリーズの一冊として刊行された。当時、大学院生として天皇と宮中との関係について勉強していた私は、本書の刊行後すぐに購入し読みこんだものである。今回、本書が吉川弘文館より「読みなおす日本史」シリーズとして復刊されるにあたり、その解説を依頼された。私自身の研究をすすめるなかで、本書は参考文献として何度も目を通してきたつもりであったが、この機会に合わせ、改めて冒頭より全文を読み返してみた。本書の内容紹介を含めた解説は後に述べることとし、全体的な印象として、刊行から二〇年以上経過した今日においても、本書の研究書としての価値は何ら失われておらず、実証研究の細分化という弊害が叫ばれる今日において、却ってその存在意義を際立たせるものとなっている。

本書をはじめ、安田氏による天皇制研究のねらいは、一貫して「国家意思決定メカニズム」の解析にあった。本書に先立って発表された「近代天皇制国家試論」（藤田勇編『権威的秩序と国家』東京大学出版会、一九八七年）のなかでも、安田氏は「国家意思決定メカニズムは、政治レジーム論とともに内的形態論の中心にすえられるべき」と指摘しており、本書の「はじめに」でも旧稿からその見解に変化はないと述べている。そして、この「国家意思決定メカニズムの解析」という分析視角を用い、本書では明治憲法体制下の近代天皇制につき、サブタイトル「睦仁・嘉仁・裕仁の時代」と表記されているように、明治、大正、昭和の三時代を通観しながら、その特徴や変化を抽出している。

つまり、本書は実証分析を主とするオーソドックスな専門書というより、近代天皇制の政治構造を俯瞰しながら分析していく際の視角や指針を提示した研究書である。一九八〇年代までの近代天皇制研究を分析する中心的な視角は、マルクス主義の影響を受けた「絶対主義的君主制論」や国家論的分析であった。そこから、渡辺治氏、江口圭一氏らが新たな分析視角を提起し、近代天皇制を専制主義と立憲主義の両面からとらえる視角が登場してきた。本書はそれらの研究成果を批判的に発展させた研究の一環であり、永井和氏、増田知子氏も同時期に近代天皇制の両面性を前提とした構造分析をおこなっている。

なお、安田氏が本書を著した動機として、日本近代史研究における政治史離れ傾向への不満をあげている。当時の社会史研究への安易な取り組みを批判する意味も込められていようが、政治史離れという研究状況は今日にもあてはまるのではないだろうか。大学院生を中心とした若手研究者の研究テーマが政治史から離れ、学会誌の大会テーマや特集記事でも、政治史を取り扱ったものが少なくなってきているように感じる（『歴史評論』第八一七号、二〇一八年五月号の特集「近代日本政治史入門」も同じような問題意識から組まれた意欲作である）。このような研究状況をうけ、安田氏は一見、研究が蓄積されて新たな成果を生みだすことが困難と思われる政治史領域でも、未解明な部分も多く、既刊資料でもまだまだ利用価値があると訴える。本書が『明治天皇紀』や『原敬日記』、『西園寺公と政局』など、近現代史を専攻とする研究者であれば、なじみの資料群を中心に分析されていることも、その証左である。

本書では近代天皇制を多元的輔弼構造と国家意思の最終決定者としての天皇の存在からなる政治体制ととらえ、そのなかで永井和氏の「受動的君主」論にもとづく「輔弼親裁構造」という枠組みを援用しつつ（永井氏はその後、「輔弼親裁構造」から「万機親裁体制」と呼称するようになった）、その枠組みを発展させながら、次のように近代天皇制を定義づける。すなわち、「近代の天皇とは基本的には輔弼にもとづいて行動する受動的君主であるのだが、限定的には自らの意思で親政的権力を行使する能動的君主としても現れる存在で、その親政的権力行使は重要な政治的影響力を与えることがあった」という認識である、つまり、本書では「受動的君主」と「能動的君主」の両面から明治、大正、昭和の三代の近代天皇制をとらえようとし、そこに最大の特徴があらわれてくる。

明治、大正、昭和（戦前）の三代の天皇の治世を分析対象にすえつつ、本書では明治期の分析が中心となっている。全体の分量の半分以上が幕末維新期をふくむ明治期にあてられ、大正期と昭和戦前期の記述が残り半分弱という比率である。しかも、昭和期の分析は一九四〇年の三国同盟締結までで、日米開戦以後の太平洋戦争期については、「おわりに」でわずかにふれている程度である。以下、限れた紙幅のなか、私の視点から本書の具体的内容や特徴を紹介していきたい。

明治天皇の治世を扱ったⅠ章、Ⅱ章では、近代国家のなかに天皇という存在をどのようにあてはめていくのかという課題をめぐり、おもに天皇と行政府（太政官、正院、内閣）との関係を軸に、その変遷を追うことで近代天皇制の成立過程を論じている。明治憲法を制定した伊藤博文の思惑は、天皇を委任君主として位置づけ、政治の決定を君主の権威のもとで内閣が行うという「君主主義的内閣支配」の政治を推し進めることであったが、明治天皇は自らの政治判断をもち、時として政局に関与する能動的君主としてふるまった。

しかし、明治天皇の行動規準は伊藤流の「君主主義的内閣支配」の政治と相容れないものではなかった。藩閥政府は天皇の親政的権力をできるだけ限定させて各国家機関の輔弼にもとづく委任君主であることを要請しつつも、天皇の権威に依拠しながら政治をおこなうスタイルを統治の基本とすえようとした。その後、日清戦争後の元老集団による政治指導、官僚と政党の提携による政局の安定により、明治天皇の親政は目につきにくくなっていたものの、元老集団の影響力が後退した際や隈板内閣時のように、政局が不安定になった際には能動的な親政的権力を行使することもあった。

Ⅲ章では明治から大正へと天皇の代替わりがもたらす政治体制の変化について、分析視角にそって論述が展開される。即位後の大正天皇は政治的修養を明治天皇ほど積んでいないという時間的な自然条件に加え、病弱という心身的な条件もあり、「限定されながらも親政権力を行使する天皇に要請される、政治的軍事的能力には欠けた君主」であった。このような君主のもとでは、近代天皇制における「万機親裁体制」（永井和「万機親裁体制の成立」『思想』第九五七号、二〇〇四年一月）は、政治運用上、根本的な軌道修正を要求される。すなわち、元老や各国家機関といった政治支配層の間で、天皇の「親政」をたてまえとしつつも、大正天皇の実権的役割を極小に抑え、摂政に就任した政治経験不足の皇太子にも実質的政治決定に関与させないような行動準則が共有されるようになる。

　大正期にはデモクラシーという国際的潮流の影響をうけて大衆運動が盛んとなり、大衆の代弁者としての政党の発言力も拡大する。同時に、前述したような「天皇親政」が名目化する政治体制のもとでは、内閣への政治的権限の集中がすすむようになる（国務大臣単独輔弼制をとりつつも首相への権限集中がすすむ）。また、安田氏は天皇の実質的決裁能力が欠如した大正期の政治状況では、「統帥権独立の効力も低下せざるをえない」と説く。

　宮中を仕切っていた山県有朋が亡くなり、公家出身の西園寺公望が一人元老となるなかで、首相奏請権を握る西園寺のもと憲政常道論による政党内閣制へと移行する。本書では、西園寺が憲政常道論や政党内閣論者ではなかったと指摘しているが、この点は学界のなかでも見解が分かれるところである。西園寺が結果として政党内閣制という政治体制を選択した理由について、本書では政党を基礎としないと内閣組織が困難であったという状況判断から説明しているが、その状況判断の背景には、平安時代以来の清華家・西園寺家に生まれた西園寺の出自とそこから派生する皇室観が大きく影響していた点も付け加えるべきであろう（立命館大学編『西園寺公望伝』第四巻、岩波書店、一九九六年、一〇頁）。皇室の存続を何よりも優先とする西園寺の国家観は、昭和期の政局への対応でもかたくななまでに貫かれていく。

　本書によれば、政党内閣制の定義は、「天皇親裁のたてまえは維持しつつ、政策決定は内閣に集中させ、後継首相任命は元老西園寺の輔弼と責任において行使され、政治統合の中心として政党内閣が組織された体制」となる。多元的輔弼構造という特徴をもつ明治憲法体制において、政党が担うべき意思調整の責任は非常に重要となってくるのであるが、政民の二大政党は政権獲得を至上命題とし、神聖化されていく「国体」観念を利用して政権打倒をもくろむ傾向が拡大する。このような不安定要素を抱えた政治状況のなかで登場してくるのが、政治意思をもった君主・昭和天皇であった。

Ⅳ章では、昭和天皇の即位以降、どのように近代天皇制が変化していったかを論じている。即位間もない昭和天皇が実質的に任免大権を行使して田中義一内閣を総辞職に至らしめた事実は、政治支配層に親政的権力を行使する能力を持った天皇の再登場を印象づけるとともに、各輔弼機関による天皇決裁の「自己抑制」思考を取り外す結果をもたらすこととなった。天皇が実質的決裁能力を持たないことを前提に、各輔弼機関が決裁以前に相互調整を図ることで成り立っていた政党内閣は必然的に不安定化し、以後、輔弼機関同士で天皇の決裁を奪い合うような動き（上奏合戦）が加速していく。

満州事変以降の論述のなかで、安田氏のいう「元老と宮中側近が立憲君主論を持ちだして天皇親政を抑えたものの、現実として軍部の統帥権独立を利用した政局への介入を追認するものであった」という指摘はまさにその通りである。しかし、拙著『昭和戦前期の宮中勢力と政治』（吉川弘文館、二〇〇九年）でも詳述したように、当時の「元老・宮中側近」は上記のような思考でまとまっていたわけではなく、元老西園寺と牧野伸顕内大臣との間、牧野内大臣と木戸幸一内大臣秘書官長らとの間には天皇親政や立憲主義のとらえ方をめぐって根本的な対立点を抱えていた。細部に切り込み過ぎない本書の記述スタイルなのであろうが、昭和期における「元老・宮中側近」の思考が西園寺のそれに集約されすぎているように感じた。

また、本書では二・二六事件後における昭和天皇の「軍事君主としての側面」「大元帥の側面が肥大化」

した状態を「統帥権的天皇」と評している。満州事変に始まり、日中戦争を経て日米開戦へと至る流れのなかで、統治権総攬者という国務の側面より軍の最高司令官たる統帥面の比重が高くなることは事実であろうが、日清戦争や日露戦争の際の明治天皇は「統帥権的天皇」ではなかったのかという単純な疑問が湧いてきた。

昭和天皇は西園寺流の受動的君主としての立憲君主像を受容していきつつ、時として御前会議開催の意向を示し続けた。国務と統帥が分裂する戦時下にあっては、本書が指摘するように、御前会議での親裁によって最高国家意思を一元化する以外に方法はない。しかしながら、一九三八年一月に開催された御前会議で天皇が発言することはなく、親裁で国家意思を決定することもなかった。ポツダム宣言受諾時の二度の御前会議を除き、この御前会議スタイルが踏襲されるという事態は、安田氏がいうように、天皇、統帥機関、内閣のいずれもが政治責任を負わない無責任構造を生んだだけであった。

本書のまとめは、巻末の「おわりに」に集約されている。そこで、安田氏は幕末以降の近代天皇制につき、「天皇親裁をもって国家意思決定とする近代天皇制のシステムは、一貫して専制君主制であった」と定義づけながら、天皇自身が法源となって憲法が制定された経緯から日本における立憲主義の特殊性についても留意すべきと指摘する。そして、本書を通じて述べてきた「受動的君主・能動的君主」という分析視角から、安田氏が総括した近代天皇制の変遷は以下のようになる。

幕末期の明治天皇は「制度としての君主」、すなわち受動的君主の側面を主としつつも、限定的な親政的権力の行使を当然視されていた。しかし、大正天皇には天皇自身の問題によって親政的権力の行使は抑えられ、そのスタイルは昭和天皇の時代になっても継承された。満州事変以後の軍部による大陸侵攻をうけて統帥面での国家意思調整が困難になると、天皇の「親政君主・大元帥・神格的君主」の側面が喧伝されつつも、国家権力内部では依然として天皇を「制度としての君主」ととらえようとした。このような天皇理解と制度としての運用は、「君臣もたれあいの構造」を生み、「壮大な無責任の体系が形成された」という指摘で、本書は締められている。

本書を読んで安田氏の研究に興味を抱かれた読者には、本書の続編に位置づけられ、氏の遺著ともなった『近代天皇制国家の歴史的位置』（大月書店、二〇一一年）を併読することを薦めたい。同書には、本書刊行後に伊藤之雄氏とくりひろげられた立憲君主制の理解をめぐる論争のほか、安田氏の天皇制研究に対する執念ともいえる思いがこめられており、その熱い思いが伝わってくるはずである。

（志學館大学人間関係学部准教授）

本書の原本は、一九九八年に青木書店より刊行されました。

著者略歴
一九四七年　東京都生まれ
一九七七年　東京教育大学大学院文学研究科博士課程単位取得退学
埼玉大学教養学部教授、千葉大学文学部教授を歴任
二〇一一年　没

〔主要著書〕
『大正デモクラシー史論』（校倉書房、一九九四年）、『近代天皇制国家の歴史的位置』（大月書店、二〇一一年）、『シリーズ日本近現代史』（共編著、岩波書店、一九九三〜九四年）、『展望日本歴史19明治憲法体制』（共編著、東京堂出版、二〇〇二年）

読みなおす日本史

天皇の政治史
睦仁・嘉仁・裕仁の時代

二〇一九年（令和元）七月一日　第一刷発行

著者　安《やす》田《だ》浩《ひろし》
発行者　吉川道郎
発行所　株式会社吉川弘文館
郵便番号一一三―〇〇三三
東京都文京区本郷七丁目二番八号
電話〇三―三八一三―九一五一〈代表〉
振替口座〇〇一〇〇―五―二四四
http://www.yoshikawa-k.co.jp/
組版＝株式会社キャップス
印刷＝藤原印刷株式会社
製本＝ナショナル製本協同組合
装幀＝渡邉雄哉


ISBN978-4-642-07106-2

# 刊行のことば

現代社会では、膨大な数の新刊図書が日々書店に並んでいます。昨今の電子書籍を含めますと、一人の読者が書名すら目にすることができないほどとなっています。ましてや、数年以前に刊行された本は書店の店頭に並ぶことも少なく、良書でありながらめぐり会うことのできない例は、日常的なことになっています。

人文書、とりわけ小社が専門とする歴史書におきましても、広く学界共通の財産として参照されるべきものとなっているにもかかわらず、その多くが現在では市場に出回らず入手、講読に時間と手間がかかるようになってしまっています。歴史の面白さを伝える図書を、読者の手元に届けることができないことは、歴史書出版の一翼を担う小社としても遺憾とするところです。

そこで、良書の発掘を通して、読者と図書をめぐる豊かな関係に寄与すべく、シリーズ「読みなおす日本史」を刊行いたします。本シリーズは、既刊の日本史関係書のなかから、研究の進展に今も寄与し続けているとともに、現在も広く読者に訴える力を有している良書を精選し順次定期的に刊行するものです。これらの知の文化遺産が、ゆるぎない視点からことの本質を説き続ける、確かな水先案内として迎えられることを切に願ってやみません。

二〇一二年四月

吉川弘文館

# 読みなおす日本史

| | | |
|---|---|---|
| 飛　鳥 その古代史と風土 | 門脇禎二著 | 二五〇〇円 |
| 犬の日本史 人間とともに歩んだ一万年の物語 | 谷口研語著 | 二一〇〇円 |
| 鉄砲とその時代 | 三鬼清一郎著 | 二一〇〇円 |
| 苗字の歴史 | 豊田　武著 | 二一〇〇円 |
| 謙信と信玄 | 井上鋭夫著 | 二三〇〇円 |
| 環境先進国・江戸 | 鬼頭　宏著 | 二一〇〇円 |
| 料理の起源 | 中尾佐助著 | 二一〇〇円 |
| 暦の語る日本の歴史 | 内田正男著 | 二一〇〇円 |
| 漢字の社会史 東洋文明を支えた文字の三千年 | 阿辻哲次著 | 二一〇〇円 |
| 禅宗の歴史 | 今枝愛真著 | 二六〇〇円 |
| 江戸の刑罰 | 石井良助著 | 二一〇〇円 |
| 地震の社会史 安政大地震と民衆 | 北原糸子著 | 二八〇〇円 |
| 日本人の地獄と極楽 | 五来　重著 | 二一〇〇円 |
| 幕僚たちの真珠湾 | 波多野澄雄著 | 二二〇〇円 |
| 秀吉の手紙を読む | 染谷光廣著 | 二一〇〇円 |
| 大本営 | 森松俊夫著 | 二二〇〇円 |
| 日本海軍史 | 外山三郎著 | 二一〇〇円 |
| 史書を読む | 坂本太郎著 | 二一〇〇円 |
| 山名宗全と細川勝元 | 小川　信著 | 二二〇〇円 |
| 東郷平八郎 | 田中宏巳著 | 二四〇〇円 |
| 昭和史をさぐる | 伊藤　隆著 | 二四〇〇円 |
| 歴史的仮名遣い その成立と特徴 | 築島　裕著 | 二二〇〇円 |

吉川弘文館
（価格は税別）